改革开放以来
都市青年文化
变迁研究

以北京青年亚文化为例

（俄）安娜（Anna Chelnokova-Siejka）　著

人民出版社

前　言

2013 年我有幸参与了孔子学院总部设立的"孔子新汉学计划"的项目。当时我已经开始在莫斯科国立语言大学读研究生，开始做青年研究，也开始写毕业论文。由于"孔子新汉学计划"，我到了北京，开始在当地研究我的课题。作为文化学者，我觉得这个课题很有价值，也觉得两年远远不够，同时对于不拿本地学位觉得很可惜，因此打算挑战自己。第一年，我在北师大历史学院上课，考试；第二年，在开题报告通过之后我获得了继续攻读博士生的机会。2013—2015 年，我作为联合培养的学者参加"孔子新汉学计划"项目，到 2018 年我已经作为攻读博士生完成了项目，并取得博士学位。

在 2013—2018 年间，北京师范大学成为我在北京的母校，在历史学院的导师和师兄师妹变成了我的学术家庭成员。为什么会在历史学院？因为在中国，文化学与人类学是相当新的研究方向，主要归属于历史学科领域。第一年来上课的时候，接触很多确实很新的东西，跟以前学的不一样，我感到既辛苦又好奇。学术上使用的语言和之前学的汉语不一样，历史学和我之前学的文化学也不一样，一起上课的同学学术背景和我的也不一样。那时，除了上课、提高自己的知识水平和汉语水平之外，还要进行自己的研究，多参加会议，发表文章，过得忙碌而充实。我记得每次跟导师见面都会直接跟他说："不好意思，我今天有 18 个问题……"然后我们讨论两三个小时。当时我还不知道我的导师工作很忙碌，现在回想起来十分感激导师经常将他本该吃饭或者休息的时间献给我……

当我和其他人说我在做中国青年文化和亚文化研究时，得到的第一反应往往是——惊讶。很多中国学者认为我这个题目没有太大的意义。他们经常会问我："你为什么要研究这个？""你不如做中俄外交史研究。"但在我看来，反而觉得我的题目是很迫切的、很有价值的。中国著名思想家梁启超说过："少年智则国智，少年富则国富，少年强则国强，少年独立则国独立，少年自由则国自由，少年进步则国进步。"我们对现在的中国青年及其文化了解多少？随着中国极速变迁，青年的生活是如何变迁的？他们的兴趣爱好是怎么变化的？他们的价值观经过了什么变化？新的青年价值观与主导文化的互动关系如何？青年文化与其包含的价值观是否会影响主导文化的价值观变迁？这些问题都有待去解答。所以我觉得，青年与青年文化发展的问题是联系国家过去和国家未来的线索，是很值得关注的一个题目。因而在做自己的研究时，我想挖得深一点，强调继承性，看青年这个群体在中国是如何形成的，青年文化有什么发展的前景等，并且探究改革开放对青年文化的直接影响。

大家都知道美国滑手、嬉皮、摇滚，听说过日本动漫，也知道它们在社会中起的作用，而中国的亚文化则没有这种知名度。一般来说，在中国，青年文化属于社会学或者道德政治教育的研究对象。这只能给我们打开青年和青年文化的一面。只有少数学者把中国青年文化看作一种价值观载体。中国的社会制度与西方国家不太一样，这导致了中西方对青年角色、青年身份、青年理想形象和青年文化的理解不一样。西方角度的青年文化概念在中国是相当新的范畴。

例如，滑板亚文化在中国不算"亚文化"，更多的是被看作一种运动。那中国滑手想的是什么？为什么玩滑板？为什么选择这种生活方式？以及最重要的，其价值观为什么与主导文化的价值观不一致？在社会中怎么被对待的？父母对他们玩这个有没有意见？这些都不被人关注。

有一次我逛北师大校园时，看到了玩滑板的青年。当时觉得很好奇，在跟他们聊他们的生活后，我发现这群青年很另类，与主流不一样。他们大部分不追求买房、结婚、生小孩，他们珍惜自己的私人空间和自己的爱好。

从另一个角度来看，他们都在摆脱传统和主流观念的束缚。他们的生活方式和穿的衣服很有个性。我的滑板研究从此就开始了。我进入了玩滑板青年的圈子。后来在北京温泉苗圃村的长板比赛、世界滑板日活动，认识了老一辈滑手，滑板店店主，做了很多访谈和田野调查，这都给我机会发现滑板亚文化与它包含的价值观在中国语境下经过什么变迁以及怎么适应中国。

摇滚也类似。做青年亚文化研究而不提到摇滚，真会成为一种"罪过"。我本人很喜欢 80 年代末 90 年代初的中国摇滚，包括崔健、唐朝乐队、黑豹乐队。这种文化充满着青年的灵魂和北京文化的精神。关于西方摇滚文化怎么适应中国，我在八九十年代的音乐杂志、西方报纸和相关研究中了解，但是当代摇滚往何处去我只能通过亲眼看到。我的好朋友向我介绍了一个导演，也是一个乐队创始人，他给我介绍了青年摇滚乐队的乐手……2017 年夏天，我几乎完成了我的研究，但我觉得我的摇滚研究还是缺一些东西。8月份我一个人去参加张北草原音乐节。我的一个摇滚朋友要在那边出场演出。在去张北的路上，我又认识了其他朋友。到了张北，我获得了在别处无法获得的信息。音乐节后，我从不同角度梳理摇滚亚文化的发展：摇滚创造者、摇滚销售者、摇滚"消费者"，后来做了文献的分析，从这几个角度补充了主导文化对当代摇滚的看法。

在我的研究中，青年亚文化群体不止是一种社会现象，还是新价值观的载体。他们要与主导文化和主流文化在价值层面进行交流。如此，摇滚文化发展实际上是对"大我"和"小我"平衡点的追求，个性解放的呼唤。自80年代起它经过了很复杂的适应过程，包括这种亚文化载体本身以及歌曲的内容、新的时尚以及新的行为都含有个性解放的追求。

滑板亚文化也有其困境，因为很难被主流社会接受。因中国实行独生子女政策产生一代"小皇帝"，导致了过度保护的养育方式。这一点，我不只是作为研究者，同时作为一个在北京土生土长的 4 岁小孩的妈妈也能看到。比如，在游乐场我发现，一旦中国小朋友摔碰等等，中国妈妈爸爸等亲属会第一时间跑过去。结果，中国小孩子在任何小情况下都要哭。从这个角度来看，滑板亚文化是很难被中国父母接受的，因为受伤的可能性很高。结果，中国滑板爱好者的年龄普遍比美国的大，大概在读大学或者工作了以后才开始。

与西方的摇滚和滑板在中国的接受程度不一样，日本动漫在中国青年中特别受欢迎。但在这种情况下，我们又要考虑到文化还是价值观的载体。对一个社会是合适的价值观，未必适用于其他的社会，动漫也如此。一些日本动漫的内容超出主导文化允许的范围，所以有些动漫被限制传播。动漫文化的蓬勃发展，表现有学校里的 COSPLAY 社团、很多动漫游戏嘉年华、网络上的动漫社区等，活动形式多种多样。这些青年文化形式本身很适合中国青年群体，但是作为一种"进口"的文化，在与主导文化进行互动后，有时会经过一些调整。

当代中国青年文化和亚文化发展这个领域是一块"处女地"。不过我觉得随着当代文化产业的迅速发展，青年文化研究也在发展的过程中。自2013年来到北京后，我发现越来越多学者从不同的角度开始提青年文化的问题。我的这个研究也是初步的，还需要进一步去深入，很多问题还必须更深入地展开。但同时，我觉得青年文化是一种灵活的现象，变得非常快，过一年就出现新的现象。我希望我这个研究的角度，研究思路，所进行的田野调查，能给接下来的研究会打下良好的基础。

这部书稿是我五年多来在北京取得的研究成果，在此长远学术旅途中获得了不少帮助。我想感谢我们莫斯科国立语言大学中文教研室室长、副教授 Rakhimbekova L. Sh. 和莫斯科国立语言大学的孔子学院的院长 Seleznev A.A.，她们向我推荐了"新汉学计划"的项目，她们一直很支持我去中国继续上学，在我写论文时给了我很多建议。也想感谢俄罗斯科学院世界文学研究院亚洲和非洲部部长、副教授 Zakharova N. V. 和我在莫斯科国立语言大学的俄罗斯导师，文化学教授，Poletaeva M. V 我想感谢所有负责"新汉学计划"的老师，尤其是王欣生老师。作为第一批"新汉学计划"的学生，我经常要找他们帮我解决各种各样的问题，添了不少麻烦。我想感谢我们北京师范大学的赵成老师，自我进入北师大历史学院开始，到最后毕业的这个"辛苦"学术旅途中，他一直很支持我。我非常想感谢我的导师李帆教授，我已经把他看作我的学术父亲。他的学术指导、他的支持及这五年为我花费的时间，给了我很多灵感，重新为我打开了中国文化和中国人价值观的世界。我想感谢历史学院的所有教授和老师，在我写毕业论文的过程中，他们给了我很多很有价值的建议。同时，我想感谢我的北京师范大学的同学也是我的好朋友王杰，我的同门徐鹤和王豪，他们在我的论文写作过程中，提供了不少帮助。此外，我还要感谢我们第一批具有不同学术背景的"新汉学计划"的同学们，与他们的聚会和讨论有助于我产生很多新的想法。

目　录

绪　论

一、选题意义

（一）学术意义

梁启超在《少年中国说》中提道："少年智则国智，少年富则国富，少年强则国强，少年独立则国独立，少年自由则国自由，少年进步则国进步。"在梁启超前后，也有不少知名的思想家意识到了青年在历史中的作用，这些思想家对青年的预想和期望后来都实现了。在 20 世纪初，青年不但完全成为独立的社会群体，而且给中华民族带来了精神鼓舞，影响了社会发展的进程与方向。随着时代变迁，青年的作用有所变化，青年自身的目标、对社会变迁的影响及其影响的力度也发生了变化。青年作为社会的变革力量创造了独特的文化。青年文化成了呼吁主导文化价值观变迁的新生力量，同时又成为中国主导文化价值观变迁的镜子，承载价值的工具。换句话来说，青年文化是新价值结构变化的主要推动力，青年文化促进了主导文化的变迁。从某种意义上来说，青年也是社会变化的代表与先锋。青年阶段是每个人必然要经历的阶段，在人类社会的发展中它将上一代的文化价值继承下来，并继续传递下去。因此，对青年文化的价值、思潮、发展趋势以及它与主导文化价值的联系、冲突和互相影响的程度进行研究，有着很重要的意义。青年文化往往孕育着未来文化的价值观。当代青年文化和青年亚文化都有文化冲突和文化变革的背景因素。他们不但反映社会结构的变迁，而且展示出外来文化对主导文化的冲击，表现出民族文化本身存在的矛盾。这样，也便出现了主导文化与青年文化互相影响的问题。

青年文化被看作是挑战主导文化的元素。阿诺德·汤因比在《历史研究》一书中描写了价值转变的过程。他认为，如果在社会中出现了一个挑战传统价值观念的新力量，只有旧结构适应新的变化，才能保持社会的稳定性，而这会引起以前的价值观系统的彻底变化。如果改革的需求长时间以来被忽视，而旧文化形式又没有逐渐地改变，无法适应新的元素，那么，本来无害且可能带来好处的新元素，在这样的社会环境中就不可避免地开始做破坏性的工作。① 这样，青年文化和主导文化的关系会出现偏离甚至对立，特别反映在青年亚文化或青年反文化中。从这个角度来看，青年亚文化，不论它是"进口"的文化载体，还是本地出现的现象，在一定程度上都可以被看作整个文化系统的"新成分"。因此，出现这个成分与文化系统融合的问题即新的青年亚文化在旧环境的适应过程。这些"成分"的核心是价值观内涵，通过分析青年亚文化与主导文化在价值观上的交流模式，可以看到主导文化是如何参与调节整个文化系统的。

在中国的历史发展中，主导文化有非常强的力量，这也是由政治因素决定的，中国自改革开放以来发生的各种文化层次的变迁展示了主导文化的灵活性——这种灵活性很大程度上得益于青年文化对主导文化的更新作用。因此，本书以北京都市青年亚文化为切入点，探讨青年文化与主导文化的关系。

改革开放以来，中国发生较大变迁的个体价值观是"自我观"与"消费观"。不过，改革开放以来的价值观变迁不能单纯地从当时的社会变迁出发，要更深刻地对文化史与思想史中新价值观成分的发展规律进行剖析。如"自我观"不是一种新问题，"个性解放"在中国历史上出现了不只一次。这都说明，只有与思想文化史联系才能充分地展示改革开放以来都市青年文化的变迁，探索它与主导文化价值观层面交流的方式。

---

① А. Дж Тойнби, *Постижение истории*, пер.с англ., М.: Прогресс, 1991.– с. 578.

自 20 世纪 70 年代以来，青年研究成为国际社会科学领域的一个方向。为了解决青年研究中出现的一些问题，时常需要转到生理学、心理学、社会学、哲学、历史学、政治文化和思想政治教育或者宗教等一系列学科上，而青年研究领域因为没有形成独特的定义、研究方法、研究对象以及研究领域，所以这个领域在中国出现了跟俄罗斯等其他国家类似的情况，即未被确定为一个独立的学科。中国到 80 年代中期才开始了学科意义上的青年研究。最近几年，由于青年文化在中国社会中所起的作用的增强，学术领域出现了不少青年文化概念的研究以及关于文化建设与价值对策的研究，但大部分的研究都是从社会学和教育学角度分析青年文化价值，带有浓厚的政治性色彩，主要的研究者来自共青团系统和一些社会科研机构。它们在青年价值研究中，发现了年轻人的彷徨、困惑和价值缺失。这样一来，这些研究的主要目的就变成了对人文理念的维护、青年文化的启蒙、意识形态教育工作等。

当代中国青年问题和青年研究可以分为三种类型。第一种类型的研究服从政治的需要，主要强调青年道德价值观应该如何形成、如何管理和完善共青团的工作以及通过什么方式向青年传播主导价值观，主要关心的是"应该怎样"。这种研究带有明显的政策性，研究成果以社会效益为基础。这些研究十分强调全球的因素，如信息网络化、教育国际化、世界经济全球化等，但是经常忽视国内本土的因素。第二种类型是社会学框架内的研究，它们主要描述社会现象，比较缺乏问题意识，对产生问题的原因也缺乏深层解读，因此研究比较肤浅。最近几年，出现了第三种类型，这种类型的研究从社会学和人类学的角度出发，运用西方理论，分析中国的社会现象。在研究中国青年文化和价值观变迁的过程中，笔者发现，由于社会结构、政治制度、价值传播的方式、宗教的作用等因素的不同，西方的理论往往难以适用于中国的实际情况。当代青年文化研究中的"青年文化"的定义常常来自于西方，有着深厚的西方文化历史背景，而西方理论的形成也是深深依赖于西方青年文化与主导文化的价值模式，但这种引用却不一定符合中国青年文化与主导文化的实际关系。

不难发现，在中国当今青年文化研究中，经常存在理论基础不一致的问题，而这也在很大程度上影响着研究的结果。这种"不一样"和"难以引用"的情况，则源于中国主导价值文化与中国青年价值文化之关系的历史。正如俄罗斯文化论的创造者 A.Y. Flier 所说，青年文化和亚文化是反复无常和多方面的现象，亚文化与主导文化之间的差距以及这种差距的走势，在不同的情况下，有着不同的表现，这种表现是独一无二的。① 因此，真正把握青年文化的问题必然要关注其本国背景下的主导文化价值，而那种用他国理论解释本国问题的方法难以触及问题的本质，也不完全符合本土语境。从这个意义上来看，在为数不多的青年文化研究中，青年文化如何反映青年价值观的变迁、它在价值观层面与主导文化的关系与它在历史中的发展等问题，到现在仍未解决，至今，这一学术领域在中国学术界以及当代汉学界还存在空白。"青年研究最缺的是历史。"深圳青年学院的副院长田杰强调说："这句话包括两方面的含义，一是有关青年的历史（青年史）及对青年认识的历史（关于青年的观念史）研究和著述的缺乏；二是在现有的青年研究中普遍缺乏历史观点和方法。"②

笔者结合自己文化学的专业背景，运用文化史的研究方法，讨论改革开放以来中国青年文化变迁的问题。俄罗斯著名的历史学家 I. D. Kovalchenko 在《历史研究方法》一书中③ 指出了历史系统分析法，该方法通过分析系统结构功能，揭示了系统发展的走势以及本系统的特点。这种方法不仅有助于更清楚地发现文化系统的发展走势、特点与灵活性能力，而且基于这种"历史经验"还可以帮助预测文化的进一步发展与表现。

本书把文化看作一个系统，从历史维度分析文化要素之间的关系、互

---

① A. Я.Флиер, *Культурология для культурологов*.-М.: Академический проект, 2000.-c.152-154. A. Y. Flier.

② 田杰：《青年与历史：关于青年的历史叙述与解读》，《中国青年政治学院学报》2009 年第 5 期。

③ И.Д.Ковальченко. *Методы исторического исследования (второе издание)*, М., 2003, C. 198-208. I.D.Kovalchenko.

相交流与互相影响的模式，同时基于本土文化的历史经历，试图发现中国青年文化与主导文化的特色交流模式。

基于此，本书创新之处包括：第一，为了弥补青年研究中仍然存在的不足，避免历史学和社会学研究中经常出现的现象性描述的局限，笔者运用历史学、文化学和人类学的综合性研究方法，结合历史文献和田野调查，以文化史和人类学理论为支撑，进行综合的思想文化史研究，分析近百年来中国青年文化与主导文化关系的发展、价值层次的交流以及青年在西方价值观冲击下的困惑等问题。第二，近代的中西思想碰撞带来的很多精神和道德矛盾还未解决，这也成为当前青年研究的出发点之一。通过梳理改革开放以来的青年文化变迁，我们可以加深对中西道德冲突的理解，深入地分析道德冲突的原因与未来的发展态势。第三，中国有五千年的历史，但是只有在近百年间青年才作为独立的群体开始影响社会精神道德领域。本书在经纬纵横的线索下分析青年文化与主导文化的关系，在精神道德变迁背景下看青年文化价值发展。中国文化具有区别于其他国家文化的独到特色，观察中国青年文化的发展与变化，更加需要立足于本土的全新阐释与视角。笔者正是以中国主导文化与青年文化在价值层次的交流与分歧作为出发点，在梳理其关系的过程中，以北京青年亚文化为例来认识理解改革开放以来青年文化的具体形态及其与主导文化的关系，并在此基础上，概括青年文化中价值观发展的历程。从宏观的角度，发现中国主导文化价值观与青年文化价值观发展的规律。

（二）现实意义

第一，研究视角的开拓与研究意义的深化。现有的当代青年研究常常带有浓厚的政治色彩，这类研究旨在追求青年文化研究对青年思想教育与道德文化素质培养的意义，这往往难以触及中国青年文化问题的本质。另外，这些研究在对青年文化的思考和探索上，常常从教育和社会学角度进行阐释，并在具体阐释上习惯倚重于西方以及全球化因素的影响而忽略近百年来中国本土文化的历史背景，显得针对性不足。本书正是从学界当前尚存的不足出发，立足于中国青年文化产生的本土背景进行研究和阐释，尝试找到更多的答案。

第二，"青年文化"概念的新解读。在本书中青年文化被看作一种文化载体，是青年价值观变迁的文化实体体现，是有着具体形式的"青年声音"。在分析青年与青年文化的发展过程中笔者试图解读青年文化包含的内容并对其作出解释。

第三，青年文化历史资源与现实资料的开拓。由于青年文化是一种新的研究课题，因此这方面的中文资料以及外文的研究为数不多。在分析过程中笔者梳理了大部分中文和英文的资料以及研究，包括报纸、目击者记录、访谈记录以及笔者自身搜集的访谈、社会调查，等等。书中利用的很多外文资料在中文学术文献中是第一次出现。

第四，创造青年文化史的新研究方向。本书不但追溯中国青年文化自它生根发芽至今的发展，还涉及很多对将来青年文化史研究有价值的东西。比如，本书基于搜集的口述资料研究青年滑板亚文化在中国环境下的发展、形成的特点以及当代滑板文化中的青年价值观变迁，从而首创性地提出了中国滑板亚文化作为一种文化载体是青年文化发展不可分割的一部分的观点。

第五，历史研究方法、文化学、人类学、社会学的综合性研究方法的有效使用。青年研究的"困惑"在很大的程度上来自于具体学科的限制，而本书试图从一定学科的束缚中解放出来，集中在研究对象上，从不同维度来分析它的特点。本书的研究对象是青年、青年文化以及价值观，在分析其变迁史的基础上，用历史学、文化学、人类学的研究方法来探索当代价值观的变迁及其发展规律。

第六，当代中国青年现实精神与文化需求的探索。当代青年作为特殊的独立阶层，逐渐发展，形成相对定型的眼光和精神需求。当代中国青年相较他们的父母，受到了更好的教育，拥有更好的生活条件，这自然影响了他们的价值观和思维方式。在进行文化学角度的青年文化的研究中笔者发现，当代中国文化市场缺乏符合青年口味的文化产品，而这让他们将目光更多地转向外国产品。原因在于当代青年有新的精神和价值需求，而当代主导文化还未对青年文化发出的需求信号给予恰当的反馈。也许，拨开青年文化发展轨迹背后的迷雾，能够帮助我们深入了解当代青年的价值观变迁，并将它与当代文化进行更有价值的关联。

二、概念界定

20 世纪，随着社会变迁，中国文化发生了震荡、重构与分化。本书在对中国青年文化价值的研究中涉及并广泛地利用一系列重要的概念，如青年、青年观、主导文化、主流文化、青年亚文化等。为了分析这些社会现象的变化，我们必须清楚地界定这些概念，尤其是它们在思想与价值的语境下的差别。

（一）青年与青年观

理论上，青年是指从儿童时代到有社会责任的阶段，因此青年是一种非常模糊的概念而且一直在变化。学术界与世界上各个国家一般通过年龄来界定青年的概念，但并没有统一的年龄界限。比如，联合国在大部分的情况下把青年界定为 15—24 岁，[1] 但是在 2015 年联合国安全理事会的一项决定中，青年作为威胁社会稳定的潜在因素其年龄限制在 18—29 岁之间。[2] 联

---

[1] There is no universally agreed international definition of the youth age group. For statistical purposes, however, the United Nations—without prejudice to any other definitions made by Member States—defines 'youth' as those persons between the ages of 15 and 24 years. https://www.un.org/en/global-issues/youth.

[2] Through the unanimous adoption of resolution 2250 (2015), which defined youth as persons aged 18 through 29, the Council also urged Member States to consider setting up mechanisms that would enable young people to participate meaningfully in peace processes and dispute resolution. https://www.un.org/press/en/2015/sc12149.doc.htm.

合国一直在强调青年的定义根据影响因素的不同以及不同的上下文具有非一致性。换句话来说，如果通过年龄界限来界定"青年"概念必须先着眼于该青年的文化和社会环境以及其在具体情况下的状态。关于中国青年概念，Fengshu Liu 基于以前的青年研究，强调中国的青年观与国外的有所不同，他指出了中国青年的概念的多种特点，其中一个是年龄范围更广泛，在西方国家青年的年龄界定从 10 多岁到 20 多岁至 30 岁，而在中国青年概念里则包括了 35 岁（有时甚至到 38 岁）以下的人。①

本书涵盖了较广阔的历史期限，内容广泛，从古代青年，到近代青年观的变迁、再到现代与当代青年，不同时期青年群体的年龄界定也不尽相同。近代之前的青年作为群体的年龄界定比较模糊。自近代以来随着社会与教育制度的变化及在校学习期限的具体化，青年获得了学生的身份，从此可以开始被看作青年群体。特别是在 1949 年后，青年群体的年龄范围可以参照共青团对其成员的期限规定。1949 年 1 月 1 日中共中央正式发出的《关于建立中国新民主主义青年团团章（草案）》中指出："吸收一切坚决拥护中国共产党的主张、愿为新民主主义的事业而积极奋斗，愿为劳动人民忠诚服务的男女青年为团员，其年龄一般地应为十五岁至二十五岁。"②不过，共青团的青年年龄界限也发生变化。1953 年 6 月 23 日在北京召开的中国新民主主义青年团第二次全国代表大会修改了团章，把青年年龄界定为"凡十四周岁以上、二十五周岁以下的男女青年"。1957 年 5 月 15 日至 25 日在北京召开的中国新民主主义青年团第三次全国代表大会决定了"团员年满二十五周岁，没有被选入团的领导机关，或者没有担任团内的专门职务，就不再保留团籍；如果他们要求继续留在团内，可以保留团籍到二十八周岁。"③2018年 6 月中国共产主义青年团第十八次全国代表大会通过的《中国共产主义青

---

① Fengshu Liu, *Urban Youth in China: Modernity, the Internet and the Self*, NY: Routledge, 2011, p.5.
② 何启君：《青年团重建史料集萃》，中国青年出版社 1996 年版，第 228 页。
③ 共青团中央青运史档案馆编，胡献忠主编：《中国共青团历次全国代表大会概览》，中国青年出版社 2012 年版，第 322 页。

年团章程（草案）》规定："年龄在十四周岁以上、二十八周岁以下的中国青年……可以申请加入中国共产主义青年团。"基本上，中国共青团把青年界定为 14 到 28 岁。但这样的年龄界定很难拿来限定当代青年文化的参与者和消费者即本书所着眼的研究对象。

在当代中国社会文化环境中，中国青年人参与青年文化的年龄比较大，一方面是由于较重的学习压力和严格的家庭管教，大部分青年开始参与青年文化的时间往往是在高中结束后；另一方面，中国青年尤其是都市青年，社会化完成的较晚，形成了一段参与青年文化的时间区间。较公认的社会化完成的衡量标准主要集中在职业确立、经济独立与建立家庭这三个方面。[①] 受困于都市高额的生活成本，初入职场收入不高的青年难以较早实现经济独立，房、车等"硬性"压力加剧了这一点。对于社会化的另一个符号——结婚来说，中国传统的消费观念要求青年结婚时要有相当好的物质状况。种种因素导致近些年结婚年龄越来越晚，如据杭州市民政局公布的数据，2017 年杭州平均结婚年龄已经达到了女性 31 岁、男性 33 岁，[②] 并且据估计还会越来越晚。

一般认为，社会化完成意味着其从青年中脱离，但在当代中国不尽然如此。越来越多的青年在经济独立后继续享受青春，包括结婚在内的"成年符号"并不会将他们从青年生活中脱离。比如，在与很多玩滑板的青年沟通的时候笔者发现有几位已婚的青年，在结婚之后仍然坚持自己的爱好与生活方式。育儿在中国文化中被看作家庭与社会责任的符号，象征着从青年人转成中年人，但是由于当代中国社会对孩子抚养的经济与生活上的负担，中国都市已婚青年中选择晚育或不育的情况并不少见。

由于上述因素，如果利用年龄来界定"青年"，那么本书涉及的年龄范围比较广阔，从 14—35 岁。本书着眼于改革开放以后的青年文化，其中 20 世纪八九十年代和 21 世纪的青年文化有不同的特点，在这些年代经历过青

---

① 石海兵：《青年价值观研究》，安徽人民出版社 2007 年版，第 27 页。
② 陆玫：《结婚越来越晚，杭州去年平均结婚年龄：男 33.1 岁，女 31 岁》，澎湃网，2018 年 3 月 7 日。

春期的青年和他们的价值观也有区别并反映到青年文化中。因此，在讨论80年代的青年及其文化时，对应的是80年代处于14—35岁年龄阶段的人及其文化。

当然，青年文化参加者的年龄在一定程度上是由青年文化的具体内容决定的。比如，笔者发现动漫亚文化的消费者主要集中在初中、高中或者大学阶段，而参与滑板亚文化的青年主要处在上大学或者毕业不久的阶段。

另外，青年是一种多元化的群体，如城乡青年在很多方面都存在差异。本书中讨论的青年文化案例主要是经过中国化的外来文化，如青年报刊、电影、滑板、摇滚等。无论是在近代时期、现代时期，还是在当代时期，第一批青年文化的创造者与消费者都是都市青年。何彦霖在讨论城市与乡村的文化差异时指出："城市文化在其出现的开始就带来了文明与创新，其开放的特性更使其在发展的过程中更加具有时代性与创新性，是现代文明社会中文化形态与文化精神的真实显现。乡村文化的基础是农业文化，而农业文化对自然的依赖性较强，因为它必须通过自然条件和自然资源来获取生产生活资料。"[1]除了城市的现代性，他还强调城市与农村文化的中心与边缘和外来与本土性质的对立性。[2]基本上，无论从价值观变迁角度，还是从外来文化的吸收与中国化角度来看，城市都领先于乡村。大城市居民的经济状况、教育背景与城市本身的环境为青年文化的形成提供了良好的条件。因此，本书的研究主要集中在都市青年及其文化上。

（二）主导文化、主流文化与主体文化

在青年研究中存在着"主导文化"与"主流文化"概念混淆的状况。主导文化是主文化概念的组成部分，同时还存在着主流文化与主体文化。"主导文化通常是以政权做基础的，是权力捍卫的。"[3]国家官方传播的文化和价

---

① 何彦霖：《城市文化与乡村文化的冲突与融合》，《学理论》2016年第1期。
② 参见何彦霖：《城市文化与乡村文化的冲突与融合》，《学理论》2016年第1期。
③ 高丙中：《主文化、亚文化、反文化与中国文化的变迁》，《社会学研究》1995年第5期。

值及国家意识形态可以被看作主导文化。同时存在的"主流文化则是当前的思想潮流和社会生活的风尚",而主体文化则"表示一个时期产生主要影响""由长期的社会过程造成的"文化,与"主导文化"还是有一定差别的。① 如此,纵观中国社会的发展史,主导文化、主流文化与主体文化的三个概念并不总是统一在一起的。例如,在 19 世纪末与 20 世纪初,传统文化是主体文化,而以皇权为代表的封建主义仍保有主导文化的名义,西学则逐步占据了主流文化的地位。五四时期,现代文化成为主流文化,主体文化依旧是传统文化。本书中,我们主要分析的是主导文化与青年文化之间的关系,同时也会考虑到主流文化和主体文化。

(三)青年文化:"为青年创造的文化"和"青年的文化"(青年亚文化)

本书研究的对象是青年文化。青年文化是现代社会中多种因素共同作用的产物,它在表现形式、价值取向、社会功能等方面均呈现出了不同程度的复杂性与不确定性。在不同的学科中"青年文化"形成了不同的概念界定,进而形成了不同的理论方式、研究方法和解释途径。由于本书涉及不同时期的青年文化,并试图剖析主导文化与青年文化在价值层面的交流方式,因而是一种跨领域的研究,因此笔者采用俄罗斯学者 S. I. Levikova 对青年文化下的较广义的定义:"青年文化包括所有属于具体年龄阶段——从少年到超过 30 岁的人(但不高于 40 岁)的文化。"② 广义的青年文化也包含着"青年亚文化"和"青年反文化"③。因此,本书着眼于青年文化的表现形式和价值导向,分析改革开放以来中国青年文化与主导文化的关系。这也是一个发展

---

① 参见高丙中:《主文化、亚文化、反文化与中国文化的变迁》,《社会学研究》1995 年第 5 期。

② С.И. Левикова, *Молодежные субкультуры и объединения*, S.I. Levikova: URL: http://www. civisbook.ru/ files/File/Levikova_Molodezhnie.pdf

③ Бобахо В. А., Левикова С.И., "Современные тенденции молодежной культуры: конфликт или преемственность поколений?", *Общественные науки и современность*, 1996, № 3, C.23, V.

的过程，青年文化在不同的时期，由于不同的社会背景以及主导文化的不同影响，而呈现出不同的特点。例如，在分析当代青年文化的过程中，笔者发现，青年文化主要有三个发展模式：第一是青年文化在主导文化框架内的发展；第二是青年文化在主导文化的基础上形成自己的新的价值观，从中体现了代际的价值变迁；第三是青年反文化的出现（（见图1）。本书以主导文化与青年文化在价值层次的交流为视角，来分析青年文化的变迁及其与主导文化在价值层面的交流，特别聚焦于青年亚文化作为第二种模式与主导文化的互动。

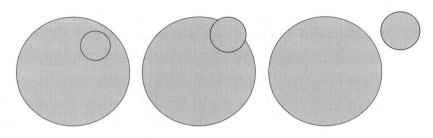

图1　主导文化与当代青年文化的关系的三种模式（大图代表主导文化，小图代表青年文化）

第一种模式是处于主导文化范围内的青年文化。学者陆玉林在《当代中国青年文化研究》中将其称作顺应型，[①] 即在价值导向和精神内涵上与社会主流文化一致，[②] 在表现形式上则具有与社会主流文化不同的特色。[③] 顺应型的青年文化是官方主导和青年自主选择的结合。[④] 有些学者把这种青年文化界定为"culture for youth"（为青年创造的文化）。如 Oded Heil-

① 陆玉林：《当代中国青年文化研究》，人民出版社 2009 年版，第 71 页。
② 陆玉林认为："主流文化是以政府（党）为代表，通过政治权利、经济权利和相应的制度设计等共同维护、解释和发展的信仰和世界观、思想和价值观、道德、法律、艺术等在内的复杂整体以及维护这个复杂整体的机构和相关设施。"就等于我们主导文化的界定。参见陆玉林：《当代中国青年文化研究》，人民出版社 2009 年版，第 7 页
③ 陆玉林：《当代中国青年文化研究》，人民出版社 2009 年版，第 71 页。
④ 陆玉林：《当代中国青年文化研究》，人民出版社 2009 年版，第 72 页。

bronner 在分析苏联时期的青年文化与共青团时，认为当时对有些国家来说"culture for youth"是向青年灌输对成年文化（主导文化）的忠诚。① 这种青年文化的性质可以被叫作政治性的。除了共青团、学生会等明显具有政治色彩的"为青年创造的文化"之外，在大众文化中也存在"为青年创造的文化"。如今，随着大众文化的迅速发展，文化进一步分化和青年群体的多元化，商业性大众文化载体在传播价值观上的作用越来越大。主导文化借用大众文化实现其与青年的价值观层面的交流。这些政治或商业色彩的"为青年创造的文化"可以被看作青年文化主要在主导文化框架内的发展。

第二种模式，即青年文化引发新价值观，着重强调的是青年亚文化的现象。"亚文化一般指的是在某些方面与社会主导性文化的价值体系有所不同的群体文化"②。青年作为社会不同阶层的群体形成了与主导文化不同的价值观或价值取向，从而形成了青年亚文化。青年亚文化是符合青年群体要求的文化，是青年自己创造的文化。在很多西方研究中，一方面用"青年文化"取代青年亚文化；③ 另一方面，在研究中持这样的态度："青年文化是青年生活方式的总和，指的是被青年社会的成员作为导向所认可的并共同具有的规范、观念态度和习俗"，认为青年亚文化是"遵奉与成人文化价值观念相反的有伴群体文化及其价值观念"的小团体的文化。④ 笔者认为这样的青年亚文化的定义不能完全体现中国青年亚文化的状况。Oded Heilbronner 在他的研究中把这种文化叫作"culture of youth"（青年的文化）。在分析西方青年文化发展史时，他指出青年文化性质的变迁："得因于二战、冷战、技术革新、西欧社会的美国化和美国青少年群体的崛起，青年文化在 40 年代经历

---

① Oded Heilbronner, "From a Culture for Youth to a Culture of Youth: Recent Trends in the Historiography of Western Youth Cultures", *Contemporary European History*, Vol. 17, No. 4 (Nov., 2008), pp. 580-581.

② 张平共：《青年亚文化的形成与表现》，《青年探索》2007 年第 4 期。

③ 参见 [美] 赖斯、东嘉勇：《美国青年亚文化》，《青年研究》1991 年第 7 期。

④ 参见 [美] 赖斯、东嘉勇：《美国青年亚文化》，《青年研究》1991 年第 7 期。

了一场深刻的变革。这一变革的主要特点是，它改变了由'家长文化'发起的文化，即由父母、公共机构、国家机关、企业和大众文化的创造者等创造的文化，到一种在很大程度上由13—30岁的年轻人创造的（有父母的一部分帮助）和鼓舞的文化。"① 在中国，类似的过程主要发生在改革开放以后，但是中国的青年亚文化崛起的过程不那么激烈。

多数研究认为，青年亚文化是在与大众文化和主流文化对立的基础上出现的，也被称作"非主流文化"。青年亚文化是青年群体自己创造的文化现象，代表自己的生活方式、行为、价值观念等。产生青年亚文化的原因是各种各样的，有社会精神危机、对社会地位不满、代际冲突（成年人与孩子的距离），社会规范、伦理、核心价值的软化、外来文化的影响等等。青年亚文化能带来新的价值观。施瓦茨（Schwartz, S. H.）认为："文化的元素或者亚文化团体是由主导价值观——即理想组成的，但是这些元素或者一些亚文化，在有些方面与主导文化的取向有冲突。这样，价值论的主导地位将随着它们之间领先地位的转移而产生变化。当然这种变化是比较缓慢的。"② 因此，青年亚文化中的价值变化往往成为社会价值变迁的前提。青年亚文化经常用自己的方式调整文化与现实的矛盾，为社会精神危机等问题提供了一种解决方案。青年亚文化中的一部分被主导文化和主流文化吸取，为主导文化的价值系统、伦理变迁打下了创新基础从而形成社会价值的变迁。因此，青年亚文化的价值可以被看作下一代新价值的先驱。

值得注意的是，青年亚文化与主导文化并不是对立的，主导文化是青年亚文化的基础。亚文化的价值观是从主导文化中吸取的，因此，青年群体中出现的亚文化并不总是否定主导文化及其价值体系。笔者认为，青年亚文

① Oded Heilbronner, "From a Culture for Youth to a Culture of Youth: Recent Trends in the Historiography of Western Youth Cultures", *Contemporary European History,* Vol. 17, No. 4（Nov., 2008），p. 577.

② Ш.Шварц, "Культурные и ценностные ориентации: природа и следствия национальных различий", *Психология. Журнал Высшей школы экономики*, 2008. Т.5, №2, C.37–67 http://www.hse.ru/data/2011/04/24/1210752636/37-67.pdf S.H. Schwart.

化的出现象征着文化空间进一步地分化与多元化。青年亚文化群体很明显地趋向于前述的第二种模式。

第三种模式是反文化。其概念出现于60年代的美国，它与当时美国的社会环境有密切关系。当时的抗议运动包括校园民主运动、妇女解放运动、黑人民权运动、反战和平运动、环境保护运动、同性恋权利运动等带有政治色彩的青年群体活动成为反文化的基础，同时也出现了摇滚乐、性革命、青年吸毒、嬉皮文化及神秘主义、自我主义的复兴等方面的文化抵抗。J. Milton Yinger 在对比亚文化与反文化时强调："大多数亚文化在价值观上与大文化存在某种程度上的冲突。然而，对于反文化来说，关键在于冲突的元素，很多反文化价值观明显相悖于主导文化价值观。"[1] 反文化，是与主导文化极端矛盾的亚文化，是价值观冲突的主要领域。在中国环境下也有类似反文化的现象，比如五四时期的反封建运动，但并不是青年文化的主要表现方式。

总而言之，笔者所论述的青年文化，包含青年亚文化和青年反文化，而且非常注重它们在价值层次上与主导文化的偏离或对立。本书使用广义的青年文化的定义，并试图提出青年文化的创造来源与主导文化的关系及价值观层面上偏离的程度。由于本书把青年文化看作社会变迁的反映及推动主导文化价值观变迁的力量，因而更着眼于青年自己创造的文化以及它包含的价值观内容，以区分于"为青年创造的文化"。

三、研究综述

在中国，青年研究这个学科始于20世纪80年代。虽然有些学者探讨了"青年文化学"学科的创立，[2] 但由于缺乏具体的学科基础以及系统和成型的

---

[1] J. Milton Yinger, "Contraculture and Subculture", *American Sociological Review*, Vol. 25, No. 5, p.629.

[2] 曹兴：《对创立"青年文化学"的几点思考》，《中国青年政治学院学报》1992年第5期。

研究方法、范式等，青年文化学学科的建立仍然停留在设想阶段，而现有的青年文化学研究成果也乏善可陈。随着青年问题研究范围的逐步扩大，青年研究在心理学、生理学、社会学、思想教育等领域都占有一席之地，青年问题的研究也常常体现出鲜明的跨学科特色。本书主要以历史的观点、文化的视角来研究青年思想的变迁，由于历史上针对此课题的研究相对较少，因而本书涉及的具体研究资料都分散在关于青年的各类学科研究中，因此大部分资料是很分散的，缺乏整体性，这使得材料的整理呈现出较高的复杂性和跨学科、多学科的特点。

将传统社会中青年、青年观与青年群体作为历史对象的研究较少。近年来刚刚开始，如最近几年吴端先生[1]和谢昌逵先生[2]的研究。这些研究都对青年作为历史对象的考察很有价值。近代时期青年的历史性研究主要针对学生或者知识分子的群体，如桑兵先生在《晚清学堂学生与社会变迁》[3]中以学生群体为研究核心，而在余英时[4]与许纪霖[5]的著作中将近代知识分子群体作为考察对象。这些研究不把当代意义的青年群体作为历史对象。但是由于五四时期的青年文化的主要参加者与创造者是知识青年，因此也为本书的研究提供了大量有关青年教育、社会、生活背景的信息。笔者认为值得强调的是陈映芳的博士毕业论文《〈新青年〉与中国的社会变迁》[6]，其属于大历史社会学研究。陈映芳没有忽略青年在当时扮演的角色、所起的作用以及这个角色前期与后期的变化，她把"青年"作为一个角色类别，分析了它的结构化。除了"青年"角色的形成与结构化之外，还探索了从

---

① 吴端：《青年与少年：从古代文献的分析到当代研究的展望》，《当代青年研究》2007 年第 10 期；吴端：《寂静的青春：儒学民众化与青年现象的消失》，中国发展出版社 2015 年版。

② 谢昌逵：《中国历史中的青年》，《中国青年研究》2010 年第 8 期。

③ 参见桑兵：《晚清学堂学生与社会变迁》，广西师范大学出版社 2007 年版。

④ 《余英时文集》第四卷，广西师范大学出版社 2004 年版。

⑤ 许纪霖：《20 世纪中国知识分子史论》，新星出版社 2005 年版；许纪霖：《近代中国知识分子的公共交往：(1895~1949)》，上海人民出版社 2007 年版。

⑥ 陈映芳：《"青年"与中国的社会变迁》，社会科学文献出版社 2007 年版。

19 世纪末到 20 世纪 90 年代初，这一角色的演变、瓦解等一连串社会过程与社会变动的关系。这个研究为"青年作为一种角色类别随着社会变迁在社会中参与方式经历了怎样的变动"提供了完整的答案并充分地展现了跨学科研究的优点。

目前在学术界，关于五四时期中西冲突、五四价值观变迁的呼吁以及精神道德价值的思想史研究如雨后春笋，如梁景和的《五四时期社会文化嬗变研究》①、杨华丽的《"打倒孔家店"研究》②、欧阳哲生的《新文化的传统——五四人物与思想研究》③、周策纵的《五四运动：现代中国的思想革命》④、罗志田的《权势转移：近代中国的思想、社会与学术》⑤、耿云志的《近代中国文化转型研究导论》⑥、Susan L. Glosser 的 *Chinese Visions of Family and State, 1915—1953*⑦ 等。

虽然在大部分的研究中学者们都承认中国青年文化是在五四时期产生的，但是关于青年文化的滋长与影响、青年文化反映的新价值观与道德观念的研究却未见分晓。在一些文章与著作中可以探索青年结社与结群的特点：邓军的《从"良心"到"主义"：恽代英与五四时期知识分子的社团组织困境》⑧，马建标的《学生与国家：五四学生的集体认同及政治转向》⑨，舒衡哲的《中国启蒙运动——知识分子与"五四"遗产》⑩，沙健孙、周承恩、萧超然等的

---

①　梁景和：《五四时期社会文化嬗变研究》，人民出版社 2010 年版。

②　杨华丽：《"打倒孔家店"研究》，人民出版社 2014 年版。

③　欧阳哲生：《新文化的传统——五四人物与思想研究》，广东人民出版社 2004 年版。

④　周策纵：《五四运动：现代中国的思想革命》，江苏人民出版社 1999 年版。

⑤　罗志田：《权势转移：近代中国的思想、社会与学术》，湖北人民出版社 1999 年版。

⑥　耿云志：《近代中国文化转型研究导论》，社会科学文献出版社 2016 年版。

⑦　Susan L. Glosser, *Chinese Visions of Family and State, 1915-1953*, Berkeley and Los Angeles: University of California Press, 2003.

⑧　邓军：《从"良心"到"主义"：恽代英与五四时期知识分子的社团组织困境》，《中共党史研究》2016 年第 4 期。

⑨　参见马建标：《学生与国家：五四学生的集体认同及政治转向》，《近代史研究》2010 年第 3 期。

⑩　[美] 舒衡哲：《中国启蒙运动——知识分子与五四遗产》，刘京建译，新星出版社 2007 年版。

《北京大学校史》①等。有关青年文化产生的研究主要从政治角度对青年文化进行分析，如魏定熙的《权力源自地位——北京大学、知识分子与中国政治文化，1898—1929》②、杨天宏的《学生亚文化与北洋时期学运》③等。叶文心的《民国时期大学校园文化（1919—1937）》④主要集中探究了五四后期的校园文化与青年的生活。

对五四时期青年报刊文化的具体研究较少，其中陈彤旭的《二十世纪青年报刊史》⑤是一个比较系统的历史研究。作者不但探索了青年报刊的发展历史，还对它们作出分类。五四青年知识分子文化的主要平台、新思潮、价值观、道德观的发源地是几个期刊，其中最有影响力的是《新青年》，后期的研究中多将《新青年》看成青年文化滋长的平台。⑥如张宝明的《现代性的流变:〈新青年〉个人、社会与国家关系聚焦》是研究《新青年》的学术专著，对《新青年》与20世纪现代性演进的关系进行了分析。⑦刘震在《〈新青年〉与"公共空间"——以〈新青年〉"通信"栏目为中心考察》⑧的文章中，对青年在公共空间的交流作出了分析。有关其他五四时期非政治的青年类期刊的研究为数不多，比如，刘宗灵⑨与方卫平⑩对学生杂志的研究。

---

① 萧超然等编著:《北京大学校史（1898—1949）》（增订本），北京大学出版社 1988 年版。

② [美] 魏定熙:《权力源自地位——北京大学、知识分子与中国政治文化，1898—1929》，张蒙译，江苏人民出版社 2015 年版。

③ 杨天宏:《学生亚文化与北洋时期学运》，《历史研究》2011 年第 4 期。

④ 参见叶文心:《民国时期大学校园文化（1919—1937）》，中国人民大学出版社 2012 年版。

⑤ 参见陈彤旭:《二十世纪青年报刊史》，新华出版社 2014 年版。

⑥ 参见邓金明:《现代中国文化的诞生:以"新青年"杂志为中心考察》，《上海大学学报》2011 年第 3 期。

⑦ 张宝明:《现代性的流变:〈新青年〉个人、社会与国家关系聚焦》，社会科学文献出版社 2005 年版。

⑧ 刘震:《〈新青年〉与"公共空间"——以〈新青年〉"通信"栏目为中心考察》，《延边大学学报》（社会科学版）2003 年第 3 期。

⑨ 刘宗灵:《媒介与学生:思想、文化与社会变迁中的〈学生杂志〉（1914—1931）》，复旦大学博士论文，2011 年。

⑩ 方卫平:《媒介中的课艺:一个变革时代的文化现象及其历史解读——以早期〈学生杂志〉（1914—1918）为例》，《浙江社会科学》2008 年第 6 期。

1949—1979 年期间的青年研究和青年价值研究中有许多涉及上山下乡，如顾洪章的《中国知识青年上山下乡始末》，① 或者包括很多历史资料（回忆文章、书籍、知青书信、日记等）的《中国知青史》。②《中国知识青年上山下乡研究文集》收入了有代表性的论述。③ 除此之外，还可以在文化的不同领域找到对当时的青年文化状况的研究，如吴敏的《宝塔山下交响乐：20 世纪 40 年代前后延安的文化组织与文学社团》，④ 杨健的《中国知青文学史》，李道新的《中国电影文化史：1905—2004》，⑤ 王家坪的《文化大革命时期诗歌研究》。⑥《青年研究》和《中国青年研究》期刊也发表了关于 1949—1979年青年文化与青年思想的论文，如唐灿、米鹤都等作者的《思考一代的自我反思——一项关于红卫兵及其同代人的思想轨迹的研究》，⑦ 雷颐、石云的《狂热·幻灭·批判——"文革" 10 年青年思潮初探》，⑧ 赵杰的《论红卫兵文化》，⑨ 印红标的《"文革"时期的"青年思想村落"：见证思想解放之路》，⑩杨健的《文化大革命中的红卫兵话剧》等文章。⑪

对改革开放时期的青年文化与青年价值观变迁的研究如雨后春笋般出现于当代中国学术界。其分布于不同学科，如中国有关青年价值观发展问题，

① 顾洪章：《中国知识青年上山下乡始末》，人民日报出版社 2009 年版。
② 定宜庄：《中国知青史——初澜（1953—1968 年）》，当代中国出版社 2009 年版；刘小萌：《中国知青史——大潮（1966—1980 年）》，当代中国出版社 2009 年版。
③ 金大陆、金光耀主编：《中国知识青年上山下乡研究文集》，上海社会科学院出版社 2009 年版。
④ 吴敏：《宝塔山下交响乐：20 世纪 40 年代前后延安的文化组织与文学社团》，武汉出版社 2011 年版。
⑤ 李道新：《中国电影文化史（1905—2004）》，河南大学出版社 2004 年版。
⑥ 王家平：《文化大革命时期诗歌研究》，中国人民大学出版社 2003 年版。
⑦ 唐灿、米鹤都等：《思考一代的自我反思——一项关于红卫兵及其同代人的思想轨迹的研究》，《青年研究》1986 年第 11 期。
⑧ 雷颐、石云：《狂热·幻灭·批判——"文革" 10 年青年思潮初探》，《青年研究》1991 年第 2 期。
⑨ 赵杰：《论红卫兵文化》，《青年研究》1991 年第 7 期。
⑩ 印红标：《"文革"时期的"青年思想村落"：见证思想解放之路》，《中国青年研究》2010 年第 3 期。
⑪ 杨健：《文化大革命中的红卫兵话剧》，《中国青年研究》1995 年第 1 期；杨健：《文化大革命中的红卫兵话剧》（续），《中国青年研究》1995 年第 2 期。

隶属于中国哲学或者思想教育学科，这方面的研究经常带有浓厚的政治色彩，重视当代价值问题的全球化和西方影响等因素。还有研究在分析研究当代青年价值观状况的同时，回顾和着眼于中国传统价值观以及中西价值观关系的发展历史，如吴新颖的《当代青年价值观的构建》①，虽然以当代青年价值观为主题，但是在研究过程中侧重于回顾传统价值和文化的演变，并在文中详细分析了西方价值系统及其对当代中国的影响。该研究在实现对现实情况分析的同时，也剖析了形成现实状况的背后因素，并在此基础上对青年价值的发展进行预测，得出了一系列有价值的结论。*Deep China, The Moral Life of the Person* ② 也是值得关注的对青年价值观变迁的跨学科研究，著作中有对人类学、心理学、文化学、社会学价值观变迁的研究，出现不少访谈的记录、当时出现的事件以及其他有价值的细节。国外也有关于中国文化变迁大问题的研究，如从全球化角度的研究，有 Liu Kang 的 *Globalization and Cultural Trends in China* ③ 以及 Claire Huot 的 *China's New Cultural Scene: A Handbook of Changes* ④ 等比较充分的文化学研究。关于当代青年文化，在中国存在大部分描述性的社会学研究，但此类研究常常以剖析青年问题或者青年文化现象为主，往往忽视青年文化中价值层面的问题，如马忠红等人所著的《COSPLAY：戏剧化的青春——新媒介与青年亚文化》，作为一种完整的社会学和文化学研究，主要从全球因素——新媒介的影响出发，几乎不介入思想史问题。同样的问题在蔡骐的《大众传播时代的青少年亚文化》中也存在。曾燕波在《青年八大热点问题》中将青年价值观置于很重要的地位，但是作为一种社会科学研究，它没有能够展示出当今青年价值与过去价值的关联性，青年文化的问题被放在青年时尚文化的章节当中，在关于八个热点问

---

① 吴新颖：《当代青年价值观的构建》，湖南人民出版社 2007 年版。

② Arthur Kleinman, Yunxiang Yan, Jing Jun, Sing Lee, Everett Zhang, Pan Tianshu, Wu Fei, Guo Jinhua, *Deep China. The Moral Life of the Person*, Los Angeles: University of California Press, 2011.

③ Liu Kang, *Globalization and Cultural Trends in China*, Honolulu: University of Hawaii Press, 2004.

④ Claire Huot, *China's New Cultural Scene: A Handbook of Changes*, Durhamand London: Duke University Press, 2000.

题的研究中展现了大量数据和问卷调查成果，更多呈现出的是一种现象描写的研究。有关 80 年代以来的摇滚作为一种文化和价值观载体的研究比较少，只有少数研究涉及摇滚歌曲的内容与背后的含义。N.Baranovitch 在 *China's New Voices: Popular Music, Ethnicity, Gender, and Politics, 1978-1997* [1] 中针对改革开放以来的音乐文化进行了比较充分的研究，其中也提到摇滚乐作为价值观载体的问题。另外，很有价值的资料是金兆钧(中国第一个音乐评论家、《人民音乐》的编辑部主任）的著作《光天化日下的流行：亲历中国流行音乐》[2]。Wong Yan Chau Christina 在 *Exploring the Spaces for a Voice – The Noises of Rock Music in China（1985-2004）* [3] 中把摇滚看作一种文化空间，而且在它与主导文化和商业文化的互动过程中对其发展进行了分析。另外，笔者还注意到一些有关青年文化的研究，与单纯的青年文化的历史研究不同的是，它们从历史和现实的双重维度对中国青年文化之价值的转变作出了评价。如王寒松在《当代文化冲突与青年文化思潮》中把 80 年代和 90 年代的青年文化思潮放在改革开放和中西文化冲突的时代背景中去审视，从民族文化发展和新人培养的战略高度来阐发这一课题研究的意义。[4] 陆玉林的《当代中国青年文化研究》是一个跨学科研究，以中国青年文化为背景，重点放在 21 世纪城市青年文化上。[5] 该研究从青年与政治、经济和社会文化的互动关系，从青年的文化实践来认识和分析青年文化。邱吉、王易、王伟伟合著的《轨迹：当代中国青年价值观变迁研究》，用"大历史观"来分析青年价值变迁，其中利用了大量的历史和文化资料。[6]J. Barme 在 *In the Red: On Contempo-*

---

①   N.Baranovitch, *China's New Voices: Popular Music, Ethnicity, Gender,and Politics, 1978-1997*, University of Los Angeles: California Press, 2003.

②   金兆钧:《光天化日下的流行：亲历中国流行音乐》，人民音乐出版社 2002 年版。

③   Wong Yan Chau Christina, *Exploring the Spaces for a Voice–The Noises of Rock Music in China* （1985-2004），PhD Thesis, The Chinese University of Hong Kong, 2006.

④   王寒松:《当代文化冲突与青年文化思潮》，中国青年出版社 1997 年版。

⑤   陆玉林:《当代中国青年文化研究》，人民出版社 2009 年版。

⑥   邱吉、王易、王伟伟:《轨迹——当代中国青年价值观变迁研究》，人民出版社 2012 年版。

rary Chinese Culture [1] 中，作为当时变化的目击者也从主导文化、商业文化与青年文化的角度来分析当代中国青年文化发展的走势。杨雄在《巨变中的中国青年》[2] 中把青年看作推动社会进步的主要力量，从社会学的角度对改革开放以来的价值观变迁进行研究。

由于本书的核心是青年文化与主导文化在价值观层面的交流，在分析的过程中笔者还探索了中国"自我观"与消费观的观念史。至于中国文化中的个人主义成分与中国传统思想特点的讨论则出现于《余英时文集》第二卷[3] 中，还有 Donald J. Munro 编辑的 *Individualism and Holism: Studies in Confucian and Taoist Values* [4]；张世英的《中西文化与自我》[5]；Song Xingwu 的 *Modernization and the Individualization of Youth In Post-Mao China* [6]；陈来的《中华文明的核心价值：国学流变与传统价值观》等[7]。有关西方文化中的个人主义特点的主要著作是 Steven Lukes 的 *Individualism* [8]，作者试图发现不同国家产生的个人主义特点。有关中国个人解放的著作较多，比如金观涛、刘青峰的《观念史研究：中国现代重要政治术语的形成》[9]，探索了近代出现的观念及其随着时代变迁的含义变化。部分论文涉及个人主义思潮在中国适应的过程：许纪霖的《个人主义的起源——五四时期的自我观研究》[10]、高力克的《五四的思想世界》[11]、姬

---

① G.Barme, *In the Red: On Contemporary Chinese Culture*, Columbia University Press, 2000.

② 杨雄：《巨变中的中国青年》，上海人民出版社 2015 年版。

③ 《余英时文集》第二卷，广西师范大学出版社 2004 年版。

④ *Individualism and Holism: Studies in Confucian and Taoist Values*, Edited by Donald J. Munro, Center for Chinese Studies, The University of Michigan, 1985.

⑤ 张世英：《中西文化与自我》，人民出版社 2011 年版。

⑥ Song Xingwu, *Modernization and the Individualization of Youth in Post-Mao China*, Ph.D in Social and Political Thought, York University, 2003.

⑦ 陈来：《中华文明的核心价值：国学流变与传统价值观》，生活·读书·新知三联书店 2015 年版。

⑧ Steven Lukes, *Individualism, Oxford: Basil Blackwell*, 1973.

⑨ 金观涛、刘青峰：《观念史研究：中国现代重要政治术语的形成》，法律出版社 2009 年版。

⑩ 许纪霖：《个人主义的起源——五四时期的自我观研究》，《天津社会科学》2008 年第 6 期。

⑪ 参见高力克：《五四的思想世界》，学林出版社 2000 年版。

蕾的《“五四”新文化运动中的个人主义话语流变》① 等。

有关消费观的历史与文化特点的资源很丰富,比如李琴在《中国传统消费文化研究》② 中比较充分地介绍了中国消费文化与消费观发展的历程。姜彩芬在《面子与消费》③ 一书中介绍了中国面子消费的特点。P. Sterns 在 *Consumerism in World History: The Global Transformation of Desire* ④ 中从全球的角度来分析消费主义发展的历程,在此过程中也谈到中国。Zhao Xin and Russell A. W. Belk 在 “Politicizing Consumer Culture:Advertising as Appropriation of Political Ideology in China's Social Transition”⑤ 一文中提到主导文化与消费观变迁的关系。朱迪在《品位与物质欲望——当代中产阶层的消费模式》⑥ 中进行当代中产阶层的消费模式研究并涉及很多当代青年消费观的问题。

总而言之,当代青年文化和青年价值研究常常从不同的学科基础出发,进行一系列不同角度的学科内研究,从而呈现出本书涉及的研究素材分散于不同学科的现象。此外,从研究方法和范式的角度来说,不同的学科内研究呈现出多种多样的研究方法和目标。以上的研究,既给笔者的资料整理和概况描述带来一定的难度,同时也为笔者从更宽广的视野、更宏观的角度来总结和研究青年文化价值的发展问题提供了思路和灵感。而从这些具体的研究中,笔者也总结了应该注意的问题以及应该坚持的研究特色。本书以思想史的研究作为核心。最后,由于大部分的青年文化研究没有把它看作价值观载

① 姫蕾:《“五四”新文化运动中的个人主义话语流变》,人民出版社 2015 年版。

② 李琴:《中国传统消费文化研究》,中央编译出版社 2014 年版。

③ 姜彩芬:《面子与消费》,社会科学文献出版社 2009 年版。

④ Stearns P. N., *Consumerism in World History: The Global Transformation of Desire* , 2nd edition, London: Routledge, 2006.

⑤ Zhao Xin and Russell A. W.Belk, “Politicizing Consumer Culture: Advertising as Appropriation of Political Ideology in China's Social Transition”, *Journal of Consumer Research*, 2008 No2, pp.231-244.

⑥ 朱迪:《品位与物质欲望——当代中产阶层的消费模式》,社会科学文献出版社 2013 年版。

体，也没有关注它跟主导文化的价值观层面的交流，因此本书的文化学角度会成为一个亮点。

四、研究方法与研究思路

（一）研究方法

中国青年文化之价值的发展，是一个宏大的研究课题，只有打破学科界限，才能拓宽视角。因此，本书综合运用了文化学、历史、哲学和社会学的多种方法。但从关键研究思路即文化历史的角度来看，一直尝试避免历史研究中普遍存在的问题即试图通过历史资料的具体分析罗列来展现规律。例如说，注重资料的收集与罗列的"考据学"研究思路，就是非常典型的代表。但这种方式很容易陷入"一叶障目"的局限性中，因此在宏观把握上有所欠缺。正是基于对这一点的反思，本书主要采用基于分析思辨的"大历史观"的研究方式，立足于丰富的历史资料，但却不止于对资料的掌握和罗列，而是从更高的角度、以思辨的眼光尽可能去探求材料中蕴含的规律和意义。

现有的有关改革开放以来的青年文化研究往往存在着忽视本土文化发展背景、忽视青年文化能动性的不足，这样的不足在很大程度上与方法论有关。而笔者统摄全书的"大历史观"的研究思想，具体来看就是在对青年文化价值发展的研究过程当中，坚持历史和逻辑的统一，紧密结合社会发展的历史背景来研究和揭示青年文化在价值上的特点及其与主导文化的不同，并进一步探求二者之间的关系和互相影响。笔者认为，当代青年文化与主导文化的交流蕴含着深刻的发展规律，这种规律贯穿于自五四时期发轫至今的青年文化的各个历史阶段中。

当代中国青年亚文化从文化载体的角度来看是一种比较新的研究方向，因此为更深刻地理解当代中国青年亚文化的性质、价值观与其他内涵，青年亚文化发展的特点、其与主导文化的关系，笔者采用定性研究的方法，试图从所涉及的当地人口的角度来理解一个具体的研究问题或主题。定性研究"可以特别有效地获得特定群体的价值观、意见、行为和社会背景的特定文化信息"①。因此，运用"大历史观"的宏观思路与当代青年亚文化的定性研究相结合的方法，对青年文化历史发展的具体问题进行探究。本书采用了以下综合性的研究方法：

第一，历史资料的搜集与研究。作为历史研究，笔者对现存的大量文化现象的资料进行分析与整理，并在掌握资料的基础上，进行思考与分析，对结果进行尝试性总结。

第二，历史系统分析方法。中国文化是一个系统，它的结构由不同要素组成，这些要素都在特殊环境下存在。在此，主导文化与青年文化是两种层次，而青年亚文化是青年文化的组成部分。本书立足中国环境，从历史维度分析主导文化与青年文化的功能、其在文化结构中的变动及其互动关系。

第三，因素分析法。这一研究方法在文化学、社会学和历史学的研究当中运用广泛。本书在提出核心问题——中国青年文化如何发展，与主导文化的关系如何的基础上，在分析每个时代存在的具体问题时，又提出了从原因到结论的一系列问题——为什么？有什么原因？为什么这样发生？从而帮助我们厘清具体问题的发生、发展和走向，将具体的因素分析运用到整体研究框架之中，因此，因素分析法在研究青年文化价值当中是不可或缺的研究方法。

第四，比较方法。该方法是文化问题研究经常采用的方法，有助于我们对青年文化价值存在的问题获得更深刻的认识。因为青年文化本来是一种"进口"的产品，其中包含着很多外来的观念。在分析过程中我们将青年文化与它的西方本源加以比较，才能呈现其本土化过程中发生的变异。本研究覆盖了相当长的历史期限，每个时期所形成的青年文化与其包含的价值观，

---

① N.Mack, C.Woodsong, K.M.MacQueen, G.Guest, E.Namey, "Qualitive Research Methods: A Data Collectors Field Guide", *Family Health International*, 2005.

有着不同的特点和独特的与主导文化交流的方式，而这也更加凸显出比较方法的意义与重要性。

第五，观察法。笔者在北京的四年多的时间内一直在观察当代中国青年的生活方式、日常生活特点、精神需求、文化爱好、学习过程，探讨当代中国青年与青年文化发展的背景。通过在中国生活的经验以及与当代中国青年的不断接触笔者能客观地进行现实判断，并且针对之前的青年价值观与青年文化的研究形成自己的独立看法。

第六，田野调查法。这种研究方法对观察法是一种补充。"直接参与"对研究能起很大的作用。通过这种手段获得资料，允许笔者客观地判断现实，与属于不同青年群体的青年进行交流。如此，在分析摇滚亚文化发展时笔者通过参加张北草原音乐节，有效地融入了摇滚爱好者的群体。同样，笔者2013年10月2日参加了北京惠民文化消费季暨动漫游戏嘉年华；2014年4月观看了北京温泉苗圃村的长板比赛现场；2014年6月参加了"世界滑板日"北京活动，此外还多次观看了俱乐部中举行的小型摇滚演出，参与这些活动对笔者有很大帮助。

第七，访谈法。访谈法是了解有关青年文化现状的最有效方法。笔者进行了多次大型或小型访谈。在中国滑板亚文化研究过程中笔者进行了16个针对滑板爱好者的访谈（附录1）和2个针对老一辈滑手的访谈（附录2）。在进行摇滚文化研究时，对几个摇滚乐队的代表、一些摇滚演出者或者了解摇滚发展状况的代表进行了访谈（附录3）。访谈主要采用半结构形式，在问卷的基础上，根据采访的实际过程追加附属的问题，之后通过微信与受访者保持联系以进一步探讨相关问题。为了剖析青年消费文化中的价值观变迁，笔者在商场针对青年消费者进行了两批访谈（附录4）。

（二）研究思路

作为一个国家文化发展变迁问题的重要组成部分，一个国家价值变迁的问题必须要放置于本国文化的整体发展历程中才能被更好地解决。虽然青年研究在 20 世纪 80 年代就"火"了起来,但青年的价值观层次问题却发源于 20 世纪初。当时,青年不但成为挑战主导文化的力量,而且也是核心社会改革思想的发起者。因此本书的研究从 20 世纪初开始。

本书第一章主要分析青年成为特殊群体的历史因素,分析青年怎么变成了挑战主导文化的力量,青年在精神道德变迁的背景下所起的作用以及在新条件下青年文化的产生。第一章由四部分组成,第一部分描述青年在传统社会中的位置、传统社会主流对它的看法并分析近代时期青年群体崛起的原因。由于本书的核心是青年文化中的价值观变迁,因此在第二部分探析五四青年群体作为挑战主导文化价值观的力量如何呼吁主导文化价值观的变迁。另外,笔者着眼于青年的"群体化"过程,把它看作是形成青年文化的主要条件之一。在五四前后文化分化与社会变迁下进一步发展的公共空间为青年文化的产生提供了条件。第三部分通过青年报刊文化的例子探索青年文化在二三十年代的发展走势。第四部分试图概括 1949 年以后的青年文化的特点及其与主导文化形成的新"交流"模式,并探索新价值观系统在青年文化中的呈现。

第二章的主要内容是改革开放后的都市青年文化的发展。笔者首先从都市青年文化发展的角度来分析改革开放以来青年价值观的变迁与其对主导文化价值观变迁的呼吁,其中包括两个阶段:第一阶段从改革开放前几年开始,邓小平的南方谈话为该时期的转折点;第二阶段始于 20 世纪 90 年代,随着网络时代的到来,主导文化增强了跟都市青年文化的交流。80 年代的都市青年文化中核心价值观的问题来自于"自我",它与社会的冲突表现为:都市青年文化的价值与主导价值观之间的冲突、青年的个体诉求同社会集体道德规范之间的矛盾、个体的个性发展愿望同社会集体导向与集体价值之间的分歧。青年常常以自己的态度对旧体制、旧规范的颠覆和改革作出最大的尝试。在思想文化领域,青年的"偏离"也常常影响和牵动着政策的调整。从这个角度来看,80 年代的都市青年文化是一个很有代表性的例子。在 90 年代都市青年文化中的价值观从以"自我"为核心转到以自我发展与新消费观为核心。其价值观的变迁导致了文化内层结构的变动并且改变了主导文化与青年文化交流的方式。在本章后半部分从主导文化的角度来评价改革开放以来的文化空间、价值观变迁、大众文化形成与都市青年文化的发展；主要讨论21世纪初商业化背景下的青年文化与主导文化的互动关系以及它们关系发展的走势。

在第三章和第四章笔者分析都市青年亚文化中的具体价值观变迁。从笔者的角度来看改革开放以来经历的翻天覆地的变化主要是"自我观"与消费观有了最大的变迁。在中国传统文化中"自我观"影响了整个文化的伦理系统，决定了家庭价值观、婚姻观、爱情观等，其价值观属于中国核心价值观，也值得探索。在分析改革开放以来个人主义兴起时，笔者探索了中国"自我观"的发展史、探索了当代出现的个人主义思潮的来源。笔者认为"集体主义"—"个人主义"二元结构的划分不太适合中国社会的价值观发展历程，在价值观分析时要首先从文化背景与本土文化发展的规律出发。

第三章笔者基于整体主义思潮的理论采用"小我"—"大我"的二元结构。在第一部分分析传统社会中的主导文化"自我观"，在非主流文化中探索"小我"并且追溯西学东渐过程中西方个人主义思潮在中国环境下的适应过程。在第二部分引用第一部分对中国思想史分析的结果来对具体都市青年文化中价值观的变迁进行判断。集中在摇滚文化中的个人主义思潮发展以及滑板文化含有的个人主义成分。在分析这两种文化的过程中，笔者关注这两种都市青年文化的很多方面，包括作为新文化载体的适应过程、在中国环境下的特点、本来含有的价值观、本地价值观交流的过程以及最近几年新形成的与主导文化的"交流方式"。

在第四章笔者着眼于中国消费观与其在都市青年亚文化中的体现。在中国，消费的历史几乎可以被描写成一部勤俭的历史，但这是否代表人们不愿意消费？孔子说过："富与贵，是人之所欲也；不以其道得之，不处也。贫与贱，是人之所恶也；不以其道得之，不去也。"[①] 消费主义曾在中国历史上

---

① 刘宝楠编：《论语正义》，中华书局1990年版，第142页。

出现过，也曾有过几种文化支撑，但由于不同的原因，如国家意识形态、国家利益、经济条件等的限制，并没有得到迅速发展。20世纪初，消费主义的西风席卷全球，这种风潮同样在中国获得发展，但是那时期的消费主义并没有在每个阶层中都得到回应，因此当时的现象也并不等同于当代意义的消费主义。从新中国成立到改革开放的一段时期内，主导文化倡导的是勤俭的价值观，以当时经济的情况，也没有能力促进消费主义的发展。改革开放后，市场经济与"促进消费"的政策形成了与原先的"勤俭"观念相对立的矛盾，而主导文化对此并没有提供一种"解决方案"，本来没有机会，也没有社会许可的潜在消费者，在新的条件下从"束缚"中挣脱出来，又因被传统文化与当代文化所"支撑"而获得营养，遂使青年圈子里产生了消费文化，消费文化转而又成为青年文化和主流文化不可分割的一部分。前面所说的，又引起以下的问题：改革开放后，在新的经济条件下，都市青年文化中关于消费都存在着怎样的倾向？历史上存在过的传统文化中的消费主义因素对青年是否有所影响？而中国传统美德——勤俭，是否已经在都市青年文化价值中销声匿迹了呢？如果不是，消费主义与勤俭在青年文化中又各自占据着怎样的成分？有着怎样的变化？当代主导文化回归勤俭的倾向会与都市青年亚文化的价值产生怎样的价值层面上的交流？笔者以中国消费文化的特点为基础来解读当代都市青年亚文化的内容。在文中当代都市青年消费文化被看作消费主义经过中国本土化过程的另一种思潮，是中国消费文化进一步发展的阶段。跟第三章一样，第四章分成两个部分。在第一部分笔者探索消费观的发展、中国消费文化的特点与当代消费主义的文化支撑，而第二部分基于现实资料分析当代都市青年亚文化中的现象来探究改革开放以来价值观的变迁。

从中国思想文化史的角度来看，五四青年文化运动、"文革"末期的青年文化与80年代的青年文化的再生，都在一定程度上和某个层面上显示了那个时代青年的价值与愿望。由上所述，我们这一研究核心的问题是：中国青年文化是如何产生的？有什么发展趋势与规律？它与主导文化的价值层次上的交流是如何的？最近 40 年中国与世界文化接轨，五四时期的精神、道德上未解决的问题在当代青年文化中是如何体现和解决的？而那些问题是由全球因素导致的还是在本土文化的影响下出现的？最后，都市青年亚文化在中国"大机器"中起什么作用？对这些问题的研究都属于定性的研究，它把青年文化中的几种价值演变为思辨研究。

第一章

青年的崛起与青年文化的发轫

　　青年和青年文化只有在文化历史背景下才能被正确地解读。在第一章我们试图回答："中国儒家社会中有什么青年观？为何此环境未形成青年文化发展所需要的条件？我们会研究中国历史中青年观的变迁以及青年的崛起，20世纪初青年文化生根发芽的过程，它接下来发展的特点以及青年文化与主导文化的交互。

一、儒家社会中青年的地位与近代青年崛起的前奏

中国传统社会以儒家文化和价值观作为社会秩序的基础。儒家文化很具体地划分了社会成员与国家之间的等级关系。在这一社会关系中，青年位于下层，与长辈之间存在着依赖性与责任性的关系，并且作为系统里的"小螺丝钉"，青年的作用与功能很难凸显出来。日本学者横山宏章这样论述青年在中国传统社会中的地位："中国尽管有数千年的历史，那其中却见不到热血沸腾的年轻人，这说起来有一点不可思议吧。在中华世界这一无限广阔的空间中，年轻人是怎样燃烧他们的青春？如何提出他们的主张的呢？好像怎么也看不到他们的存在。"①传统青年观形态如何？传统中国青年是否一直"韬光养晦"？这一章，我们试图分析青年和少年在传统社会中的地位与作用并系统地分析近代青年崛起的前奏。

（一）"青年"观、"少年"观及其历史命运

在古代文献中，与"青年"相关的词汇出现较少，而且随着中国社会的变迁，"青年"概念也产生了变化。吴端先生认为，"青年"概念的出现"应该不会早于公元6世纪"②。不过，这个概念在古代文献中存在的佐证只能追

---

① 陈映芳：《"青年"与中国的社会变迁》，社会科学文献出版社 2007 年版，第 2 页。
② 吴端：《青年与少年：从古代文献的分析到当代研究的展望》，《当代青年研究》2007 年第 10 期。

溯到公元 8 世纪的唐诗中，如刘禹锡有"长明灯是前朝焰，曾照青青年少时"①，牟融已经有了"青年俱未达"的表述。②据吴端先生的研究表明，"青年"在古代文献中的描述"只是一种生理的自然现象，而且是一种个体的、贵族式的、对文人和知识分子个人的描述"③。因此，可以说，"青年"基本不带有"群体性"和"代际性"的特征。

青年是现在普遍使用的词汇，可是它的当代意义与古代意义是有区别的。当代意义的青年是一个群体或者个体，可以形成自己的文化。在一定的程度上，古代的"少年"一词较为普遍，接近当代意义的"青年"概念。吴端先生强调，其在青年群体或者青年犯罪这些表述中更为凸显。④"少年"这个词汇已经能追溯到 2400 年前战国末期的文献中。比如《韩非子》中已经提出"少年"了："及子产死。游吉不肯严刑。郑少年相率为盗，处于萑泽，将遂以为郑祸。游吉率车骑与战，一日一夜仅能克之。"⑤不过，吴端先生认为"《韩非子》不会是最早使用少年概念的文献"⑥。"少年"在古代文献中的描述经常指边缘的、没有固定职业与经济基础的个人或者群体。比如，在《韩非子》中被记载的"少年"形容为一种盗贼力量，说明青年群体在当时情况下的消极性。谢昌逵在《中国历史中的青年》中把"青年"和"少年"在传统社会中的不同概念区分为"理想形象"、"作为社会目标的青年"与"社会现实的青年"、"社会问题的青年"、"边缘化的青年"、"成长阶段的青年"⑦。如此，"青年"这个概念便带有了理想色彩，给当时的青年创造了目标，而

---

① 《全唐诗》卷 359 第六册，中华书局 1999 年版，第 4058 页。

① 《全唐诗》卷 359 第六册，中华书局 1999 年版，第 4058 页。

② 《全唐诗》卷 467 第七册，中华书局 1999 年版，第 5349 页。

③ 吴端：《青年与少年：从古代文献的分析到当代研究的展望》，《当代青年研究》2007 年第 10 期。

④ 吴端：《寂静的青春：儒学民众化与青年现象的消失》，中国发展出版社 2015 年版，第 28 页。

⑤ 高华平、王齐洲、张三夕译注：《韩非子》，中华书局 2010 年版，第 328 页。

⑥ 吴端：《青年与少年：从古代文献的分析到当代研究的展望》，《当代青年研究》2007 年第 10 期。

⑦ 谢昌逵：《中国历史中的青年》，《中国青年研究》2010 年第 8 期。

"少年"在古代文献中则代表当时的青年在社会中的状况。

有些文献描述了青年和少年的年龄界限，如《玉笥集》的"青年廿九桃花颜"①、"青年十三动人主"②，或者如《巢氏诸病源候总论》中的"经说年六岁已上为小儿，十八已上为少年，二十已上为壮年，五十已上为老年也"③。这些例子主要指出了生理年龄阶段上的划分。古代男子在19岁会有冠礼，女子15岁会有笄礼，这都是象征着进入成年的仪式，代表男女青年可以进行婚嫁、参与成人活动。这主要是从身体成长角度来划分未成年与成年的阶段，而没有从思想上、社会认同上对"青年"、"少年"进行更具体的划分。传统的观点认为，从思想的角度来看，青年（少年）成为成年人的阶段是一个漫长的过程。如杜维明所言，在儒家思想中，成熟主要是从自我修养的角度来认定的，人的成长是一个完整的认知过程，这种认知被认为是真实的人性，始于儿童早期，甚至在晚年时也不会终结。④与古代不同，现代社会根据接受不同阶段的教育、取得不同社会身份（例如少先队员和共青团员）、不同的婚姻和生育情况等因素来划分不同的青年群体。

传统社会以老年文化为本位，如在《礼记·乡饮酒义》中可以看到这样的描写："乡饮酒之礼，六十者坐，五十者立侍，以听政役，所以明尊长也。六十者三豆，七十者四豆，八十者五豆，九十者六豆，所以明养老也。民知尊长养老，而后乃能入孝弟；民入孝弟，出尊长养老，而后成教，成教而后国可安也。"⑤从这个例子我们可以看到老年与少年呈现出的教化与被教化的关系。在古代传统社会中小孩子的初步教育从长辈的口头教育就开始了。《弟子规》、《增广贤文》与"二十四孝"作为启蒙教育的素材，也以孝道观作为基本内容。通过这些孝道观念传递的也主要是"学而优则仕"等传统社会的

---

① （元）张宪：《玉笥集》卷1，商务印书馆1935年版，第5页。

② （元）张宪：《玉笥集》卷2，商务印书馆1935年版，第21页。

③ （隋）巢元方撰：《巢氏诸病源候总论》卷45，江苏广陵古籍刻印社1984年版，第59页。

④ Tu Wei-ming,"The Confucian Perception of Adulthood", *Daedalus*, Vol. 105, No. 2, 1976, p.113.

⑤ 孙希旦、沈啸寰、王星贤点校：《礼记集解》，中华书局1989年版，第1416页。

主流价值观。

由于儒家主流文化将青年作为教育的对象，因此青年的娱乐活动受到限制，尤其是对于当时社会中上层的青年。尽管如此，以青年群体为主要参加者的娱乐文化在古代社会中也是存在的。吴端先生基于不同时期的古代文献，试图找出传统社会中的"少年之戏"，他认为任侠文化属于古代都市青年文化。[①] 当时任侠文化不属于主流文化，韩非子强调"儒以文乱法，侠以武犯禁，而人主兼礼之，此所以乱也"[②]。可是，也不能说任侠文化是纯正的青年文化，只是以少年为主要参加者的文化。类似的例子还有蹴鞠文化。这个娱乐性的体育文化，从其娱乐形式上看处于非主流的边缘位置。儒家文化占主导地位，蹴鞠文化作为明显的体育项目，被看作一种费力劳动，根据儒学的规范不符合君子的理想形象："君子勤礼，小人尽力"[③]，"君子劳心，小人劳力"[④]。另外一个例子是才子佳人文化。以青年男女的浪漫爱情为题材的诗歌小说试图抵抗封建伦理观念，体现了个性化的爱情以及重情义轻势利的价值取向。这在当时超出了主导文化价值观的范围。

我们可以看到，上面提及的这几种文化的特点是它们并不是在主导文化的基础上产生的，而是民间文化的产物，处于边缘的、非主流的位置。在这些游戏与活动中，虽然年轻人比较多，但是没有形成群体。与中国相比，在 16—19 世纪的欧洲城市和农村就已经存在明显的青年团体，J.R.吉利斯列举了很多青年参加政治、经济与宗教活动的典型例子，最值得强调的是，那个时候欧洲的青年已经用不同的艺术方式来表达对社会统治与道德的不满。[⑤]

---

① 吴端：《青年与少年：从古代文献的分析到当代研究的展望》，《当代青年研究》2007 年第 10 期。

② 高华平、王齐洲、张三夕译注：《韩非子》，中华书局 2010 年版，第 709 页。

③ （战国）左丘明撰，蒋冀骋注译：《左传》，岳麓书社 1988 年版，第 162 页。

④ （战国）左丘明撰，蒋冀骋注译：《左传》，岳麓书社 1988 年版，第 192 页。

⑤ J.R.Gillis, *Youth and History: Tradition and Change in European Age Relations*，1770-Present, Academic Press: San Diego, 1981, pp.31-35.

从上述可见，传统社会在主流文化、教育与法律中都没有形成青年阶层概念的思想基础。青年自古以来被看作是不可能参加政治的："少年不经事"，"不知而冒进也"，"少年新进，不能度势量力，急于求进，而不能济"①。尽管如此，也存在青年走上历史舞台的现象。少年在史书中被描写为参与军事活动，如在《明史》中有："会元政乱，子兴散家资，椎牛醵酒，与壮士接纳，至正十二年春，集少年数千人，袭据濠州"②。中国历史上出现了几次由青年组织的社会运动，如东汉末年的太学生运动，明朝万历、天启年间的东林党等。桑兵先生在将历史上的青年运动与近代学生运动进行比较的时候，强调"士人的活动虽有反抗暴政、清廉吏治的积极意义，但仍是统治阶级内部不同集团的斗争，而不是站在专制的对立面来根本否定它的统治，其目的显然是'补天'而非'拆庙'"③。需要指出的是，这些青年运动虽然表现为对当时统治阶层的反抗，但在价值观层面是传统主导价值观和意识形态的支持力量。如最早的影响力比较大的"诸生三万余人"的太学本来就是传播儒家价值观的主要场所，④太学生运动只是表示了青年对当时最高统治阶层的不满。这个"青年声音"带有政治色彩，而在价值观层面上则表示了支持态度。由此可见，青年组成的集团主要追求国家的利益，希望国家变好，所以主要是从"大我"利益出发的政治行为。⑤

（二）近代青年观转折的因素

在以儒家文化为主流的传统社会，儒家文化在发展过程中有一定的进

---

① 转引自吴端：《青年与少年：从古代文献的分析到当代研究的展望》，《当代青年研究》2007年第10期。
② （明）张廷玉：《明史》，中华书局2003年版，第3679页。
③ 桑兵：《晚晴学堂学生与社会变迁》，广西师范大学出版社2007年版，第59页。
④ 陈芳译注：《后汉书》，中华书局2009年版，第251页。
⑤ "大我"指的梁启超提出的"'大我'是一群之我"，"'小我'是一身之我"。梁启超：《中国积弱溯源论》，1900年。参见《少年中国的呼唤：梁启超杂文代表作品选》，甘肃人民出版社1998年版，第5263页。

化，但青年观几乎没有进展。余双好与张春枝指出，只有从龚自珍的"我劝天公重抖擞，不拘一格降人才"这首诗起，①"青年"和"青少年"的概念才真正出现了。②戊戌变法失败之后，期待社会变革的近代思想家把救国的责任放在青年（少年）的身上。比如梁启超在《少年中国说》中说："故今日之责任，不在他人，而全在我少年。少年智则国智，少年富则国富，少年强则国强，少年独立则国独立，少年自由则国自由，少年进步则国进步，少年胜于欧洲，则国胜于欧洲，少年雄于地球，则国雄于地球。"③这表明了中国思想史中青年观的明显变革，青年甚至成为被崇拜的群体与国家的希望。是什么因素导致青年社会地位的变迁？

晚清时期统治阶层失去了人民的信任，出现了主导文化价值观系统的危机。在本来有影响力的精英阶层失去其影响力的情况下，主导文化在面临中西文化价值观冲突时进入了困惑的状态。桑兵先生在描写从鸦片战争到1860年的中西文化在不同文化阶层的交流时，强调中国官绅士人的特点："作为正统主流文化的负载者，也具有本位文化异体排他性的主导功能，对外来文化的融汇内化力与抵拒排斥力适成正比。"④在辛亥革命失败后，中国社会政治、经济与文化进入了混乱的状态。北洋军阀作为主导文化的代表，力图维系传统思想的基础地位，也导致了民众对权威的彻底失望。因此，政治因素为青年崛起打下了良好的基础。就像林贤治对五四新文化蓬勃发展的归因："五四一代知识分子的最大幸运，在于没有一个独裁而强硬的政府。"⑤

教育变迁、科举制度废除与新知识阶层的形成是青年发展的重要因素。1905年前，中国知识精英通过科举制度继承与传播儒家文化，而儒家文化的核心价值和青年（少年）的位置基本处于不变的状态。中国绅士通过科举

---

① 《龚自珍诗文选》，人民文学出版社1991年版，第224页。

② 余双好、张春枝：《从"青年崇拜"到"青年问题"——中国社会青年观历史演变与发展走势》，《北京青年政治学院学报》2014年第2期。

③ 梁启超：《中国少年说》，《清议报论说》第一集卷一，1901年，第45页。

④ 桑兵：《晚清学堂学生与社会变迁》，广西师范大学出版社2007年版，第23页。

⑤ 林贤治：《五四之魂：中国知识分子精神史》，漓江出版社2012年版，第9页。

制度进入官僚管理体系保持了国家与社会的联络，起了传承价值观的作用。有趣的是，清末时在科举制度消除之前，新式学堂就已经建立，有一段时间旧的儒家价值观和新的文化传播工具结合在一起，如桑兵先生强调的"当时不少学堂新瓶装旧酒"①。

随着教育制度的变迁，知识分子阶层作为先锋力量发生了很明显的改变。例如他们与统治阶层的关系不那么密切了。他们来自不同的社会阶层，并且由于新学堂的形成，国立大学、教会大学、私立大学的兴办，中国社会中形成了具有广泛影响力的知识青年群体，并且在这种条件下越来越多的中国青年知识分子开始觉醒。一旦学生开始群居，他们就容易形成青年群体。另外，1904年公布的癸卯学制确定了学业年限，"将正格教育分为三个阶段七级：第一阶段为初等教育，分蒙学院、初等小学堂（五年）、高等小学堂（四年）三级；第二阶段为中等教育，设中学堂（五年）一级；第三阶段为高等教育，分高等学堂或大学预料（三年）、大学堂（三年至四年）和通儒院（五年）三级。儿童从七岁入初等小学堂，到通儒院毕业，共计二十六个学年"②。如此"青年"作为一个特定年龄群体的概念获得了原本不存在的教育与法律基础。我们可以发现，少年阶层的分离已经在19世纪末20世纪初开始出现，而青年群体的崛起则发轫于青年获得"学生"的身份之后。据O.兰格研究，"学生"身份的青年其经济与社会地位处于社会中层与上层并以高层为主。③

我们同时可以发现，影响新知识界的不但包含着学生、教师、新绅士阶层，还有新出现的记者、艺术家、作家等。他们投射了当时的中国状态，通过不同的方式表达了变革国家、社会的主张和价值诉求。新出现的知识阶层成为五四青年运动的主体。受到先进教育的青年开始获得自主的意识，设计了自己的角色。新式的学校与新式的教育不仅改变了原有的教育系统与教学内容，还改变了青年的生活目标与学习态度，从以做官为目标转变为以成

---

① 桑兵：《晚清学堂学生与社会变迁》，广西师范大学出版社2007年版，第66页。

② 陈晴：《清末民初新式体育的传入与嬗变》，华中师范大学出版社2007年版，第251—252页。

③ O. Lang, *Chinese Family and Society*, New Haven: Yale University Press, 1949, p.284.

为有知识有学问的人为目标。

新式学校中出现的带有学术自由的校园文化对学生观念的变迁与青年群体的兴起起了重大的作用。北京大学的校长蔡元培就曾经说过："无论何种学派，苟其持之有故、言之成理，兼容并包，听其自由发展。"[1]在学校的基础上出现了独特的校园文化与学生活动，这使得原来作为青年观和青年价值观主要来源的家庭失去了其原有的影响力。

本来青年的居住生活场所主要是父母（或者丈夫）的家，大家必须服从"父母在，不远游"（《论语·里仁》）的美德。家庭和教育是青年价值观形成的主要渠道，而且由于教育主要是在传统机构里进行的，所以当时的教育只是使青年的传统价值观更根深蒂固。教育制度改革之后，教育对青年的约束减弱了，并且在青年形成价值观的过程中除了家庭和新式教育之外，社会的多元化影响也成了青年新价值观的来源。

在主导文化的传播工具失去影响力的背景下，统治思想弱化了，外来影响强化了。外来因素对青年观的变迁、青年结社与青年创造自己的文化起了重大的作用。在上海和其他受到外来影响的城市里，西方以宗教组织的名义设立了图书馆、阅览室、夜校，安排了商业、外汇交易、英语等课程，举办了演讲会、音乐会、交易会。以前的传播价值观的工具随着教育制度的变迁、科举制度的废除和价值观传播的旧系统变迁而弱化，这些新的价值观传播的工具，对文化分化起了"酵母"的作用。例如，1896年中国的上海成立了第一个学塾基督幼徒会，1902年改名为青年会。该组织并不是"中国产"的。西方早在义和团起义时就认识到青年的潜在力量——"中国的青年随着义和团的分娩痛而出生"[2]，——并通过不同的机构试图加强对中国青年的全

---

[1] 《蔡元培全集》第三卷，浙江教育出版社1997年版，第259页。

[2] Dwight W. Edwards, "The Chinese Young Men's Christian Association", *The Annals of the American Academy of Political and Social Science*, Vol. 39,1912, p.109。确实如历史材料显示，义和团中虽然有中老年人，但是青少年为多数："三十岁以上少，二十岁以下，十二、三岁居多。"（见中国史学会主编：《义和团》第一册，《中国近代史资料丛刊》，上海人民出版社1957年版，第250页）

面影响，如中国基督教青年会，"在新旧的物理、社会、智力、道德与宗教的需求上帮助青年是中国基督教青年会的职责、机会与目的。这是该机构的任务与成立的理由"①。到1913年，全国城市青年会有正式分会24处，上海、香港有会员2700人，全国会员逾万人。在日本、美洲都成立了中国留学生青年会组织。②

通过这个例子我们可以发现，以青年群体为主，中国基督教青年会变成了新的精神与政治的传播工具、外来价值观传播的媒介。该组织有以青少年为对象的期刊《学塾月刊》（1902年改名为《学生青年报》，又称《青年》）。由于"青年"的概念在当时的中国不太普遍，外来的基督教青年会所创立的期刊成为中国第一个有"青年"名称的期刊。除了这个期刊之外，还创立了《上海青年》，后来在别的分会还创办了《青年会报》、《广州青年》等报纸。通过这些报刊，传播了西方的生活方式以及卫生、体育与娱乐观念，提倡青年参加体育与交际娱乐活动。青年体育组织的创建、青年独特的休闲娱乐空间的出现，增强了青年群体意识，为青年传播自己的价值观提供了新的平台。

二、五四时期青年的崛起及其价值观的诉求

（一）五四青年："大我"和"小我"之间

阿诺德·汤因比在《历史研究》中强调，如果在社会中出现一个挑战传统价值观的新力量，旧结构只有适应新的变化，才能保持社会的稳定性，而这会引起原有的价值观系统彻底变化。如果改革需求的"号召"长时间被忽视，而旧文化形式又没有逐渐地改变，无法适应新的元素，那么，本来无害

---

① Dwight W. Edwards, "The Chinese Young Men's Christian Association", *The Annals of the American Academy of Political and Social Science*, Vol. 39,1912, p.109.

② 《基督教青年会第六次大会总委办之报告》，《青年》1913 年 3 月。

且可能带来好处的新元素，在这样的社会环境中就不可避免地开始起破坏性的作用。①青年阶层的分离、青年社会地位的变迁、青年的崛起、青年提出的新的思潮与价值观念是五四时期"链条"中不可分割的"环节"。在上一节我们已经介绍了 19 世纪末至 20 世纪初发生的变迁为青年阶层的出现打下了基础，同时也导致了青年观的变迁。在当时的文献中，随处可见对青年的重视，将青年（少年）视作改革人才，渲染对青年的崇拜。最具代表性的例子是梁启超的《少年中国说》。受到西方思想影响的梁启超对青年（少年）寄予了很大希望，青年以祖国救护者的身份出现在中国近代的舞台上。梁启超没有提出任何青年个人的需求，而主要集中在国家需求上，因此我们可以发现在梁启超的文章中的青年"披着""大我"的"外衣"出场了，青年把国家的利益放在第一位。梁启超提出的"新民"，是群体性意义上的国民，所以梁启超根本没有发展个人本位概念，这影响到青年对"大我"意识变迁的诉求。从上一节可见，新式教育在青年观和青年价值观的变迁方面的影响排在首位。政府与士大夫在新出现的学生阶层的身上寄托了国家生存、发展与复兴的所有期待。1906 年清政府学部的《奏请宣示教育宗旨折》提出"忠君、尊孔、尚公、尚武、尚实"，从中我们可以看得出这是培养青年的目标。在鸦片战争的失败意识形态危机的背景下，政府希望提高威信——"忠君、尊孔、尚公"，增强人才的军事技巧——"尚武"，最后的"尚实"包含着希望青年能成为对社会有实用价值的人的意思。因此，我们可以看到教育变革的目标是国家利益。国家青年观的变迁再加上受到西方思想影响的知识分子的呼吁，导致了青年地位提高到被"崇拜"，也最后导致了近代青年的价值观诉求中带有浓厚的政治色彩。

与梁启超的文章相比，陈独秀在 1915 年《敬告青年》中提出的口号虽然还披着"大我"的"外衣"，但是可以明显看得出对"小我"的呼吁。如

---

① Дж. А. Тойнби, *Постижение истории/А.Дж. Тойнби. Пер. с англ.-М.: Прогресс, 1991.-с. 578.
[英] 汤因比：《历史研究》（俄文版），进步出版社 1991 年版，第 578 页。

陈独秀在《一九一六年》的文章中呼吁青年："尊重个人独立自主之人格，勿为他人之附属品，以一物附属一物，或以一物附属一人而为其所有，其物为无意识者也。"[1] 李大钊在《青春》中也强调了："纵现在青春之我，抹杀过去青春之我。"[2] 陈独秀与其他先锋知识青年指出人的自主性，更突出地强调"小我"。可以说在青年观、价值观与价值观诉求方面"老师"与"学生"之间有一条"无形的界限"。五四青年的"号召"当然也有浓厚的政治色彩，不过除了国家的问题，在五四青年的"声音"中我们可以听到很多其他的诉求，我们试图从青年个人价值观层面的视角系统地分析五四青年的思想与"呼吁"。在分析青年价值观的诉求过程中我们主要从青年的"小我"诉求出发，而把"大我"价值观诉求作为该分析的背景。

在五四运动开始之前，著名美国学者John Dewey到了中国，他评价五四运动不是政治运动，而是一种新意识的表现，男女青年的思想革命，通过他们的学校教育被激起了对新信仰秩序的必要性，是一种新的思维方式。[3] 当时对孔家店的重新思考与批判成为青年价值观诉求的具有代表性的观点："尊儒重道，名教之所昭重，从之所向，无不与现实生活背道而驰。"[4] 陈独秀在1919年1月15日的《新青年》上通过论述九大"破坏"，也就是"破坏孔教，破坏礼法，破坏国粹，破坏贞节，破坏旧伦理（忠孝节），破坏旧艺术（中国戏），破坏旧宗教（鬼神），破坏旧文学，破坏旧政治（特权政治）"[5]，基本总结了新文化运动先进知识青年价值观变迁的诉求。在这些所谓的"罪案"中封建伦理道德在青年心目中排了第一名。从新一代知识分子的精神道德观念诉求中我们可以听到"小我"的声音。陈映芳基于大量的史料与当时的调查得出这样的结论："年轻人对父母、家庭的权威及压制的反

---

[1] 陈独秀：《一九一六年》，《新青年》1916年第5期。

[2] 李大钊：《青春》，《新青年》1916年第1期。

[3] Tsi C. Wang, *The Youth Movement in China*, New York: New Republic, 1927, p. 4.

[4] 陈独秀：《宪法与孔教》，《新青年》1915年第1卷第2期。

[5] 《陈独秀著作选》第一卷，上海人民出版社1993年版，第442页。

抗，在有关年轻人的婚姻、教育、出路、生活方式等各种问题中都有反映，其中围绕婚姻决定权的冲突尤为引人注目。"①青年发现他们可以追求自己的利益，解决自己的问题："个人生存的时候，当努力造成幸福，享受幸福，并且留在社会上，后来的个人也能够享受。递相接受，以至无穷。"②

在系统地分析青年知识分子的价值诉求时，我们可以发现，知识青年在价值观变迁的呼吁上基本是一致的，只是变成现实的途径不一样。五四新文化运动把个人解放作为新价值观的追求，五四青年对儒家政教合一的基本道德系统表示不满，呼吁精神世界的个人管理："道德必须我们自己修养，以我们自己的良知为标准，国家是不能钻入精神界去干涉我们的。"③三纲五常实行道德的基本规则是关系的系统化、关系的阶级性。对这种阶级性、一部分人压迫另一部分人的情况，知识青年表示不满："宗法社会之奴隶道德，病在分别尊卑，课卑者以片面之义务，于是君虐臣，父虐子，姑虐媳，夫虐妻，主虐权，长虐幼。社会上种种之不道德，种种罪恶，施之者以为当然之权利，受之者皆服从于奴隶道德下而莫之能违，弱者多衔怨以殁世，强者则激而倒行逆施矣。"④

在这种"阶级罗网"中男性与女性因为站在不同的位置上，所以男性和女性"小我"的独立性与自由要经过不一样的解放过程。中国的价值观系统基于家庭伦理。原本个人是家庭中不可分割的部分，个人一定要在家庭中扮演一定的伦理角色，但是随着时代的变迁，中国特色的整体主义思想要求伦理的改变，所以很多价值观的问题随着个人从家庭中分离出来而产生，个人在社会中扮演着独立的角色，作为单独的个体与家人、社会中的其他人和国家之间产生联系。在传统社会中维系这些联系的"工具"是礼教，鲁迅把这些礼教叫作"吃人"，所以对新价值观、新的伦理的需求与消除这个"工具"

① 陈映芳：《"青年"与中国的社会变迁》，社会科学文献出版社 2007 年版，第 118 页。
② 陈独秀：《人生真义》，《新青年》1918 年第 2 期。
③ 高一涵：《非"君师主义"》，《新青年》1918 年第 6 期。
④ 陈独秀：《答傅桂馨》，《新青年》1917 年第 1 期。

是有关系的。这些礼教和所谓的封建束缚在男女身上也是不同的，要经过不同的"个人解放"的过程。"个人解放"的基本目标在于："男女大家应该有个共同的概念，我们'人'个个是进化历程中一个队员；个个要做到独立健全的地步；个个应当享光明、高洁、自由的幸福"[1]。

(二) 男女青年对"小我"解放的诉求

从男性的角度出发，他最主要的束缚、对"小我"解放的障碍在于孝道观。如胡适提出过："我不是我，我是我爹的儿子。"[2]在家族脉络中儿子要为父亲牺牲，孝父主义与顺父主义杀灭了男性的"小我"，被"孝"压制的青年没有自己的决定权。当时很多青年知识分子的文章中对孝道与其他儒家价值的思考都是从他们自己的生活体验中得来的。吴虞"非孝观"的形成与其跟父亲的复杂关系相关。他最早把自己的感受在《家庭苦趣》中表达出来，后来随着"非孝的浪波"，他又从学术佐证的角度发表了一些有影响力的文章，如《家族制度为专制主义之根据论》、《吃人与礼教》和《说孝》等。之后，施存统在《浙江新潮》上发表了著名的《非孝》。文章从二十多岁的施存统的个人悲剧出发，呼吁颠覆孝亲观念，直呼我"就不能在家里做一个孝子"[3]。由于文章中激进的论断及之后学生的强烈支持与政府的强烈反应，因此被看作是"非孝思潮"的高峰。从中，我们可以很明显地感受到他在家庭关系中的个人压抑状态。

在中国传统观念中，几乎很少讲权利，更多的是讲义务。从这个角度出发，孝亲观念给男性很多压力。根据传统孝亲观念，无后算是最不孝的行为，因此男人的主要责任在于传宗接代。值得强调的是，生小孩的事情不属于个人的事情，而属于"大我"的事情，用后代（儿子）为父母作贡献。在一些知识分子的著作中我们也可以发现要改变这个传统的呼吁，例

---

[1]　叶绍钧：《女子人格问题》，《新潮》1919 年第 2 期。

[2]　傅斯年：《万恶之源》，《新潮》1919 年第 1 期。

[3]　施存统：《非孝》，《浙江新潮》1919 年 11 月。

如，胡适认为：有没有后并不重要，从他的角度来说，真正的"有后"是给社会出力，作贡献。① 另外的负担，在于必须要升官发财，给父母带来荣耀，不过自己没有经济的独立性。因此，孝亲观念的一部分内容在传统社会中不仅是伦理和法律的束缚，而且还是经济上的束缚和对个人经济发展的障碍。这点在五四时期青年的著作中也有反映，如陈独秀指出了依据孔教的理论，承认只有到父母去世后才能有私人财产，而妇女则被剥夺全部经济独立的权利。这与现代的经济观念是直接冲突的②。李平强调了"子女须具自立之人格，勿妄想父母之遗产"③。

必须指出的是，青年知识分子并不彻底否定"孝"的价值观。他们赞同孝的原初的内容，即赡养父母的义务以及承认孝的血缘关系。他们批判的主要是通过儒学"加工"的孝亲观念。总体来说，他们认为就是儒学的"孝"把个人"埋葬"在家族和君主的系统里了。同时也批评中国传统伦理孝与忠的形影相随。吴虞强调："满清律例'十恶'之中，于'大不敬'之下，即列'不孝'，实儒教君父并尊之旨"④。他指出："夫孝之义不立，则忠之说无所附；家庭之专制既解，君主之压力亦散，如造穹窿然，去其主石，则主体堕地。"⑤

女人首先要从家庭中"走出"去，从家庭束缚中解放出来。因此，女性的"小我"独立性必须经过更复杂的过程，女人走出去的"途径"形成了很多与儒家价值观、与现实生活的矛盾，因此女人解放成为一种独立的题目，引起很多男女青年的讨论。女性的"小我"解放必须与女子在社会中的地位得到重新认识相关联。中国女性在家庭关系中属于最低的"阶层"，没有权利，只有责任，没有我"想"的，只有我"应该"的。未出嫁的女性，在家

---

①　参见《胡适文存》卷四，上海亚东图书馆 1926 年版，第 101 页。

②　参见陈独秀：《孔子之道与现代生活》，《新青年》1916 年第 4 期。

③　李平：《新青年之家庭》，《新青年》1916 年第 2 期。

④　吴虞：《家族制度为专制主义之根据论》，《新青年》1917 年第 6 期。

⑤　吴虞：《家族制度为专制主义之根据论》，《新青年》1917 年第 6 期。

中的父母兄弟面前只有义务和责任，没有权利，已出嫁的女性受到丈夫与他的家庭的压迫，成为了三纲五常的牺牲品。

五四时期很多女性为了"救自己"、解放自己，真正地走出了家庭，开始发出她们个人的"价值观诉求"，如一位女青年在致《新青年》的信中说："我想做一新女子！并使她人也做新女子！但是我的新女子，不是现在一辈轻薄的女学生，假自由、平等的好名词，以行他的邪僻、淫乱的意思。我的新女子，乃要合着二十世纪新潮流的走势！除去四千余年玩物的名字，及免终身做男子的婢女，享国家平等的幸福。"①从中我们已经可以看到很强的"自我意识"。

对于人际关系中的男女不平等，杨潮声满怀激情地在《男女社交公开》中否定旧道德对女人的对待："我想无论如何顽固的人，无论怎么样伸张男权的人，对于女子总是看她是人，不是东西。那么我的立论不怕被她打破了！女子即也是一个人，人与人交际，为什么不可呢?"②男女公开社交的呼吁其实也是对女人"小我"的解放的呼吁，是女人走出家庭的非常重要的呐喊。其次，青年知识分子认为："女子解放的第一步，是男女的教育平等"③。不少青年知识分子为男女同校斗争，如罗家伦强调"中国要妇女解放，则非实行男女共同教育"④。另外，五四时期的青年知识分子也指出女人获得经济独立的重要性："妇女问题虽多，总而言之，不过经济不独立"⑤。青年知识分子主张女人在消费与职业方面的独立性，所以经常把教育与职业作为女人解放的出发点："必先使妇女的生活能够独立；要使妇女生活独立，必使妇女先有职业技能；要使女子有职业技能，非受过教育不可。"⑥

---

① 《胡适遗稿及秘藏书信》第 24 册，黄山书社 1994 年版，第 64 页。

② 杨潮声：《男女社交公开》，《新青年》1919 年第 4 期。

③ 季陶：《女子解放从哪里做起》，《中国妇女问题讨论集》第 1 册，上海书店 1989 年版，第 103 页。

④ 罗家伦：《妇女解放》，《新潮》1919 年第 1 期。

⑤ 《陈独秀著作选》第 2 卷，上海人民出版社 1993 年版，第 268 页。

⑥ 王光祈：《大学开放女禁问题》，《少年中国》1919 年第 4 期。

爱情观、婚姻观和节烈观的变迁属于男女青年个人解放的共同问题，中国传统家庭伦理把这些事情作为"大我"的领域。选配偶、爱情、性、婚姻、贞操问题在传统社会中都属于家庭伦理的问题。中国传统社会中婚姻基本要服从父母之命。男女青年呼吁要挣脱三纲五常的"罗网"，从家庭"大我"中解放。他们的呼吁主要表现在以下几个方面：

第一，家庭模式改变。"新家庭"或者所谓的"新青年家庭"的规模变小，夫妻分居分财。新型的家庭以一夫一妻为基础，"家庭的组织，仅许一夫一妻，及未婚之子女"①，而"男子不置妾，女子不畜婢"②。如此，呼吁男女在平等的原则上建立互相之间的关系，形成一种新的"小家庭"模式。

第二，婚姻自由是五四时期家庭革命的主旋律。青年呼吁婚姻从家庭即群体的事情，变成男女之间私人的事情。沈兼士强调过："独身，结婚，离婚，夫死再嫁，或不嫁，可以绝对自由"③，说明想创造独立"个人的领域"，这个题目出现在1920年的《妇女杂志》上，此后该杂志进一步探讨了自由婚姻的话题。上海《民国日报》1921年第57号以离婚自由为核心话题，知识青年强调婚姻"完全凭着男女两人自由的意志，互相结合"④，同时也指出："既然要自由结婚，就该要求自由离婚！不然，岂不是未结婚时要自由，结婚了便不要自由了吗？这样，还可以说是一个爱自由者吗？"⑤

第三，男女青年知识分子传播恋爱为婚姻的基础。"爱情"和"恋爱"这两个词汇对中国社会是新的词，随着民主主义、个人、自由等词从西方经由日本的翻译和解释传到中国。⑥例如，在青年作者徐枕亚1912年出版的《玉梨魂》的小说中，作者认为爱情应该是婚姻的基础，没有自由选择就没有爱情："筠倩与梦霞，彼此均非自主，实说不到'爱情'二字，强为人撮合，

---

① 李平：《新青年之家庭》，《新青年》1916年第2期。
② 李平：《新青年之家庭》，《新青年》1916年第2期。
③ 沈兼士：《儿童公育》，《新青年》1919年第6期。
④ 汉胄：《对于一个男女结合宣布式的谈话》，《觉悟》1921年6月7日。
⑤ 《陈望道文集》第一卷，上海人民出版社1979年版，第28页。
⑥ Lynn Pan, *When true love came to China*, HK: HKU Press, 2015, pp.108-120.

逐成怨偶。"① 确实，新的爱情观在很大的程度上通过外国小说传到中国：在《青年杂志》第一期刊登了屠格涅夫的《春潮》、《初恋》等爱情故事和易卜生的《娜拉》等杰出的爱情故事。后来在《新青年》中出现了具有代表性的介绍新婚姻观、爱情观的文章，如刘延陵的《婚制之过去、现在、未来》②、《自由恋爱》③ 等。持有新的爱情观与婚姻观的男女青年的呐喊都跟他们"小我"意识的觉醒有关，如一位青年给鲁迅寄了一首诗，叫《爱情》。这首诗介绍了该青年的生活故事，也是从个人的体验出发并抱怨："我是一个可怜的中国人。爱情！我不知道你是什么？"怪不得鲁迅把他叫作"醒过来的人的真声音"④。

第四，在贞操的问题上青年知识分子要求男女平等，如胡适在《贞操问题》中提出了："贞操是否单是女子必要的道德，还是男女都必要的呢？"而且呼吁贞操的道德要从家庭"大我"的领域转移到"小我"私人的领域："贞操是个人男女双方对待彼此的一种态度，诚意的贞操是完全自动的道德，不容有外部的干涉，不许有法律的提倡。"同时节烈观变迁与再婚的呼吁是不可分割的。如胡适有关寡妇再嫁的问题说明这是"一个个人的问题"，"法律既不能断定寡妇再嫁为不道德，也不该褒扬不嫁的寡妇"。呼吁给单身、不婚、守节以个人自由，给个人提供选择权。⑤

中国传统社会在几千年以来基于"群体本位"，群体高于个人。如李大钊指出："原来中国的社会只是一群家族的团体，个人的个性、权利、自由都束缚禁锢在家族之中，断不许他有表现的机会。所以从前的中国，可以说是没有国家，没有个人，只有家族的社会"⑥。在上面我们分析了青年的自我觉醒，青年要求从家庭群体的束缚压迫中解放出来的呐喊、对价值观变迁

---

① 徐枕亚：《玉梨魂》，南风文艺出版社 1912 年版，第 126 页。
② 刘延陵：《婚制之过去、现在、未来》，《新青年》1917 年第 6 期。
③ 刘延陵：《自由恋爱》，《新青年》1918 年第 1 期。
④ 《鲁迅全集》第一卷，人民文学出版社 1982 年版，第 322 页。
⑤ 胡适：《贞操问题》，《新青年》1918 年第 1 期。
⑥ 李大钊：《由经济上解释中国近代思想变动的原因》，《新青年》1920 年第 2 期。

的呼吁。但是在中国土生土长的青年知识分子在五四时期是否可以完全脱离"大我"和"小我"的基本思想模式？Susan L. Glosser 研究发现"一个新文化运动的激进青年与我认为我们知道的完全不同：没有浪漫梦想家，这个年轻、受过教育的城市人对自己经济前景深感忧虑，并热衷于重新定义自己是工业化经济和现代化国家的成员"[1]。不过，我们值得指出，在设计"小我"领域的过程中，新一代青年也需要"群体"领域，他们在"个人—社会"或者"个人—国家"的层次建造这个群体领域。在一部分五四时期知识分子包括青年知识分子的文章中我们可以看到"大我"的"外衣"。陈独秀指出："内图个性之发展，外图贡献于群"[2]。孙鸣琪在指出当时男女结婚和家庭关系中的弊病之处也强调："故端正之士，能成立一清洁快乐之家庭，而后方能于社会上谋公益。齐家治国之道，息息相通。余故曰，改良家庭与国家有密切之关系。"[3] 连受到易卜生主义影响的胡适，也强调"大我"和"小我"的想法密不可分，胡适认为"小我"是要灭亡的，而"小我"做的努力、贡献、事业则在"大我"——社会中能永远长存。家庭研究社的名为《家庭研究》的文章中的个人主义呼吁带着集体主义的色彩，认为个人权利和个人幸福对社会进步与国家实力起了极其重要的作用。[4] 这样一来，在中国新一代青年的眼中个人的自由、个人的幸福与社会、国家的利益有着千丝万缕的联系，最后同时"披着""两层外衣"的现象十分明显。

（三）青年文化"生根发芽"：青年结社与"大我"精神

五四时期青年的群体化是青年文化发育的重要条件。张振国强调："青年群体的孕育过程就是青年挑战旧传统权威的过程，之所以能挑战旧的传

---

[1] Susan L. Glosser, *Chinese Visions of Family and State, 1915-1953*, Berkeley and Los Angeles: University of California Press, 2003, p.28.

[2] 陈独秀：《新青年》，《新青年》1916 年第 1 期。

[3] 孙鸣琪：《改良家庭与国家有密切之关系》，《新青年》1917 年第 4 期。

[4] Susan L. Glosser, *Chinese Visions of Family and State*, 1915-1953, p.37.

统是因为拥有了异于传统的文化知识及生存技能，因此，教育在青年群体形成的过程中起着举足轻重的作用。"①19 世纪末 20 世纪初，随着中国新教育系统的出现，青年文化的适当条件出现了：第一，青年从家庭分离出来之后获得了独立的意识和较强的社会独立性；第二，新的学校给青年提供了良好的青年形成群体②的空间与交流的平台；第三，随着西方文化的影响越来越大，当时的社会出现了新的文化载体，这给青年提供了创造自己空间的平台；第四，在价值观层面，青年"也有话说"。青年当时成为"挑战传统价值观念的新力量"③，挑战主导文化的元素。不过，要记得，中国青年有着自己特殊的文化基因；另外，当时正是中国历史上的特殊时期，是中华文明受到外来威胁的时期，这给青年文化的发轫打上了民族救亡的烙印。

"外来"的基督教青年会作为以青年群体为对象的组织，其模式在中国青年组织化的过程中起了重大作用，不过"争夺青年，青年会一度是成功的，可是在人们对政府不满的时候，它却持过于保守的主张。重要原因是青年会的成员以中上阶层为主，他们缺乏改变社会的愿望，也就是脱离了中国大众的实际利益的要求"④。当时中国大众最大的需求是出于对政府政策、主导文化传播的价值观的不满而要求主导文化的变迁，而外来的"组织"缺乏这一点。

早期知识分子结社明显受"大我"成分的影响。我们可以发现在中国人的眼中社团是国家与社会共同作用的产物。纵观梁启超 1890 年至 1900 年这 10 年间的思想发展，可以看到儒家经世致用这一古老传统和寻求现代思想新方向之间的重要纽带，涉及两个过程：一是摒弃天下大同思想，承认国家为最高群体；二是把国家的道德目标转变为集体成就和增强活力的政治目

---

① 张振国：《近代中国青年群体的形成与崛起》，《青少年学刊》2015 年第 3 期。
② 在文中"结社"指的是青年形成有组织性的群体、很明显地由共同宗旨或目标组成的群体，而"结群"指的定是青年在非严格意义上的共同宗旨的基础上自发形成的无组织的群体。
③ [英] 汤因比：《历史研究》（俄文版），进步出版社 1991 年版，第 578 页。
④ 陈彤旭：《二十世纪青年报刊史》，新华出版社 2014 年版，第 32 页。

标，① 例如，"学会"的概念在他的著作中有浓厚的"大我"色彩："欲兴民权宜先兴绅权，欲兴绅权，宜以学会为之起点。"② 确实，19 世纪末到 20 世纪初的学会活动以政治性内容为主，如强学会、保国会、南学社等。知识分子承担着政治变革以及国家与社会交流的责任，基于此形成对结社的态度并实现结社的活动。结社的个人需求是后来随着青年自觉意识增强才出现的。

罗志田教授发现 1903 年的《湖北学生界》中的"学生"已经是一个开始独立的有自觉意识的社会群体。③ 青年的学生集体身份与青春期身份连起来了，并且其社会身份从家中"下层"的位置转移到学校的学生与国家的国民。当时，主导价值观系统对社会已经失去了它本来的意义，在这样的情况下，政府试图在学生群体中形成"国家身份意识"。例如，教育部制定了学校仪式，要求全国学校每逢元旦及民国纪念日，要举行"祝贺式"；学年开始日，要举行"始业式"；学生毕业时，要举行"毕业式"等各种学校特有的纪念仪式。④ 试图通过这种方式对学生群体提出期待、培育新的集体认同。

在青年学生群体形成的过程中，社团的活动主要是以学校为基地开展起来的，如南京的爱国学社（1902 年）和京师大学堂的抗俄铁血会。那时候这些青年群体已经通过不同的活动（演讲、办报、集会等）传播了自己的想法，不过特定的时代背景决定了最早出现的青年知识分子群体是纯政治性的，他们的结社目标主要在于探寻救国出路，少有个人的成分。许纪霖强调："中国公共领域从一开始就不是以资产阶级个人为主体，而是以士大夫

① 参见列文孙：《梁启超与近代思想》，刘伟等译，四川出版社 1986 年版，第 145 页；[美] 张灏：《梁启超与中国思想的过渡（1890—1907）》，崔志海、葛夫平译，江苏人民出版社 1993 年版，第 211 页。

② 梁启超：《论学会》，《时务报》第 10 册，1896 年 11 月 5 日。

③ 参见罗志田：《权势转移——近代中国的思想、社会与学术》，湖北人民出版社 1999 年版，第 217 页。

④ 《教育部公布学校仪式规程令》（1912 年 9 月 3 日），《中华民国史档案资料汇编》第 3 辑"教育"，第 62—63 页。

或知识分子群体为中心，跳过欧洲曾经有过的文学公共领域的过渡阶段，直接以政治内容作为建构的起点，公共空间的场景不是咖啡馆、酒吧、沙龙，而是报纸、学会和学校。"① 在此结社的特点既可以看到青年刚从"家庭束缚中解放出来"的痕迹，又可以看到"大我"特色思潮变迁的烙印。马建标认为，"新文化运动使越来越多的学生通过报纸杂志、社团、学会等各种正式的或非正式的社会网络交流与沟通，进一步加强了他们共有的学生意识"②。事实上，当时他们形成了学生亚文化——与主导文化对立的群体。如此，在五四时期出现了大量的追求新价值观、新思潮、新知识的受过教育的青年群体新潮社，如新人社、新民学会、少年中国学会、少年学会、青年学会、新学会等。

最开始青年群体与青年文化不是在大众公共空间发展的，而是在学校发展的，青年的"火"在一定程度上也是被学校的新政策"点燃"的。青年结社与开展自己的文化主要是从校园文化改造与"文化现代化"、"文化丰富化"开始的。19世纪末，西方学校如圣约翰学校就曾通过校园文化和各种课外活动来培养"团队精神"。当时的校园文化主要由几个特定的部分组成：音乐、戏剧、运动、慈善与社会活动。③ 可是，由于西方人原本持有的个人本位导致他们把青年看作个体，用所谓的个体组成了团队，为了让个体组成的团队有"凝聚力"，他们通过社会活动来培养团队精神。在这些西式学校中"大我"和对"国家的责任"几乎不存在。与西式学校相比，中国大学的校园文化经历巨大变革。"传统"校园文化长期拥有"官僚工厂"的烙印。近代中国大学校园文化变革与蔡元培是不可分割的，曾在德国长期学习的蔡元培在担任北大校长一年半的时间内改变了当时校园的陋俗文化，提高了学生的道德水平。在他的倡导下北京大学成立了讲德会，该组织要求成员做到"八不"：不嫖、不赌、不纳妾、不做官吏、不做议员、不吸烟、不饮酒、不

---

① 许纪霖：《近代中国知识分子的公共交往（1895—1949）》，上海人民出版社2007年版，第8页。
② 马建标：《学生与国家：五四学生的集体认同及政治转向》，《近代史研究》2010年第3期。
③ 叶文心：《民国时期大学校园文化(1919—1937)》，中国人民大学出版社2012年版，第43页。

食肉（以前三项为必要条件，后五项为随意自择）①。蔡元培拓展了课外空间，介绍了丰富的课余生活方式，推动了社团活动在中国的繁荣。北京大学，作为新文化运动的中心，是青年在学校的基础上"群体化"的代表。在蔡元培的指导下，北京大学提倡学生把业余的生活丰富起来，鼓励学生按照不同的兴趣举行丰富多样的活动，包括演讲、创刊、讨论、娱乐等。② 因此，在北京大学的基础上出现了丰富多彩的有影响力的社团。

在模仿外来社团的同时，蔡元培保留了中国文化的特色精神，结合救国出路的时代背景和"大我"的追求，同时我们也可以看到新文化运动时期的个人解放的主旋律。以体育社团为例，1917 年建立的体育会就主张"强健身体，活泼精神"③。蔡元培在《对于新教育的意见》中，就把"体"作为青年教育的五个标准之一，又强调："有健全之身体，始有健全之精神。若身体柔弱，则思想精神何由发达？"④ 体育不仅是个人实现健全之身体与精神的条件，也是国家强盛的条件。徐木兴指出："人们意识到，只有培养尚武精神，练成健壮体魄，才能外抗强权、内拒专制，使国家臻于强盛。"⑤ 又如文艺社团，其有助于从精神上的自我解放、自我完善和自我修养。美育是新文化运动的一个不可分割的部分，也是蔡元培提倡青年教育的标准之一。蔡元培于 1917 年 8 月在《新青年》发表了《以美育代宗教说》，把美育与个人修养连在了一起。1917 年 12 月初成立的书法研究会，宗旨为教给学生们如何"用书法去净化心灵"。

在北京大学的知识分子中，主体意识逐渐觉醒，随之而来的是结群意

---

① 参见萧超然等：《北京大学校史（1898—1949）》，北京大学出版社 1988 年版，第 66 页。

② 比如 1919 年 1 月 1 日国民社开始出版《国民杂志》；1919 年 1 月发起国语研究会；1919 年 2 月发起新教育共进社；1919 年 3 月 14 日延请美国天数博士到北大演讲。更多参见《蔡元培全集》第三卷，浙江教育出版社 1998 年版。

③ 《体育会纪事一束》，《北京大学日刊》1917 年 12 月 20 日。

④ 参见《蔡元培全集》第二卷，浙江教育出版社 1998 年版。

⑤ 徐木兴：《五四新文化运动时期北京大学社团类型与功能的历史考察》，《北京党史》2009 年第 3 期。

识的觉醒。北京大学的青年最早开始创造自己独立的群体。如新潮社就是有共同文化观与价值观的青年学生自创的群体。结群观念在中国传统社会中一直存在，不过这些群体的形成主要是基于血缘关系与籍贯地的关系。此传统观念也影响到近代青年的结群。因此，北京大学早期形成的学生群体是同乡会，其目的主要是"联络乡谊"和"关心桑梓"①。但是，到了五四时期，随着青年新意识的增强，结群观念也发生了变迁。如新潮社，很多成员与骨干没有任何同乡关系，只是因为支持该社团的思想活动而进入团体。② 章清指出："无论大学的创办，还是如《新青年》与《新潮》等杂志的流行，都预示着中国读书人的聚集发生着由'地缘'向'共同体'转移的走向，《新青年》作者群的拓展以及新潮社的成立，无疑成为一种象征，显示中国知识分子的聚集方式逐渐突破地缘因素，发生着由'地缘因素'向'思潮认同'的转型。"③

蔡元培鼓励青年自己创造群体以及鼓励青年的传播启蒙活动。如新潮社的自治活动，学校每个月拨出两千块钱的经费来支持其创刊。④ 蔡元培曾强调："你们将来出校，办学校以外，还要唤醒民众，开发他们的知识。这些固然可以靠文字，但民众识字的少，如能用语言，效用更广。你们要练习演说。"⑤ 蔡元培也并不反对学生以个人的身份参加政治活动。因此，在这种条件下出现了有"浓厚政治色彩"的北京大学平民教育讲演团。这促进了学生把他们本来在学校基础上建立的针对知识阶层的文化载体改为

---

① 李浩泉：《躁动的青春——民国时期北京大学的学生社团活动（1912—1949）》，华中科技大学出版社 2014 年版，第 71 页。

② 参见 [美] 舒衡哲：《中国启蒙运动：知识分子与五四遗产》，刘京建译，新星出版社 2007 年版，第 82 页。

③ 章清：《省界、业界与阶级：近代中国集团力量的兴起及其难局》，《中国社会科学》2003 年第 2 期。

④ 顾颉刚在《回忆新潮社》中指出："蔡元培、陈独秀都很看重他，蔡每月由北大四万元的经费中拨出两千元来给他办杂志，这样《新潮》杂志就办起来了。"《五四时期的社团》（二），生活·读书·新知三联书店 1979 年版，第 125 页。

⑤ 《教育家蔡元培：中小学不办好怎么会有好大学？》，《中国教育报》2007 年 8 月 4 日。

老百姓能接受的方式。因此，"学生文化"与"校园文化"开始走出北大了。

（四）青年从校园"走出去"

知识青年走出学校进行大众教化与大众启蒙的事情承载着"重义轻利"的中国特色思想。大部分青年群体进行的活动，不管我们说的是文艺团体或者研究社，他们首先针对的是"群体的利益"和"国家的利益"，而个人的生活改善则是在群体生活改善的基础上展开的。与清末的维新群体相比，五四时期的青年群体从纯正政治的目标转移到了社会改造，在这个问题框架内也提出了个人的修养。青年作为个人进入团体，并不希望他们的个性在团体中消失。例如，少年学会确定的宗旨是："发展个性只能研究真实学术，以进取精神养成健全少年"[1]。

重要的是，很多青年组织与主导文化和主流社会在社会结构方面有区别，其中有不少试图建造"社会中"的社会，根据自己的理想设计新的社会，找出五四时期的个人主义与集体主义的均衡点。一方面，我们可以发现五四时期的中国社会随着青年的个人意识觉醒很多本来属于"群体领域"的问题变成"私人领域"；另一方面，青年有了"结群"的需要，其目标在于修养人格，改善社会，很明显地他们不希望政治与伦理彻底分开。邓军在分析恽代英与五四时期的知识分子社团的困境时指出："社团组织需要一个信仰，而且这个信仰必须要从一个形而上的自我意志转向一种具体的意识形态"[2]，而这个信仰绝对与青年"大我"的特色思潮有关。

在五四运动之前，学生组织在老师的指导下发展，随着自治意识、个人意识的增强，青年显示出与众不同的影响力。青年结社的目标首先是寻找救国出路，无论是政治社团还是文艺青年群体。五四以后，追着新风潮，随着"集体身份认同"和个人意识的增强，青年不但开始踊跃创立自己的组织

---

[1] 张允侯：《五四时期的兄弟社团——少年学会和青年学会》，《史学月刊》1965 年第 2 期。

[2] 邓军：《从"良心"到"主义"：恽代英与五四时期知识分子的社团组织困境》，《中共党史研究》2016 年第 4 期。

（这里最具代表性的例子是学生联合会），而且开始走出校园推动社会联合。李大钊强调过："'五四'、'六三'以来，全国学生已成了一个大联合。最近北京各校教职员也发起了一个联合，对于全国教育的根本和个人的生存权，有所运动。我很盼望全国的教职员，也组织一个大联合。更与学生联合联络起来，造成一个教育界的大联合。我很盼望全国各种职业各种团体，都有小组织，都有大联合，立下真正民治的基础。"① 由于中国时代的特色背景，青年身份形成的特殊条件，近代青年文化很明显地反映了中国文化本身存在的基因与特色思潮，因此青年的初步的自我实现主要体现在政治或者半政治的社团中，青年以演讲的方式和新出现的文化载体的方式，通过改善"小我"来寻找救国出路，实现"大我"的目标。社会文化结构有了变化，而"大我"意识作为文化基因在最基础的层次上几乎没有变化。

知识青年结社、青年群体从校园"走出去"伴随着当时社会文化这一重要走势，即社会公共文化空间的初步形成、扩大与发展，大众文化与休闲娱乐文化相应形成。如耿云志指出，近代之前公共文化空间也存在，但是"不具备社会属性，参与其中的人，并不能凝聚成有约束力的群体，没有明确的目标，不具备创新机制"，而"近代社会公共文化空间，是由一定的有组织的群体造成的，有基于共识基础上的共同目标；各群体或团体之间有竞争也有互补，存在着创新的机制。"② 这对青年结社、进行社团活动、利用新的空间与新的文化载体有酵母作用。比如，北海公园与所谓"新青年"（特质文学青年）关系最为密切，北海以物质空间的形式很好地诠释了蔡元培的"美育"理念，为新青年提供了聚集的公共空间。③ 不过，在这个阶段早期的青年文化与大众文化趋向于一体化，在大部分的公共空间中无法发现青年群体的特质。

---

① 《李大钊文集》第三卷，人民出版社 1999 年版，第 137 页。
② 耿云志：《近代中国文化转型研究导论》，社会科学文献出版社 2016 年版，第 106—107 页。
③ 参见林峥：《北京公园：现代性的空间投射（1860—1937）》，北京大学博士论文，2015 年。

三、公共空间与青年报刊文化的发展

19世纪末到20世纪初的中国文化在不同基础上经过文化与社会分化形成一个非常多元化的空间。比如，在新校园与它新形成的教育文化的基础上出现了学生亚文化。① 又如，由于公共空间的迅速发展出现中国特色公园文化，也成为不同社会层次结社与结群的地点。② 同时，下层民众文化的现象与大众文化在近代社会得以凸显。③ 中国文化经历了双重危机，这危机是由西方价值观的冲击和内部意识形态的变化引起的，从价值观角度来看，分成了几个大的层次，它们之间持续互动交流。"五四时期，主流文化是现代文化，主体文化却是传统文化，主导文化很长时间未见分晓。文化权利（意识形态）、文化潮流、文化的基本构成，在所指上并不总是同一的，在变化上并不总是同步的，在社会变革上尤其如此。"④ 随着中国文化的分化，青年作为社会的新团体在新的基础上和新的空间中开始设计自己的文化，对不同的新文化载体的价值观诉求就表明了他们的价值观变迁及其对主导文化变迁的"号召"。

在价值观多元化的环境下，青年通过不同的渠道来吸收新的价值观。最初价值观的新来源是新式教育。长期吸收新的价值观后，青年进行了所谓的"文化反哺"，通过反抗传统价值观的方式表达了新的思潮和自己的价值观诉求。利用"西方的模式"，创造了自己的传播价值观的"载体"。因此在五四前后青年自己创造的新文化平台得到迅速发展，在此平台上青年用不同的方式来表达自己的价值观的诉求。原本被传统教育制度压制的年轻人无法表达自己的个性与精神、心性与感情、自由与性格，这一现象在五四时期有

---

① 参见杨天宏：《学生亚文化与北洋时期学运》，《历史研究》2011年第4期。

② 参见林峥：《北京公园：现代性的空间投射（1860—1937）》，北京大学博士论文，2015年。

③ 参见王笛：《街头文化：成都公共空间、下层民众与地方政治，1870—1930》，中国人民大学出版社2006年版。

④ 高丙中：《主文化、亚文化、反文化与中国文化的变迁》，《社会学研究》1997年第1期。

了明显的变化。Tsi C. Wang 在描写五四青年时强调："中国青年的内心生活如此完全改变，中国古代的格言是'徐行后长，不疾行先长'，而当时中国青年的格言是'自我表达'"①。

（一）中国报刊文化与青年群体

报刊在中国作为信息与价值观传播的来源也是从传教士办刊开始的，由此，中国打开了新的"报刊文化"。在 1902 年梁启超已经指出过，"学生日多，书局日多，报馆日多"②。近代时期报刊的内容丰富多彩，涉及社会的方方面面。在清末时期中国本地报刊文化得到了迅速的发展，其中影响力最大的是政论性的报刊，如《清议报》、《新民丛报》、《民报》、《民立报》、《大公报》、《申报》等，这些报刊是学生群的课外辅导刊物，也为很多学生提供了精神指南。要强调的是，这些报纸主要是民办报刊，所以从晚清可以发现报刊民间化的走势。不过，由于当时社会主流更关注政治，因此大部分的报刊有浓厚的政治色彩。比如，《大公报》办报的宗旨确定为"力袪政界之蠹害为第一要义"③。另外，刘震强调，"辛亥前后，由于报律松弛，民间报刊的发展更加凶猛，但有相当数量的都是政党报刊。有的直接以某个政党的'机关报'面目示人，有的虽然自诩为'公共舆论机关'，但实际上在人事组成和资金来源上都和政治势力有着千丝万缕的关系"。④

从青年文化发展的角度来分析这个问题，虽然这些报刊都成为学生群体喜欢看的读物，但是这些报刊没有明显的针对性。蒋建国强调："报纸与社会阶级的阅读需求相关，不同阶级需要将表达自身思想的报纸作为代表，报纸的社会分层意识也较为明确。正是因为如此，维新之后，随着民族资

---

① Tsi C. Wang, *The Youth Movement in China*, New York : New Republic, 1927, pp. 6-7.

② 梁启超：《警告我同业主君》，壬寅《新民丛报汇编》。

③ 《说报战》，《中国日报》1904 年 3 月 23 日。

④ 刘震：《〈新青年〉与"公共空间"——以〈新青年〉"通信"栏目为中心考察》，《延边大学学报》（社会科学版）2003 年第 3 期。

本主义的发展，新式学堂的广泛设立，社会界别的概念已经日益较为突出。'界'成为划分社群的重要标识，如政界、军界、警界、商界、学界等等"①。如《警钟日报》写道："个人之思想，以言论表之；社会之思想，以报表之。有一种社会，各有其表之报，社会有若干阶级，而报之阶级亦随之矣。"②因此，我们明显地可以看到报刊文化的分层化成为时代诉求。当时报刊的内容主要涉及的是国家大事，从国家的利益出发，没有明显的关注青年群体和青年群体"小我"的价值观，也没有给青年的自我表达提供足够的空间。

1903年，湖北留日同乡会建立了最早的以省区命名的期刊——《湖北学生界》。与前文所列报纸的内容相辅相成，《湖北学生界》也有明显的政治色彩，每一页都充满着爱国精神，试图从留日青年的经验中找出救亡出路。《湖北学生界》从日本向中国大陆传播科学知识、西方思潮和青年的"大我"精神。期刊的宗旨为"输入东西之学说，唤起国民之精神"③，反映了知识青年的"大我"价值观。期刊强调了青年在救国过程中的作用，成为青年与青年接力的平台。比如在1903年第5期《论说：警告同乡学生》的文章中可以看到："诸君生今之世，以国家为己任，不亦重乎，死而后已，不亦远乎……盖学生如造国家之机器，无学生则国家不能成立……"④将青年学生比作造国家之机器，并不强调青年自身的问题。结合其宗旨和内容来看，虽然该期刊是青年自己创造的文化，但并没有着力成为青年自我的表达平台。

另一个出现于中国公共空间的针对青年群体的刊物是1914年商务印书馆创办的《学生杂志》。"本杂志为全国学生界互相联络之机关，以辅助学业、交换知识为趣旨"⑤，以中小学生和大学生为目标群。这一刊物给青年人在具体的范围内提供了自由的公共空间，通过"论说"栏目为作者群与读者

---

① 蒋建国：《清末报刊的大众化与发行网络的延伸》，《新闻大学》2014年第4期。

② 《说报战》，《警钟日报》1904年3月16日。

③ 方汉奇、谷长岭、冯迈：《近代中国新闻事业史事编年》（七），《新闻研究资料》1982年总第15辑，第216页。

④ 《论说：警告同乡学生》，《湖北学生界》1903年第5期。

⑤ 《新编〈学生杂志〉广告》，《学生杂志》1914年第1期。

群提供交流平台，为青年与社会建立纽带。但是这个交流范围主要是围绕国家的问题或者科学问题，并不提出个人问题的讨论。实际上，杂志创办初衷是新形成的学生群体的启蒙指南。此"启蒙"首先在公共空间组织学生群体，把这种群体培育成整体的一部分，培育特殊学生与国民身份，提倡学生与社会、国家的联合，并传播国家对学生的期待："欲此五色旗下之国民，与文明人争一席地，厥在富有学术之学生。学生者，未来之先生也。故学生也，不啻学为先生之谓也。先知觉后知，先觉觉后觉，谁不负此责任……吾非学生，吾甚钦佩学生、钦慕学生、希望学生。姑不问学生是否为国之主人翁，语言未来之学生确有左右社会进退文化之关系。吾恨不能复为学生以从诸君子后，吾惟馨香祷祝学生社会之日进无疆以扬国光。"① 类似想法在1915年出版的《中华学生世界》中也有所表达。该杂志针对中等学生，也主要强调学生的责任与希望，而不太在意学生的"小我"需求："新教育兴，旧制度废。其为国家之中坚者，须具普通之学识能力。其具此能力者，以中等学生为最易而最多。他日国家社会，将以中等学生为之中坚，可断言也"②。可见，五四之前，这些刊物从思想文化角度创造了传播新的"大我"价值观的平台。虽然给青年所谓"自我表达"的机会，但这个"自我"主要是"大我"。

（二）青年报刊文化中的青年"小我"表达之起步

青年报刊文化的先驱者之一是创立于1915年的《青年杂志》（后改为《新青年》）。与1914年创立的《甲寅杂志》、《湖北学生界》有所不同，《青年杂志》不但是由青年知识分子创立的（陈独秀、李大钊），而且明显地针对青年群体（不只是学生群体）。从内容角度来看，与《湖北学生界》、《学生杂志》相比，它给了青年表达自我的平台，不但反映了国家的命运，还涉及了

---

① 我一：《学生解》，《学生杂志》1914年第1期。
② 陆费逵：《警告中等学生》，《中华学生界》1915年第2、4期。

青年作为社会的成员面临的问题。陈独秀在第一卷第一号中强调："一切以青年为心，从思想观念上启蒙青年，造就'新'青年，即以'改造青年之思想，辅导青年之修养'为目的"①。不过，初期他们没有共聚的空间，所以前期影响力有限。最初一二卷的印行量，每期仅1000份。② 发生明显的变化是从1917年1月陈独秀被任命为北京大学文科学长开始的。

《新青年》以震动青年意识为目标，明确呼吁了主导文化的价值观要变迁。陈彤旭把《新青年》叫作"青年教授们的同人报刊"③。不过，虽然青年教授们是该期刊的骨干力量，但是从杂志编辑与投稿人的年龄分析，我们可以发现19世纪的"90后"为多数。根据杨琥的研究，在72个参与者中，19世纪的"80后"为16个人，"70后"才8个人。④ 当时，年轻的教授与学生关系密切，没有传统的师生隔阂。作为当时青年学生的一员，张国焘回忆说，李大钊时任北京大学图书馆馆长，性情平和，为人耐心，经常与青年学生来往，对学生的心里很熟悉，在他的办公室里，经常聚集着许多学生高谈阔论。⑤ 这一态度使教授们在学生中的威信很高，青年教授们与学生相互呼应，他们在公共空间形成了青年知识分子的群体。另外，要强调的是《新青年》设计了一个"通信"栏目，允许青年表达自己的感情、情绪、想法等等。该栏目自《新青年》第一卷第一号开始设置，直到第九卷刊，通过这种办法提供了属于青年自我表达的公共空间。

《新青年》的另一个重要的成就是把"青年"、"青年个人的问题"与"社会变迁"联系在一起了，唤醒了青年自己的意识，改造了青年的自我社会定位，提高了青年独立思考的能力，点燃了青年进一步寻索新价值观的热情："自住而非奴隶的"、"进步而非保守的"、"进取而非退隐的"、"世界的而非

① 陈独秀：《敬告青年》，《新青年》1915年第1期。
② 注原放：《回忆亚东图书馆》，学林出版社1983年版，第32页。
③ 陈彤旭：《二十世纪青年报刊史》，新华出版社2014年版，第48页。
④ 杨琥：《民初进步报刊与五四新思潮——对〈甲寅〉、〈新青年〉等的考察》，北京大学博士论文，2000年。
⑤ 张国焘：《我的回忆》第一卷，东方出版社1998年版，第83页。

锁国的"、"实利的而非虚文的"、"科学的而非想象的"①。知识青年通过自己的青年报刊文化来进行自我表达并且试图借此使独立的青年意识普遍化。陈独秀任北京大学文科学长之后，该期刊的总部从上海迁移到了北京，而且与北京大学有了很多的联系，随后不少北京大学的先锋师生开始参与《新青年》的传播工作，成为新文化的担当者，认同了"新青年"的身份，从《新青年》的读者变成了新文化运动的参加者，开始提倡新价值观，包括文学改革、打倒孔家店、废除旧思想、旧价值观、旧传统等。

《新青年》拉开了新文化运动的序幕，促进了青年报刊文化的真正发展，同时促进了青年个人价值观的表达。1919 年 1 月 1 日创立的《新潮》与《新青年》，呼吁重新界定所有的价值观，注重近代社会文化与价值观变迁的问题，呼吁"伦理革命"。在思想内容的角度，选择了非政治的途径来救国，他们的口号是"以学术为本，文化优先"，这与老师辈知识分子的政治主张存在明显的区别。尽管《新青年》是青年报刊文化的先驱，但《新潮》被认为是第一个由北大学生自己创办的杂志，因此对青年报刊文化发展起了关键的作用，该期刊的创办者更年轻了，他们在读书的阶段创造了自己的文化平台。青年报刊的领袖从青年老师即思想的传播者，转移到了原本思想的接受者。因此，学生报刊领袖在文化变迁、价值观变迁与青年文化发展等方面起了进一步的作用。而从群体针对性来看，《新潮》把自己界定为学生刊物，"《新青年》的读者偏重在大青年、高级知识分子；《新潮》的对象，主要是小青年、中学生"②。跟《新青年》一样，《新潮》设计了"通信"栏目作为交流的平台，也成了青年表达"小我"的空间。

有关五四时期的进步期刊，周策纵指出："这些杂志最大的价值在于它们把中国年轻的知识分子介绍给人民大众，并为青年知识分子提供了一条交流的渠道，他们在后来的几十年中成为中国著名的社会、政治、文学方面

---

① 陈独秀：《敬告青年》，《青年》1915 年第 1 期。
② 李小峰：《新潮社的始末》，载《五四运动回忆录》（上、下册），中国社会科学出版社 1979 年版，第 201 页。

的领导人物。实际上，五四运动后几个月中出现的'杂志热'，不论在中国舆论的发展方面，还是在中国新知识分子的形成方面，都是划时代的。"①随着时代流传、思潮变迁，很多杂志都改变了。比如《学生杂志》在1921年对内容进行了革新："除登载关于增进的文字外，更当多收发扬情意的材料。务使读者即能得着切实的知识，又能涵养活泼的趣味，因以完成个人美满的生活。"②该杂志保留了原来的工艺技术与学艺知识的方向，同时也增添了西方知识的成分与新的"个人"、"小我"成分，比如在"青年俱乐部"栏目的基础上给青年发表感想、心得的机会，由1922年读者的反响可见《学生杂志》成为"学生界最有精神的定期月刊；伊不但能供给青年们以科学常识文艺兴趣，且又注重青年们的道德问题，对于青年们所犯的恶习常常加以有力的矫正与劝诫；而一方于新文化上，又能尽量宣传；在现有的学生界读品中，真是最有实际而又富于革新的杂志了"③。如此，这些杂志顺着"新风"保留了本来具有的传播功能。

随着社团活动的发展，青年在校内校外结社，《新青年》、《新潮》等针对青年的杂志日益增量。报刊成为不同的学生表达与传播思想的工具，几乎每个学校都有学生群体与学生报刊，如北大有《国故》、《国民》等，湖南有《学生救国报》④，天津有《天津学生联合会报》。

有趣的是，当时出现了以解决个人生活问题为主要内容的期刊。如1919年7月13日在成都创办的《星期日》周刊。该期刊的目标在于"从这

---

① 周策纵：《五四运动——现代中国的思想革命》，江苏人民出版社2005年版，第181页。

② 《本志刷新预告》，《学生杂志》1921年第5期。

③ 尔松：《介绍特辟学生世界语栏的"学生杂志"》，《民国日报觉悟》1922年第11期。

④ 湘雅医学专门学校学生自治会创办的，成为五四前后湖南高校中最早、全国高校中较早的学生自办学报之一。后来该期刊改名为《新湖南》，而随着青年毛泽东担任主编，该期刊增强了革命性。"第一期发刊词提出的办刊宗旨是：①反对旧礼教，提倡新道德使国人知所取从；②改造家族制；③提倡男女平权生活独立；④提倡劳工神圣，反对分利坐食；⑤提倡平民教育；⑥灌输卫生知识。"［参见黄珊琦：《毛泽东主编湘雅学生周报〈新湖南〉》，《中南大学学报》（医学版）2015年第8期］

黑暗世界里，促起人人的觉悟，解脱了眼前的一切束缚，根据着人生的究竟，创作人类共同享受的最高幸福的世界"①。以批评封建思想（如宗法制、孝道、男女不平等，等等）为主，展开了对"小我"话题和个人价值观的讨论。不过，"大我"的成分依然很强，个人的价值观呼吁都以"为国家好"为出发点。

尽管在一些五四时期的青年报刊中已经发出了青年"小我"的表达，但是娱乐作为青年"小我"生活的重要成分在这些报刊中几乎还没有体现。对此现象可以做两种说明：第一，娱乐没有被看作社会健康发展的一个重要领域，政府较严格地控制娱乐领域，②青年的娱乐不受到提倡；第二个原因在于当时的青年观，青年负担着寻找国家出路的责任，不能荒于逸乐，因此难以在娱乐空间形成独特的青年群体文化。

（三）二三十年代青年报刊文化的发展

二三十年代，随着大城市的发展和休闲娱乐文化的兴起，都市青年的"小我"获得了"自我满足"和"自我表达"的空间，实现了进一步解放。由于青年独立意识越来越强，五四时期之后的青年活动和组织以及针对青年的文化产品、休闲娱乐不断增加。娱乐的价值开始受到肯定，认为娱乐"于身心之健康有益"："夫因娱乐而活动，则于血液之循环，饮食之消化，肌肉之发达，细胞之新陈代谢，皆有裨益，故娱乐足以健全身体。其益一也。健全之学问，寓于健全之精神，健全精神又寓于健全身体，今娱乐足以健全身体，则娱乐足以启发知识。"③大城市中的娱乐活动明显地受到了西方的影响，如溜冰、电影、舞蹈，等等。这些娱乐方式对中国居民来说是一种新的生活方式。值得注意的是，主导文化认可青年的娱乐，但又将

---

① 中央编译局编：《五四时期期刊介绍》（第一集），生活·读书·新知三联书店，第281页。

② 有关清末民初娱乐控制可以参见王笛：《茶馆——成都的公共生活和微观世界1900—1950》，社会科学文献出版社2010年版，第139—146页。

③ 竹君子：《娱乐与生活》，《生活》1926年第29期。

其局限于一定范围，并非所有的青年娱乐都被看作是"健康的"。比如 30 年代时的一则对大学生进入舞蹈厅的禁令："上海各大学联合会：严禁学生入舞场跳舞，议决与市政府合作，共同查禁，犯者予以严惩。"① 出于对青年男女交往的谨慎态度，主导文化试图排除从它的角度来看不适合整个文化系统的成分。这反映了主导文化在接受外来文化时的选择性并介入外来文化载体的适应过程。

报刊文化的发展使得商业力量进入报刊领域。不同于此前以教育为目标的青年期刊，这一时期的许多青年期刊受到商业利益的支配，需要更多考虑青年读者的需求。二三十年代的都市青年面临着新的生活条件、价值观与生活观、学习与就业等迫切的问题，这都要求所谓的"生活指南"。在 1925 年出现的《生活》周刊就致力于"围绕求学就业、婚恋家庭、人生理想等与青年成长发展密切相关的问题，一方面揭示青年生活的疾苦，反映青年的呼声，另一方面也竭尽所能地给予他们耐心的引导与帮助"②。需要注意的是，尽管《生活》周刊是一种针对大众的期刊，但是其在二三十年代间特别关注青年。《生活》周刊创刊号上的《青年修养论》和《青年读书问题杂论》等文章都提到青年的问题，而且期刊特别设置栏目来讨论青年的问题："本报的宗旨上有'开发正确的人生观，指导社会一般人的生活途径'的话，门类上又有'青年修养问题'一栏。照作者现在所研究的对象——青年问题——看来，这些题目正是他所愿意做的……"③ 据统计，"1930 年 12 月 13 日—1931 年 6 月 20 日这半年《生活》周刊文章的篇目，在所有 240 篇文章中，发现与青年有密切关系的话题，包括教育、学潮、考试等，有 31 篇，占 12.9%"④。这都说明《生活》周刊从最初就以青年群众为重要受众；青年群众

① 《严禁学生入舞场跳舞》，《民鸣周刊》1934 年第 23 期。
② 赵文：《民国初年〈生活〉周刊对城市青年娱乐休闲的引导》，《金陵科技学院学报》（社会科学版）2012 年第 3 期。
③ 杨坚江：《青年修养论——发端》，《生活》1925 年第 6 期。
④ 陈彤旭：《二十世纪青年报刊史》，新华出版社 2014 年版，第 67 页。

事实上也是它的主要读者，1926年的发行报告表明"订阅本周刊者大都为商店工厂中之学徒，与中小学校之学生"[1]。其受众不限于青年知识分子，也包括受过一定教育的青年。另外很重要一点是《生活》周刊的"创造者"也主要是青年。关于《生活》周刊主要编撰者的研究指出，在可考的40余人中，年轻人占多数，以《生活》周刊创刊的1925年为时间基准，40人中小于30岁的占了24位。[2]

1926年邹韬奋接任《生活》周刊的主编后，《生活》周刊从教育类的周刊变成了社会类的周刊。编撰人与读者的交流方式也受到了影响：从单向灌输变成了相互交流，开设"读者信箱"，在此青年读者可以表达自己的意见、分享生活上烦恼的事情。如有一封这样的信："编者先生，我是一个受过中等教育而现在从事社会服务的青年，每个月所入不过二十元……处在这种情形，不幸生了两个小孩，因受经济的压迫，想到前途的危险，真是困苦万状，心胆俱寒……我是爱读贵刊的一份子，冒昧提出这个问题请教，如能予以实际指导，则不胜感激。"[3]在这封信中青年读者主要讨论了自己"小我"的迫切问题，分享了自己的生活并试图探索怎么在变迁的社会中过好自己的生活。

1928年，高中毕业的赵家璧受邀主编《中国学生》。赵家璧一开始以大学生的身份半工半读地参与了该期刊的编辑工作，在1932年才正式进入良友图书公司工作。可以说，这个期刊从诞生起就是被青年创造的"产品"。作为期刊的思想鼓舞者，赵家璧曾经问过良友图书公司经理伍联德："良友公司为什么不出一本专门给学生看的杂志呢？"[4]确实，虽然当时的青年类期刊数量增大，可是它们都主要起"灌输性"作用，传播知识都带有明显政治色彩。与《新青年》或者《新潮》相比，《中国学生》的政治色彩和"大我"

---

① 《编辑者言：三年学徒生活》，《生活》1926年第16期。

② 赵文：《〈生活〉周刊（1925—1933年）与青年文化》，《学术研究》2006年第3期。

③ 《读者信箱：受经济压迫而想到节育的一位青年》，《生活》1926年第7期。

④ 赵修慧：《他与书同寿：赵家璧女儿眼中的名人父亲》，东方出版社2009年版，第95页。

精神被淡化了。它的内容带通俗娱乐色彩，主要反映了学生的生活、学生自身的问题以及学生关心的问题；形式上加入了漫画，用轻松幽默的方式描述学生面临的状况。研究者认为，"二十世纪初期的许多青年报刊以介绍知识为主，并无年轻人喜欢的通俗娱乐风格，强调传播知识的宗旨。到二三十年代，青年的读物《生活》、《中国学生》等才把幽默诙谐的风格发挥得十分明显"①。

《中国学生》为青年提供了一个更为广阔的互动交流平台。编者广泛地征求稿件，请青年通过自己的文章或者信件来表达自己的思想："我们为了要把中国全数的学生，统被《中国学生》连起来，所以各地各校通信员，还在热烈地招请，有愿屈就的，请先赐稿二次。其他的文稿照相关书。我们还是一样的在征求。"② 在这些来稿中，青年表达了自己的主张或讲述关心的故事，如男女平等、自由恋爱、体育文艺、名人轶事等等。例如 1930 年第 1 期的《女大学生为什么不进理科学院》一文中："男女的地位上有无高低吗？那当然没有高低，一律平等；因为男生是人，女生也是人，男生能做事，女生也能做事；男生能进理科学院，难道女生不能进吗？"③

这些例子都说明青年报刊中青年"小我"得到了明显的反应，它获得了"自己的空间"。但是另一方面，青年的"大我"追求在这个时期也在强化。青年群体很明显地需要参政、实现"大我"理想。鲁萍认为青年群体的诉求大约以 1923 年为界，分为两段，从梁任公到《新青年》，多是侧重个人的解放，1923 年以后则是"集体主义时期"④。这种"集体主义"也体现在青年报刊文化中。在二三十年代中国文化思想界有了进一步的多元化，随着不

---

① 陈彤旭：《二十世纪青年报刊史》，新华出版社 2014 年版，第 92 页。
② 《编者与读者》，《中国学生》1929 年第 2 期。
③ 忠彪记：《女大学生为什么不进理科学院》1930 年第 1 期。
④ 参见鲁萍：《"德先生"和"赛先生"之外的关怀——从"穆姑娘"的提出看新文化运动时期道德革命的走向》，《历史研究》2006 年第 2 期；罗志田《物质的兴起：20 世纪中国文化的一个倾向》，《开放时代》2001 年第 3 期；《胡适日记》（1932 年 12 月 22 日），载《胡适日记全编》第 6 册（1931—1937），安徽教育出版社 2001 年版，第 257 页。

同思潮的起伏和各种政党的成立，青年报刊文化成为这些政党与青年交流的渠道，出现了如共产党的《中国青年》、《先驱》、《无产青年》，国民党的《革命青年》、《中华青年》，国家主义派的《醒师》、《独立青年》等青年报刊，其中特别需要注意的是共产党办的《中国青年》。

《中国青年》创刊于1923年10月20日，是共青团的核心期刊。该期刊成为传播马列主义的载体和讨论青年学习、生活、婚姻上迫切问题的平台。《中国青年》的内容带有浓厚政治色彩，它面向大众青年，起了革命性的作用。该刊主张"我们的读者应该努力设法，使《中国青年》能够深入更广大的青年群众中去，使青年群众在实际生活中都能得看《中国青年》的指导，使青年群众都聚集在《中国青年》的旗帜下，与帝国主义和军阀作'最后的战争'！"[1] 期刊内容集中在报道、社论与论说、国外青年领袖与核心人物的著作、共产主义的观点等方面。跟其他杂志一样，它也有与读者交流的平台，但是相比来说，它主要还是承担传播性的责任，旨在改变当时的青年。

当时青年面临的一个关键性问题是怎么在家庭"大我"和国家"大我"之间做优先性的选择？在实际的生活中，传统价值观中的"孝"和"忠"在新形势下有了冲突。陈映芳强调，"20到40年代的学生们既可以离开家庭，又受到儒家伦理规范以外的各种各样的思想意识的影响，甚至有不少人开始倾向于反家族主义的激进的意识形态。这样，学生和青年知识分子实际上被置于两个对照性的世界之间：在学校、社会接受了新文化和新思想憧憬着新世界的年轻人，同时感受着来自家庭的压抑和痛苦"[2]。虽然男女青年乐于参政，关心国家的事情，但来自家庭的压力又形成了一种"束缚"。在此情况下，《中国青年》呼吁青年放弃传统对家庭"大我"的孝观，转向国家的"大我"。在《革命青年的家庭观》一文中写着：

---

① 《读者的责任》，《中国青年》1925年第100期。

② 陈映芳：《"青年"与中国的社会变迁》，社会科学文献出版社2007年版，第118页。

一、家庭可以维持生活而不靠他们自己养给时，他们毫不犹疑的与家庭减少乃至于断绝关系，以免妨害革命工作！

二、万一衰老幼小者无人照顾时，他们也只有尽力所能及地予以相当的帮助。

三、有时来到家中，他们却是很自然很真诚的对于家庭保持亲热的态度。这绝不是什么"孝道"，更不致因此妨害了革命工作。

四、他们是要善诱他们自己的"家人"赞成他们的革命主张而同来革命，至少，也要做到使"家人"是革命的同情者。①

《中国青年》杂志代表一种新型的"为青年创造的文化"，这说明新的青年文化在面临社会变迁带来的精神危机时，试图通过新的文化平台传播新的价值观。最初共产党创造的青年文化是"星星之火"，但通过包括青年报刊在内的不同传播平台，红色文化与价值观获得了支持并最终得到了大众的认可，在1949年后成为了主导文化。

四、新中国成立后的主导文化与青年文化之间的关系

从上述的对青年报刊文化的分析中，我们可以发现，随着"小我"的解放，很多青年面临两种"大我"的冲突，出现家庭"大我"和国家"大我"优先性的矛盾。1949年，新政权与主导文化试图处理这方面的矛盾性状态，通过不同的传播方式培育青年新的价值观，灌输国家"大我"的优先性。就青年文化来说，1949年，青年文化在形式上与主导文化有一定的区别，可是在价值观内涵上成为与主导文化高度一致的"为青年创造的文化"，而国家"大我"的价值观成为其文化载体的核心内容。

---

① 功全：《革命青年的家庭观》，《中国青年》1926年第5、6期。

（一）新中国成立后的青年观与主导文化的新价值观系统

新中国成立后，以红色文化为基础形成了新的主导文化价值观系统，青年的角色及其在社会中的位置也随之变化。在阶级斗争的背景下，青年群体开始进一步一体化。毛泽东在 30 年代末就强调了统一青年的重要性："中国的知识青年们和学生青年们，一定要到工农群众中去，把占全国人口百分之九十的工农大众，动员起来，组织起来。没有工农这个主力军，单靠知识青年和学生青年这支军队，要达到反帝反封建的胜利，是做不到的。所以全国知识青年和学生青年一定要和广大的工农群众结合在一块，和他们变成一体，才能形成一支强有力的军队。"①主导文化试图将青年一体化，缩小知识青年与乡村青年的差距，在主导文化的红旗下把他们统一起来。

如果说 50 年代的青年从价值观角度来看还是相当多元化的群体，有青年知识分子，也有工农兵，那么，60 年代的青年群体就经过了统一化，基本可以被看作吸收了新的价值观系统的毛泽东的"孩子们"。一位曾当过红卫兵的人回忆说："文革"前后有三批不同的青年：第一批是 1957 年以前的，他们大多出生在富裕家庭，并不过分热衷于政治，是一批专业技术型人才；第二批是 1957 年以后的，这批人是被政治运动纠缠并感到比较压抑的一批；第三批人"大致是共和国的同龄人，是国家的宠儿，他们从小就被称为国家的小主人，被当做接班人而寄予厚望……与前两批人相比，他们参与政治、干预社会生活的意识要强得多"。②这段回忆说明了青年的代际变迁。随着青年的政治意识与"大我"精神的增强，不同青年群体的多元价值观也趋于一体化。

青年作为大整体一部分的意识随着主导文化新价值系统的传播越来越强。在此过程中看得出两方面，一方面青年能明显地感到自己的重要性，参政与改善自己国家的需求得到满足。正如毛泽东所强调的："世界是你们的，

---

① 《毛泽东选集》第二卷，人民出版社 1991 年版，第 565 页。

② 唐灿、米鹤都、陆建华、印红标：《思考一代的自我反思——一项关于红卫兵及其同代人的思想轨迹的研究》，《青年研究》1986 年第 11 期。

也是我们的，但归根结底是你们的。你们青年人朝气蓬勃，正在兴旺时期，好像早晨八九点钟的太阳。希望寄托在你们身上。"① 另一方面，青年作为"思想"的力量，只能在主导文化允许的范围内行动，宣传主导文化价值观，成为"一颗永不生锈的螺丝钉"，"无限忠于毛主席，完全彻底为人民"②，基本上传播了无"小我"的价值观。

自1949年以来青年的身份明显革命化了，而且在60年代更加凸显。随着社会和政治的变迁，青年的理想形象和模范也改变了，其中，影响力最大的模范之一是雷锋——一个把"小我"献给国家"大我"的人。自1963年3月起毛泽东发起"学习雷锋的运动"，在《人民日报》、《中国青年》上号召向雷锋同志学习。这说明主导文化为青年创造了新的偶像，知识青年不再是理想的榜样，③ 取而代之的是革命青年。当时确立的十位主要英雄模范，包括刘胡兰、张思德、董存瑞、黄继光、罗盛教、杨根思、邱少云、雷锋、王杰和欧阳海，这些英雄中"解放军战士占绝大多数，而学生和青年知识分子被作为模范的，主要是到农村去接受贫下中农再教育、建设新农村的知识青年"④。通过当时主导文化引导的"青年榜样文化"，我们可以发现主导文化鼓励青年的社会行为。

1967年7月举行的共青团第九次全国代表大会号召："我国广大青年要做好社会主义革命和社会主义建设的接班人，当中国革命的革命派，当世界革命的革命派，永远当革命派。"⑤ 在整个文化政治化的背景下，青年角色与理想形象革命化，青年群体与它进行的活动也得到政治化与组织化。在此期间共青团成为控制与管理青年群体的组织，引导青年的革命化过程。共青团

---

① 《世界是属于你们的》，《人民日报》1957年11月20日。
② 参见《无限忠于毛主席 完全彻底为人民——装甲兵学习毛主席著作积极分子活学活用毛主席著作的几个事例》，《人民日报》1968年3月25日。
③ 陈映芳：《"青年"与中国的社会变迁》，社会科学文献出版社2007年版，第174页。
④ 陈映芳：《"青年"与中国的社会变迁》，社会科学文献出版社2007年版，第174页。
⑤ 《教育青年一代永远当革命派——祝共青团第九次全国代表大会胜利闭幕（社论）》，《人民日报》1967年7月8日。

一直试图找办法与青年群体进行价值观层面的交流、了解青年的需求与愿望。共青团中央号召，共青团各级负责同志要深入到青年群众中去，要去广泛、直接地联系青年群众、要亲自了解不同阶层青年的思想感情。共青团作为新中国成立后的主要青年政治组织试图与青年大众交流，通过不同的方式培育他们的价值观与政治意识。

不过，从青年文化和传播的角度来看，共青团当时没有形成足以吸引青年的"文化产品"。1953 年 6 月 30 日毛泽东指出："现在要来个不满意，就是说青年团的工作还没有适合青年的特点，搞些独立的活动。党和团的领导机关，都要学会领导团的工作，善于围绕党的中心任务，照顾青年特点，组织和教育广大青年群众。"① 这说明在传播主旋律的时候，共青团没有利用青年更容易"吸收"的方式。

（二）青年文化与主导价值观传播

随着 1949 年以来文化的重新结构化、价值观的更新、整体文化的政治化，青年的"小我"开始服从于国家的"大我"，而青年文化服从于主导文化。该倾向基本上决定了 1949—1976 年的青年文化发展走势。期间形成的青年文化主要可以被看作"为青年创造的文化"（culture for youth）。从"价值观包装"来看，红色文化中出现了新的文化载体，提供了主导文化价值观传播的平台。红色文化给青年以丰富的文化载体，比如革命歌曲、红色话剧、小报、文学、电影等，然而在价值观层次上它们都服务于主旋律的要求，旨在表现同一个主题——新中国。

从文化学角度来看，自 1949 年以来文化空间从多元化转向单元化。毛泽东在《在延安文艺座谈会上的讲话》中强调过："我们的要求则是政治和艺术的统一，内容和形式的统一，革命的政治内容和尽可能完美的艺术形式的统一。"②

---

① 《建国以来重要文献选编》第 4 册，中央文献出版社 1993 年版，第 235 页。
② 《毛泽东选集》第三卷，人民出版社 1991 年版，第 869—870 页。

青年在主导文化指导下"生产"的文艺作品成为传播主导文化价值观的各种各样的载体。该模式在新中国成立之前就已存在，1936年在党的领导下成立了第一个全国性文艺团体——中国文艺协会。① 青年群体用丰富的文艺载体来表达主旋律、教育大众。文艺本身大众化了。文艺宣传队在其举行的不同形式的文化活动中达到了公众展示性与传播性的目标，执行了主导文化的大任务。

当时的青年充满了对新中国的热爱、改变一切的豪情和对新现实的骄傲。参加过新中国成立庆祝活动的年轻的作曲家王莘于1950年创作了歌曲《歌唱祖国》，该歌曲"影响了新中国几代人"②。无疑，红歌在新中国建立后对新型的集体主义形成、国家"大我"的传播、青年群体的团结等方面起了重大的作用。60年代的青年文化被染成了"红"色。红歌的内容都在赞扬祖国、宣传集体精神、传播自我牺牲的价值观，青年比较喜欢的有《大海航行靠舵手》、《我们走在大路上》、《向着北京致敬》等主旋律歌曲。

除了红歌之外，红色文学也成为青年的文化"养料"。自1949年起出版了一系列中国革命红色经典，它们宣传了集体精神、赞颂了英雄主义和自我牺牲的精神。如1961年出版了罗广斌、杨益言的《红岩》，1965年出版了金敬迈的《欧阳海之歌》。这些小说跟其他革命经典被看作毛泽东关于文艺三个"统一"的榜样，表现出"革命文化，对于人民大众，是革命的有力武器……"③自五四时期以来，苏联文学对中国文学产生了很大的影响，1949年后，苏联的《钢铁是怎样炼成的》、《铁流》等红色经典成为青年最喜欢的读物。这些小说成为一代文化记忆。茅盾指出："解放以后不知有多少青年在《钢铁是怎样炼成的》、《卓娅和舒拉的故事》、《青年的近卫车》、《海鸥》、《勇敢》等作

---

① 宋贵仑：《毛泽东与中国文艺》，人民文学出版社1993年版，第3页。

② 《人民艺术家王莘遗体今在津火化〈歌唱祖国〉影响新中国几代人》，《人民日报》2007年10月19日。

③ 《奥斯曼·哈桑·艾哈迈：划时代的光辉文献——纪念毛主席〈在延安文艺座谈会上的讲话〉发表二十五周年》，《人民日报》1967年5月24日。

品中受到了教育，学习这些作品中的英雄人物的爱祖国、爱劳动、忠心耿耿地为保卫祖国和建设社会主义而牺牲自我的精神；学习他们的团结友爱、敢于和一切不利于社会主义的言行作斗争。"①《钢铁是怎样炼成的》向中国青年再次传播了青年的英雄形象，保尔·柯察金的人物形象包含了新主导文化对青年要传播的价值观——先国后家、坚强的革命意志、牺牲"小我"与甘愿奉献，起了培养"革命青年"的作用。

　　戏剧在新建的红色文化中占了主要的位置。戏剧创作中具有代表性的是中国青年艺术剧院，其前身"是 1941 年成立的延安青年艺术剧院，它以青年为服务对象，具有革命传统。演出过《保尔·柯察金》、《上海屋檐下》、《红色风暴》、《风雪夜归人》等优秀剧目"②。除了这些话剧和从苏联"进口"的文化产品，还上演了五四以来的优秀剧目，如《日出》、《雷雨》、《屈原》等。在"文革"时期，政治化、大众化和通俗化的样板戏成为红卫兵宣传队传播新文化的有效文艺工具。举例来说，《智取威虎山》就是一出成功的样板戏："《智取威虎山》好就好在政治性强，它突出地宣传了伟大的毛泽东思想，歌颂了人民战争的胜利。我们工农兵评价一出戏的好坏，首要的标准是看政治，看它是不是歌颂了毛泽东思想。艺术永远是服从于政治的。一出艺术性再强的戏，如果它不歌颂毛泽东思想，不为工农兵服务，我们就坚决反对！"③ 这反映了"文革"时期的文化是服从于政治、服务于政治的。样板戏作为中国传统艺术京剧的现代化形式，获得了革命色彩，用大众习惯的形式灌输主导文化的新价值观。另外一个例子是革命芭蕾舞剧。在中苏友好关系的背景下，芭蕾舞艺术在中国迅速发展并获得中国特色，变得民族化与革命化了。在中国化的过程中芭蕾舞剧为了更有效地吸引大众，吸收了中国传统戏剧的成分。如 60 年代最具代表性的《红色娘子军》、《白毛女》等都成为时代的"明信片"。革命芭蕾舞剧成为了表现

① 　茅盾等：《苏联文学是中国人民的良师益友》，新华书店北京发行所 1960 年版，第 1 页。

② 　宋宝珍：《中国话剧史》，生活·读书·新知三联书店 2013 年版，第 270 页。

③ 　《斗争中诞生的戏》，《人民日报》1966 年 10 月 24 日。

主旋律的新艺术形式。

电影行业在 1949 年后有了迅速发展。电影在这个阶段，主要起的是传播性的作用。1949 年 8 月 14 日中央宣传部《关于加强电影事业的决定》中指出："电影艺术具有群众性与普遍的宣传效果，必须加强这一事业，以利于在全国范围内及在国际上更有力地进行我党及新民主主义革命和建设事业的宣传工作。"① 新中国初期有一部分的电影反映了旧社会对变迁的需求，比如基于老舍小说的《我这一辈子》，还有些反映了社会的沧桑变化，中国从旧社会到新社会的转折，比如《龙须沟》。另外一种题材是抗美援朝战争的英雄主义电影：《英雄儿女》、《三八线上》、《奇袭白虎团》等。四五十年代的电影受到了东欧与苏联的影响。Mark J. Scher 指出："到 1954 年，中国已从苏联和东欧引进了 199 部电影和 20 部长纪录片。到 1956 年，已有 320 部外国电影被译制。"② 自 60 年代起主导文化的范围变小、价值观越来越窄。在 1963 年放映的介绍 20 年代知识分子生活的电影《早春二月》由于价值观没有达到主导文化要求的范围，受到了强烈批评："（影片）没有对肖、陶采取应该采取的批判的态度，甚至处心积虑地掩盖他们个人主义的面目，美化他们的思想行为，企图让观众相信他们是二十年代进步青年的形象"③。这基本上说明当时对"为青年创造的文化"存在"革命形象"的标准以及青年革命化的目标，年轻的文艺工作者和受众被束缚于当下的时代要求。自 1966 年起故事片停止生产，中国青年所能看到的电影只有《南征北战》、《地道战》、《地雷战》、《侦察兵》、《渡江侦察记》、《艳阳天》、《卖花姑娘》、《决裂》、《火红的年代》等少数几部。

从 1949 年到改革开放前，青年的生活与"为青年创造的文化"都充斥着各种政治性的运动。在这些政治运动中主导文化培育了青年的新"大我"

① 《中共中央文件选集》第 18 册，1949 年 1—9 月，中共中央党校出版社 1992 年版，第 420 页。
② Mark J.Scher, "Film in China", *Film Comment*, 1969, No. 2, p.9.
③ 《二十年代革命青年的正确道路——用陈铁军、周文雍烈士的光辉榜样给〈早春二月〉照照镜子》，《人民日报》1964 年 11 月 24 日。

的精神。在 1960 年 4 月 10 日的《中国青年报》就有这样的标题与口号："伟大的跃进时代造就这一代新人"、"我国青年共产主义精神空前高涨"、"他们不计报酬"、"不讲条件"、"舍己为公"、"助人为乐"、"见难而上"①。这些运动把青年的力量集中到主导文化指导的项目上。在多次政治性运动中青年强化了国家的"大我"精神，改变了社会与文化"面貌"。

在新主导文化的指导下，青年成为改变旧中国的力量，为国家的发展出力。在 1960 年 4 月 6 日的《中国青年报》上可以看到这样的标题："高速度掌握新技术让新设备大显　不断学习"、"创造促进技术革命一浪高一浪"、"五三工厂青年学习新技术活动蓬勃展开"、"团组织大搞多种活动"、"青年技术水平迅速提高推动生产突飞猛进"②。从中可以看到青年群体有统一的目标和任务，青年在组织基础上试图实现这些口号。主导文化所号召的上山下乡成为一种潮流，很多知识青年自愿地去农村服务。张韧被上海戏剧学院录取之后，最后决定下乡，"我先到农村干一年，现在农村是比较困难的时候，我非常非常想出力，然后再回来上学"③，她也强调，当时她班里两三个同学也挂号下乡了。从张韧的回忆中，我们可以发现，当时很多青年的国家"大我"与家庭"大我"仍然有冲突，张韧指出有些同学想去农村，但是由于受到家长不同原因的反对而没去④。这证明主体文化的家庭价值观还是非常强，仍然对青年有影响。

（三）特殊时期青年文化特点

1. 妇女解放

1949 年以后的时期满足了五四时期价值观变迁的一些呼吁，比如五四时期的束缚很大的程度上源于家庭伦理。这一时期很明显地满足了社会对女

---

① 肖野摄：《我国青年共产主义精神空前高涨》，《中国青年报》1960 年 4 月 10 日。

② 《青年学习新技术活动蓬勃展开》，《中国青年报》1960 年 4 月 6 日。

③ 刘小萌：《中国知青口述史》，中国社会科学出版社 2004 年版，第 25 页。

④ 参见刘小萌：《中国知青口述史》，中国社会科学出版社 2004 年版，第 25—26 页。

人解放与男女平等的要求。1949 年通过的《中华人民政治协商会议共同纲领》即宣告"中华人民废除束缚妇女的封建制度。妇女在政治的、经济的、文化教育的、社会的生活各方面，均有与男子平等的权利，实行男女婚姻自由"[1]，男女享有平等权利。1954 年，新中国第一部宪法明确规定："中华人民共和国妇女在政治的、经济的、文化的、社会的和家庭的生活各方面享有同男子平等的权利。"随后女人获得了参政、选择配偶、离婚、受教育等权利。[2] 之后，毛泽东提出的"妇女能顶半边天"的口号进一步在社会生活的方方面面巩固了妇女的地位。这一时期的主导文化试图满足从家庭"大我"到"小我"的解放，同时保留五四以来的基于整体主义思潮的社会结构。在此过程中，国家"大我"实际上在很多问题上代替了家庭"大我"对"小我"的控制与管理。

2. 知青文化

对比五四时期价值观变迁的呼吁可以发现，已生根发芽的对"小我"的呼吁在 1949 年以后被控制了。有趣的是，尽管在总体上受到控制和管理，但都市青年文化却在乡村找到了特殊的土壤。1962—1966 年，全国有近 130 万城镇知识青年下乡，回乡知青更多。[3]"文化大革命"期间，全国共有 1400 万知识青年上山下乡，这意味着十分之一以上的城镇人口在这种形式下被送往乡村。[4] 知识青年在下乡时带去了当时的都市青年文化。在上山下乡的过程中知识青年把主导文化的新价值观、城市的时尚与文化形式带到了农村。下乡知青的青年文化对当时的农村青年与整个中国青年文化发展产生了很大的影响。周怡基于地方调查分析"文革"期间的城乡文化交流时举了一个例子："城关公社东关村潘会兴、潘会元兄弟二人，'文革'前随父母从大连回乡，家庭影响、城乡社会观察和早年的都市文化背景，使得他们深爱

---

① 《建党以来重要文献选编(1921—1949)》第二十六册，中央文献出版社 2011 年版，第 759 页。

② 指的是法律上，而不是主流社会中。

③ 刘小萌：《中国知青口述史》，中国社会科学出版社 2004 年版，第 15 页。

④ 刘小萌：《中国知青口述史》，中国社会科学出版社 2004 年版，第 17 页。

西方音乐。就这样，一个自发性的音乐沙龙在这样一个以种地为生的乡间活跃着。他们的西洋乐器有提琴、黑管、小号、手风琴和打击乐器，爱好音乐的农村青年在不自觉中成为沙龙中的成员，利用农闲季节交流和排练，带有明显的休闲和时尚性质。这些沙龙成员在衣着穿戴和气质言行上明显模仿城市知识阶层。"[①] 这个例子说明，青年在下乡过程中把不同的文化形式引进到农村并在此基础上创造了群众文化。

一批知识青年很明显地有自己的文化观，不一定盲目服从于当时青年文化中的主流。"为了保持与城市的联系，为了保证都市文化的纯正性，知青在乡间始终有自己相对独立的文化圈，同时，他们与自己的城市加强联系，使得原本的文化基础不断输入新的内容，从而在客观上保持不被乡村同化。他们从城市带回来时装、书籍、绘画工具、体育器材、手抄本文学、手抄本外语教科书，带来亲戚朋友和各种都市文化信息，与知青点以及更多的乡村朋友交流。"[②] 这都说明，当时的一部分知识青年有自己独立的意识与文化观。尽管主导文化追求青年群体一体化的目标，但是青年在价值观、文化观与思维方式等方面仍然不是完全一致的。在青年群体中有主流，所谓的青年大众，他们服从主导文化的要求，通过不同的文化形式传播主导文化的价值观。但是同时存在着保持自己意见的青年。他们有些我行我素，有些在业余时间做自己想做的事情，在主导文化标准的夹缝中，寻找自我表达的机会、满足价值观层次上的需求。在此基础上，可以说中国乡村为下一时期的都市青年文化的发展提供了土壤。

3. 手抄本文化

通过当时青年文化中的内容我们可以发现一部分的青年群体对价值观变迁的呼吁。陆玉林指出，"部分青年对'文革'的怀疑和批判最晚始于

① 周怡：《"文革"期间城乡文化交流分析：以平度县插队知青为例》，《城乡社会观察》2011年第00期。

② 周怡：《"文革"期间城乡文化交流分析：以平度县插队知青为例》，《城乡社会观察》2011年第00期。

1968年前后，也就是大规模的知识青年上山下乡运动开始的那一年"①。Perry Link 在分析"文革"时期手抄本的文学时提道："许多作家看起来是国家安排住在乡村的受过教育的青年（知识青年上山下乡），与控制更严格的城市相比，农村中宽松的监管为手抄文学提供了更大可能。"② 郭晓冬指出，在1968—1978 年，"真正的知青文学始终处于一种地下运行的状态，两种不同质的知青文学即地上文学和地下文学在不同的轨道上并行着，形成了奇妙的知青文学景观"③。在青年地下空间还出现了"白洋淀诗歌群落"诗歌、《九级浪》等地下小说、知青歌曲。从内容来看，地下青年创造的文化产品有很多涉及"小我"的问题，比如郭晓冬说当时青年创造的诗歌中有一类"纯抒情且尽量不触及时政，无政治倾向的、单纯抒写怀想之苦的作品"④，如《年青的朋友你来自何方》、《广州知青歌》、《这就是美丽的西双版纳》、《我的家乡》、《南京知青之歌》。六七十年代的知青文化反映了青年对"小我"爱情的需求。"一本《外国民歌 200 首》真成了知青们的宝贝，一个母本，不知要繁衍成多少复本。《红河谷》、《红梅花儿开》、《莫斯科郊外的晚上》、《苏珊娜》、《老人河》、《小路》……一首首'黄歌'流出知青们的喉咙，排泄出了无尽的愁绪忧伤和对爱情的憧憬。"⑤ 他们都以个人感情、个人自我表达为出发点。这些例子都证明"青年的文化"并没有死亡，而是"藏"在地下了。

中国古代社会形成了"老年本位"的文化，但是这个并不代表中国历史中青年就完全不存在。纵观中国青年史我们可以发现，中国古代社会中青年

①　陆玉林：《当代中国青年文化研究》，人民出版社 2009 年版，第 29 页。

②　Perry Link, "Hand-copied Entertainment Fiction from the Cultural Revolution", from *Unofficial China: Popular Culture and Thought in the People's Republic*, edited by Perry Link, Richard Madsen, Paul G. Pickowicz, Boulder, San-Francisco and London: Westview Press, p.19.

③　郭晓冬：《青年一代的终结——从知青文学到知青后文学》，载金大陆、金光耀主编：《中国知识青年上山下乡研究文集》下册，上海社会科学院出版社 2009 年版，第 736 页。

④　郭晓冬：《青年一代的终结——从知青文学到知青后文学》，载金大陆、金光耀主编：《中国知识青年上山下乡研究文集》下册，上海社会科学院出版社 2009 年版，第 738 页。

⑤　杜鸿林：《风潮荡落——中国知识青年上山下乡运动史》，海天出版社 1993 年版，第 116 页。

没有形成自己独立的群体、阶层和自己的特殊文化，但是其存在与潜在力量已经被当时的人发觉。作为社会主流意识形态的儒家文化和价值观与当时的社会法律没有为青年成为独立的群体提供基础。实际上，当时的青年（少年）处在社会的边缘，被当作儒家管理"机器"的"螺丝钉"。近代时期的青年观与青年价值观的变迁是综合性因素的结果，包括教育系统改革、传播系统变迁与主导文化失去原本的影响力等。获得新教育的青年成了国家新的希望与未来，同时肩负起了国家救亡图存的责任。我们可以发现青年观没有彻底失去其整体主义性质，青年在挑战传统家庭束缚或者从这些束缚解放出来的过程中，同时获得了新的"功能"，其"功能"在另外一种"大我"层次中得到发展。担负国家救亡图存的重任决定了青年观有新一轮整体主义的色彩。

实际上，随着青年独立意识的增强，他们逐渐成为挑战主导文化的力量。青年开始形成群体意识并具备特殊的身份。从当时多元社会中汲取的新价值观成了青年挑战主导文化的"营养成分"。以新价值观为内容、新文化为载体、新创造的空间为平台，青年开始群体化并创造自己的文化。可以说五四时期成为中国特色的青年文化生根发芽的时期。我们可以发现青年结社的现象，青年作为群体进行活动，青年用不同的文化载体来自我表达并传播自己的价值观。要强调的是，青年文化的代表性群体以知识青年为主，还没有与其他阶级的青年一体化，这种"阶级性"可以看作古代社会青年观在近代的回响。从青年文化作为新价值观的载体角度来看，虽然五四时期呼吁"个人解放"，但是通过当时形成的青年文化我们可以看到中国特色思潮的烙印，当时表现出来的个人利益仍然被"锁"在群体利益的框架内，而整个青年文化则基于国家的利益，带有政治色彩，披着"大我"的外衣，在此我们可以发现中国青年价值观中整体主义思潮的反映。

近代青年史的另一个标志性事件是青年文化的生根发芽。青年文化的发源地是校园，尤其是当时最进步的北京高校的校园。校园形成的青年社团文化实际上成为青年在公共空间结群的前提。为了探索中国本地青年文化发展的过程，我们选择了当时青年文化最有代表性的例子——青年报刊文化。从针对青年的报刊到青年自创的报刊，在这一发展过程中新出现的青年文化以及在里面存在的价值观成为青年力量挑战主导文化的主要"武器"。19世纪末20世纪初的这些青年期刊主要面对在校学生或者都市青年，并塑造了知识青年的理想形象。传统的青年观以及青年本身的娱乐观对当时青年仍然有影响，再考虑到社会对受过教育的青年寄予的救亡图存的期待，我们可以探索到近代时期生根发芽的青年文化具有很强的政治色彩，这一时期的青年群体还没有形成娱乐性的文化。

在二三十年代随着青年意识的增强，青年报刊文化有了进一步发展，期间出现了青年娱乐文化与青年通俗娱乐期刊。在此平台上青年得以"自我"表达并获得了"自我"娱乐空间。同时，随着社会思潮的多元化，政治局势的复杂化，大量青年类的政治期刊出现。如后来青年报刊文化的代表性载体之一的《中国青年》主要起了引导性的作用，承担了与青年建立对话以及改变青年价值观的任务。

新中国成立前后的青年身份经过了巨大的变化：从二三十年代的知识青年到1949年后的革命青年，从文化的创造者到文化的执行者，新中国成立后知识青年作为青年文化的主要群体与其他阶层的青年一体化在同一个价值观系统中。随着青年角色本身的变化，青年文化也政治化了。随着社会价值观趋向于单元化，"为青年创造的文化"成为了青年文化主要发展的方向。在新主导文化进一步传播新价值观的过程中青年文化成为主导文化服务的载体，而文化本身作为传播的工具大众化了。尽管主导文化设置了狭窄的价值范围，但"青年的文化"仍然在延续。从中可以发现自五四时期未解决的"大我"和"小我"之间的平衡点、对个性表达的需求。在上山下乡背景下形成的地下青年群体通过不同的文化载体表达了对价值观变迁的新呼吁。

第二章

改革开放以来都市青年文化
与主导文化的发展与交互

改革开放后的二三十年能算作是青年文化蓬勃发展的时期。青年使用了各种各样的文化载体发出自己的声音并与主导文化交互。 在这章我们来发现青年通过他们的文化想告诉我们什么并且需要什么，他们随着改革开放以后的社会发展发生了怎样的价值观的变迁同时又形成了何种与主导文化交互的方式。

一、改革开放以来的都市青年文化及其诉求

在中国青年文化史中，70年代末到80年代这一时期是价值观变迁最有代表性的时期。80年代首先关注了"大我"和"小我"并对其关系作了重新界定。随后出现的个性自由、自我表达、新家庭价值观、新爱情与性观、个人在新社会存在的"新规则"等都源于"大我"和"小我"平衡点的寻找。这一重新界定的过程对后期主导文化倡导的价值观产生了深刻影响。80年代，青年对文化基本游离在主导文化范围外，并通过新出现的文化载体一直呼吁主流社会的价值观变迁。在90年代主导文化对此呼吁有了回应，青年文化开始慢慢进入主导文化范围内，利用新的文化载体进行自我表达。在本章中，我们试图概括改革开放以来都市青年文化的多样性，并从青年文化与主导文化在价值观层面交流的角度来分析青年文化在这一时期的总体发展状况。

（一）80年代："青年的文化"再现

大部分的学者包括专门研究者都认为五四时期是"青年文化的初始时期，在五四时期看不到青年的独立诉求"[1]。从1949年到1976年，从文化形式来看，青年文化还是较为丰富多彩的，主导文化与青年文化相互交融，青年文化以"为青年创造的文化"为主。70年代末随着时代变迁，青年文化在整

---

[1]　陆玉林：《当代中国青年文化研究》，第27页。

个文化系统中的位置也改变了，可以被看做"青年的文化"的再现。无论从文化载体的角度还是从价值观角度来看，青年的文化从此有了显著的发展。这个并不说明它完全脱离主导文化，而只是证明当时的新一代的人在探索适合新现实的道德指南，以及通过他们自己创造文化以及文化产品表达自身的"摸着石头过河"的过程。从青年思想文化史的角度来看，五四时期培育了青年的国家意识与救亡图存的责任意识，这种意识是传统忠孝观的演变，国家的利益高于一切，1949 年以后这个传统持续下去了，因此当改革开放政策实行以来，在国家从以政治为主到以经济为中心的变革过程中，本来血脉中已经有"大我"思潮的青年怎么可能不关心国家的命运？一旦他们有了自我表达的小机会或者发出声音的平台，他们的情绪就"漏出来"了。

如果要形容 70 年代末 80 年代初的整个青年群体的心情，我们可以用三个词："悲伤"、"彷徨"与"对新生活的渴望"。诗歌与歌曲成为他们表达感情的"降落地"。例如在电影《神圣的使命》的插曲《心上人啊，快给我力量》里有"心上人啊，快给我力量"，"情切切　意惶惶　泪眼盼春光"，"孤独痛苦　徘徊彷徨　是谁种下这祸殃"，能听到青年复杂的心态和声音，能很明显地感受到青年对当时主导文化的怀疑和不认同。例如 1976 年北岛的诗《回答》中"我不相信"的反复吟咏就是刺耳的反主导文化的声音。1977 年 10 月《人民文学》杂志发表了刘心武的中篇小说《班主任》，1978 年 8 月 11 日《文汇报》发表了卢新华的短篇小说《伤痕》。这些小说成为"伤痕文学"的先驱与骨干。它们用文学的形式宣泄了"文革"时期积累的刻苦经验、感情与困难，涉及了人性、真实性这些处于主导文化范围外的问题，在全国有深远地反响。"青年文化从地下冲上地表"①，而改革开放未解决的问题在改革开放的进程中更为凸显，80 年代的青年文化被学者普遍看作是"观念文化"，80 年代初的青年文化虽然提出了很多问题，但是没有提供一个具体的答案。

陆玉林强调："青年文化在价值导向和精神内涵方面是否与主流文化

---

① 陆玉林：《当代中国青年文化研究》，人民出版社 2009 年版，第 32 页。

相一致，还存在着时间的问题。在某个时间点上与主流文化一致的，在另一个时间点可能就与主流文化不一致，反之亦然。时间因素加上官方思想改变，导致顺应型的青年文化不仅会与主流文化不一致，甚至可能发生冲突。"①"顺应型"青年文化的代表是"潘晓讨论"。"潘晓讨论"是在共青团中央的机关刊物《中国青年》上举行的。《中国青年》是当时很多大学生必看的读物，所以理论上必须在主导文化价值观范围内发展。但是，在当时对价值观困惑的时代背景下，"潘晓讨论"形成了现今所谓的"粉丝群体"，支持这种思潮的群体，在中国青年文化史上打下了很明显的烙印。1980 年第 8 期《中国青年报》发表了赵琳的信《只有自我才是绝对的》，在其中表现了绝对的以自我为中心的情绪，从根本上与中国人整体主义哲学和很多年以来存在的"大我"价值观相对立，明显地超出了主导文化的范围。比如，有关"潘晓讨论"编辑部最后总结："出发点是好的，但是社会效果不好，在青年中造成了不良影响。"②

改革开放后出现的都市青年文化不限于校园，在公共空间有更大的展现。与青年农民、青年工人在五四时期相比，改革开放后出现的创造自己文化的青年群体来自不同的阶层，如青年农民、青年工人、知识分子等，不仅限于知识青年，青年群体多元化了，结群也相当自由地出现于大众空间。在80 年代末的青年研究中，像这样群体被叫作"青年中非正式群体"、"小群体"、"社会圈"、"非组织群体"。像这样存在于体制外的青年群体的数量很多。周殿富指出："据上海团市委 1985 年的调查，全市大学生社团有 200 多个；青工读书小组 800 多个；其中各类非正式群体则数以千计"③。在公共空间中出现的青年群体，很明显地反映了青年自我价值的追求、满足精神生活的需求，比如摇滚亚文化、青年美术家群体、青年电影世界等等利用旧的和

① 陆玉林：《当代中国青年文化研究》，人民出版社 2009 年版，第 72 页。
② 《中国青年》编辑部编：《潘晓讨论———一代中国青年的思想初恋》，南开大学出版社 2000 年版，第 29 页。
③ 周殿富：《当代青年群体热》，《青年探索》1988 年第 Z1 期。

新的文化载体来自我表达。改革开放后的青年文化进一步利用新的文化载体，而据陆玉林强调："青年的'新'话语，总是出现在社会公共机构之外或在其规训力量的制约之外，朦胧诗和青春小说都不是在大学中文系产生，摇滚乐生于地下。"[①]因此，在公共空间中出现的青年文化从价值观的角度来看明显地超出了主导文化的范围。

80 年代的都市青年文化受到了西方思潮的强烈影响，中西两种文化差异与在很多方面无法协调的困惑引起了青年文化中反传统的情绪。由于主导文化无法给青年提供解决很多精神问题的答案，因此西方的思潮占领了空白的地方。当时很多西方价值观通过港台文化产品进入大陆。比如，邓丽君的青年粉丝群体很明显地证明当时主导文化缺乏直接表达"小我"解放的载体。邓丽君唱的歌曲中出现了很长时间被压制的"小我"和"小我"的感情："人生几何能够得到知己，失去生命的力量也不可惜，所以我求求你，别让我离开你，除了你，我不能感到一丝丝情意，如果有那么一天，你说即将要离去，我会迷失我自己，走入无边人海里"。因此，港台音乐文化也处于主导文化范围外。陆玉林把这种青年文化的类型叫作"偏离型"[②]。"在文化体制中，青年被要求在娱乐形式下接受一定的思维观念，如音乐、电影、电视剧、美术等，一次又一次围绕着文艺的教育功能与娱乐功能为先的争论反映的是社会主流观念的动摇，而青年则依着自己的需求在寻求合适的文化生活方式与内容。从其选择结果看，往往'偏离'了社会主流文化的基本要求"[③]。为什么港台音乐形成的青年文化很明显地处于主导文化范围外？我们从价值观层面来分析这个问题：第一，港台音乐反映了西方现实的状况，迎合了青年人群对当时现实的不满。第二，"文化大革命"时期的无性别的合唱的集体声音或者一些代表红色时代文化的高音都象征了男女平等、社会融合、集体精神，因此邓丽君"无政治色彩"、充满着感情的"靡靡之音"被叫作"黄

---

① 陆玉林：《当代中国青年文化研究》，人民出版社 2009 年版，第 127—128 页。
② 陆玉林：《当代中国青年文化研究》，人民出版社 2009 年版，第 72—76 页。
③ 单光鼐、陆建华主编：《中国青年发展报告》，辽宁教育出版社 1994 年版，第 8—9 页。

色的"，是主导文化所批评的。

80 年代的新中国青年文化事业产生了不同的都市青年群体与不同的青年文化现象。除了所谓的顺应型和偏离型的群体，在探索"大我"和"小我"之间的平衡点时有不少青年持着极端否定主导文化与主导文化价值观的态度，完全超出了主导文化价值观的态度。笔者觉得，在这里很具代表性的例子是 80 年代"流氓文化"的繁荣。80 年代的"流氓文化"并不代表与精英文化对立的下层社会，而代表"徘徊在社会中"的青年群体，他们通过不同的文化表达反映对主流社会价值观的排斥。刘东超博士强调，"流氓文化就是指社会上相当边缘化的一种文化，它采用的往往是一些非道德、违法纪的手段，对于民众的正常生活常有妨害，对于社会整体及其规范也常有破坏"[1]。王朔的文学作品中的代表性人物成为对当时社会中出现的"流氓文化"的反映，比如在《空中小姐》、《浮出海面》、《橡皮人》、《奇人》中都有。王朔的人物形象都处在主导文化的道德范围外，而在描写下层社会的情况时，王朔不支持"黑白哲学"，"与传统的主流文化批评相比较，王朔另类批评的最大特质，就是直面对象，把个人的好恶臧否表达得痛快淋漓，不留一丝一毫的伪饰与矫情"[2]，偏离了本来在文学中存在的理想主义的心情。在 80 年代末王朔成为城市里最流行的作家。王朔本人当过没有固定工资的作家，在写作品过程中经历过从束缚中解放出来的人生，因此他本人的个性态度决定了他作品中"我"的声音很大，人物形象的性格多元化，张扬尖锐，这些多变的人物形象也表现出变革中的社会复杂的问题面向。这些特点符合当时青年价值观变迁的需求，青年在读他的作品时有了被理解的感觉，获得了精神上的共鸣。

另外，由张元执导，崔健、李威等人主演的电影《北京杂种》中可以看到经过道德失范的都市青年群体，摇滚乐手、艺术家、流氓都出现在同一个

---

[1] 刘东超：《王朔与流氓文化——诘难王彬彬、葛红兵对王朔的评价》，《探索与争鸣》2002 年第 2 期。

[2] 《王朔"另类"批评的文化价值》，《团结报》2000 年 6 月 20 日。

平台上。从内容来看，此群体进一步摆脱了当时主流道德的束缚。此电影反映了部分青年群体忽视社会、忽视集体精神、忽视主导文化中"大我"成分的现象。"除了他们自己和他们的小圈子之外，没有人感兴趣，所以他们完全热衷于个人的追求。"[1] 在"小我"和"大我"价值观之间的平衡点，将关注点集中在"小我"的身份。在失去原来传统的整体主义哲学的同时也失去了道德。

在传统文化和"红色文化"中自我修养是"大我"价值观系统中不可分割的部分，儒家文化强调了"大同"、"大道"，也强调了修身、修己："见贤思齐焉，见不贤而内自省也"（《论语·里仁》）。在"红色文化"中"修养"的问题仍然存在，仍然强调"自省"、自我完善，因此继承了"大我"的"道德指南"的成分。可是在改革开放后，随着制度变革，人们形成的价值观、道德规范和内在修养的支撑逐渐瓦解，这些变革对青年文化中的价值观迷惘有明显的影响。可是在改革开放后，制度变革对人们既有的价值观、道德规范和内在修养产生了一定的冲击，对青年文化中的价值观迷惘有明显的影响。

（二）90 年代：青年文化与主导文化的"接轨"

自 90 年代开始，在都市青年文化中我们可以发现"回归的现象"，不过这个回归的现象主要涉及"顺应型"的青年文化开始与主导文化接轨。随着主导文化与青年文化开始协调发展，青年文化慢慢从对立的位置进入主导文化的范围，而青年文化中传播与呼吁的价值观也进入了与主导文化相协调的阶段。本土文化热成为 90 年代校园文化的特点，本土文化受到了学生的欢迎。在全国各地建立了多个中国传统文化研究中心，中央电视台拍了有关中国文化的节目等，青年对传统文化的兴趣提升了，当然，90 年代都市青年

---

[1]　Pail Fonoroff, "A rocky horror show banned in Beijing", *South China Morning Post*, 26 August,1994.

文化中的这种"回归现象"并非单单源于青年群体本身。

80 年代中国都市青年文化的价值观跟"个性自由化"、"小我"夺回自己的空间有关，这个自由化的呼吁涉及不同于以前传统的束缚并且红色文化也未解决的价值观层面的问题。到了 90 年代，主导文化减少了束缚，青年价值观的一些诉求得到了回应，给青年文化更大的空间，这使得青年文化对主导文化的不满情绪淡化了。90 年代青年文化的主旋律是自由的个性表达，个人自我表达，对人的情感、生活方式的关注，这是"小我"的表现。90年代象征着"小我"进入主流文化的空间，因此随着这个现象，青年文化也开始慢慢进入官方文化允许的范围内。[①]

"小我"的空间代表青年的个人空间。第一，其个人空间给个性张扬、自我表达提供了机会。当时这种现象的例子多种多样，青年群体的自我表达在于符号性消费，如 90 年代的花衣服热潮、假发、彩发、迷你裙、凉拖鞋、松糕鞋、信用卡消费。1993 年《人民日报》强调了当时青年有明显的个性表达的诉求，在回答"你对服装的态度"时，68.2% 的人选择了"穿衣是自己的事，穿什么样衣服，自己觉得好就行"；47.7% 的人选择了"我喜欢夹克衫"，"夹克衫穿起来很舒服，且随便，不拘一格，可以不受身份和场所的限制，适合年轻人的性格"。[②] 由此，我们也可以发现追求独特个性已经不是边缘青年的事情，而是青年文化的主流，并且官方报纸中发表的文章可以证明通过衣服的自我表达青年文化的主流已经存在于主导文化的范围内。另外，自我表达的机会是精神消费、自己的文化娱乐的业余空间的创造，如追星、卡拉 OK、酒吧、迪斯科、健美等。第二，创造自己家庭的自由选择、自由地管理个人的空间，这包括新性观、爱情观、家庭价值观。当时在很多青年作家如王小波等的作品中对身体和性的描写增多。第三，生活与职业途径选择的自由。

---

① 关于主导文化对青年收编过程请查看本书第二章第二节、第三节。

② 《北京青年看文化》，《人民日报》1993 年 5 月 15 日。

90 年代都市青年文化的另一个发展走势是与市场经济的接轨，在主导文化变革的背景下，成功、消费、成才的传播都在青年文化中产生了一些反应。随后出现的"菜根谭热"、"发烧友"、"洋节热"、电子宠物、文化衫等等都形成了青年文化与物质消费的联系。在此背景下形成了青年亚文化群体，如"BOBO族"、"电玩族"、"旅游族"等。除了物质消费，青年文化中精神消费有更丰富的收获。随着中国经济的迅速发展，外国娱乐文化对中国的影响越来越大，并且主导文化开始对青年娱乐持默许态度，90 年代在娱乐性基础上的青年结群活动增多了并成为青年的新"精神奶嘴"。如此，在90 年代出现了滑板文化、动漫文化、韩流文化等等。如此，中国青年在自己的圈中得到了个性的认同。在这里必须强调的是，自 90 年代起形成的大部分的青年亚文化的娱乐项目来自中国的港台及日本和韩国。"有不少青年讲，青年没有太多钱用于文化生活，即使有了钱，整个社会的文化品味不很高，上不去，文化生活也未必能真正丰富起来"[1]；或者"还有青年讲，文化业片面地满足消费者的需求，造成了青年文化选择上的困惑和不满足"[2]。据《人民日报》分析，在统计青年喜欢的五位歌星及其作品时，70%的青年选择的是港台歌星，只有少部分人提到那英、崔健、艾敬、毛阿敏、唐朝、黑豹等大陆歌手[3]。另外，在有关"国产电影与外国电影"的回答中，52%的人表示"国产电影好的不多，我主要看外国片或者在家看电视"；44.6%的人选择"外国片娱乐性强，充满人情味，看外国电影使人感到轻松、过瘾"；35.5%的人选择"外国片展示了另一个世界和另一种文化，给我的感觉是新的"[4]。因此，我们可以发现 90 年代初外国产品仍然是青年的主要娱乐性项目，而中国主流文化中基本没有形成符合青年口味的产品。

---

① 《北京青年看文化》，《人民日报》1993 年 5 月 15 日。
② 《北京青年看文化》，《人民日报》1993 年 5 月 15 日。
③ 《北京青年看文化》，《人民日报》1993 年 5 月 15 日。
④ 《北京青年看文化》，《人民日报》1993 年 5 月 15 日。

二、改革开放以来主导文化价值观变迁的途径：从"困惑"到"回归"

改革开放后，中国从国外引进了很多文化娱乐产品，青年"文化饥饿"与"精神饥饿"的需求逐渐得到满足。文化本身发生了进一步的分层，价值观内容的多元化与传播工具的多元化再加上主导文化本身的转变都导致了文化与价值观的多元化。在改革的背景下，外来文化产品的引进使得在文化进一步分层化与多元化的新条件下主导文化难以全面地控制其他外来价值观的来源。在这种条件下主导文化最尖锐的问题在于，怎么在新的条件下保持中国特色思潮中的"大我"精神，同时还能迎合时代的变迁，满足新一代的精神需求。高丙中强调："在任何复杂的、分层化的社会中，都有几种文化并存，它们通常在主导价值体系所允许的范围内发展；主导价值体系也不是同质不变的，而是出于不断修正的过程中，以适应新的现实状态。"[1]在这段时间内主导文化不但需要对青年文化发出的声音进行答复，并且随着时代变迁、社会改革、信息化和商业化的进程，还需要基于以前的文化创造中国特色思潮建造新的意识形态。

（一）新时期："摸着石头过河"

1978 年 12 月 13 日在十一届三中全会前召开的中共中央工作会议闭幕会上，邓小平提出了"解放思想，开动脑筋，实事求是，团结一致向前看"的主张。[2]随着新的思想时期的到来，中国主导文化面临着很大的困惑与挑战，它已经放弃了"文革"时期的价值系统，可是新的价值观系统还没有形成。在建立市场经济基础之后文化思想要有怎样的发展？改革开放后中西价

---

① 高丙中：《主文化、亚文化、反文化与中国文化的变迁》，《社会学研究》1997 年第 1 期。
② 《邓小平文选》第二卷，人民出版社 1994 年版，第 140 页。

值观融合再次成为讨论的课题。在 80 年代出现了有关文化热和中国思想向何处发展的话题。吴修艺在《中国文化热》这本书中叙述了 80 年代有关中国文化将来发展的讨论，所谓第二轮古今中西之辩，关于中国传统文化在今天的价值和作用，学者们或持否定态度、或持肯定态度和折中态度，而有关"如何对待西方文化"也形成了两种观点。

新的时期，青年仍然被看作"国家的希望"，青年仍然肩负着责任。《中国青年报》是主导文化向青年传播价值观的主要平台，为了提出并指导青年价值观，《中国青年报》举行了关于人生观的讨论，该讨论充分地反映了主导文化在摸索"大我"和"小我"之间的平衡点。1983 年 3 月 8 日《中国青年报》发表了《向命运挑战——记优秀共青团员张海迪》，给青年树立了新的榜样，与时俱进的"雷锋"——追求知识，用这个知识为社会服务，成为超越自己能力的人。随后在 1983 年 5 月中共中央正式发出了《向张海迪同志学习的决定》，强调"大我"高于"小我"。不过他们倾向于更现实的问题，比如个人的成就和个人的贡献。90 年代开始探索"小我"在中国社会发展的途径、探讨个人成功、个人发展与怎么过更好的生活。在 1995 年的《人民日报》出现的摘自《中国青年报》中的话："今天，我们似乎也不能束缚青年的人生选择。但每一次选择是否都会带来成功？'机会'是否同时也可以成为'陷阱'？在种种'机会'、'机遇'面前，我们该怎么把握自己？"①在文章中不但很明显地肯定了青年"小我"探索、个人成功与福利追求，并且鼓励大家寻找"有效"的"自我"探索的方法。

从文化载体的角度来看，80 年代的中国主导文化也面临了危机，这个危机在于主导文化满足不了青年的娱乐与精神需求。很多国产文化载体的价值观、内容和方式不受青年的欢迎。新出现的对"小我"的价值观需求未在国产文化产品中得以呈现。1983 年，邓小平针对当时的思想管理指出："加强党对思想战线的领导，克服软弱涣散状态，已经成为全党的一个迫切的任

① 《〈中国青年报〉开辟专栏讨论青年人如何抓住机会》，《人民日报》1995 年 2 月 4 日。

务。不仅理论界文艺界，还有教育、新闻、出版、广播、电视、群众文化和群众思想政治工作等各个方面，都有类似的或其他的迫切需要解决的问题。"① 在多元化市场经济的 80 年代，文化与娱乐项目多了，可是大部分源于西方国家或中国港台。

80 年代是"电视的时代"，看电视成为中国人重要的娱乐项目。如王晓华描写这件事情："进入 80 年代，电视机走入千家万户，大年夜添了一项新内容，家家守着电视机看中央电视台的春节联欢晚会，20 点过后，一家老少肯定匆匆忙忙撤开饭桌，抹着油汪汪的嘴，齐刷刷地守在电视机旁享受这道'精神大餐'，欢声笑语此起彼伏"。② 当时，看电影和电视剧是中国人的主要娱乐之一。80 年代的武侠风格的《霍元甲》电视剧在中国大陆很火。从价值观的角度来看，带这种风格的电视剧触动了中国人的传统意识，同时与当时个性表达的需求相符合，另外电视剧里的对自由爱情的追求在一定的程度上与当时青年的情绪相契合。

音乐在中国文化中一直起着很大的作用。自古以来音乐是文人必须把握的才能之一："养国子以道，乃教之六艺：一曰五礼，二曰六乐，三曰五射，四曰五驭，五曰六书，六曰九数。"（《周礼·保氏》）这就是所说的"遂通五经、贯六艺"的"六艺"③。不过，我们可以发现音乐更主要的作用在于寓教于乐。

如此，1984 年中央电视台邀请了两位非典型的港台歌手张明敏和奚秀兰参加春晚，他们的歌带有爱国主义内容与民族风格。张明敏当时唱了《我的中国心》。勤思先生在《人民音乐》中也提到了港台音乐对青年的影响："在社会主义的中华人民共和国，究竟用什么样的思想、情感、美学趣味来影响我们的青少年一代？是用共产主义、社会主义、爱国主义、集体主义的思想来教育青少年呢？还是用台湾校园歌曲《童年》那样的情调和所谓的'多样

① 《邓小平文选》第三卷，人民出版社 1993 年版，第 47—48 页。
② 王晓华：《百年娱乐变迁》，江苏美术出版社 2002 年版，第 172 页。
③ 吴礼明：《后汉书精华注译评》，长春出版社 2008 年版，第 196 页。

化'来'化'我们中华人民共和国的下一代?"[1] 从中可以看出主导文化在新形势下的坚守。

在 80 年代初,主导文化对外来文化与外来价值观的主要措施是控制与禁止。不过,80 年代后期我们可以发现主导文化价值观的接受度扩大了,比如,在 1986 年 5 月 9 日,为纪念"国际和平年",中国百名歌星演唱会在首都体育馆举行,共同演唱《让世界充满爱》。从价值观的角度出发,一方面我们可以看到弘扬民族精神、爱国主义与其他增强国家意识的价值观;另一方面,"爱"这个字在之前不能出现在中国歌曲中,并且规定三个流行歌手不能同台演出,然而这两种违规都得到了默许。在 80 年代末,我们可以发现,主导文化已经承认了青年文化的独立存在。1988 年 9 月 13 日,《人民日报》发表了《青年影响社会是进步标志》的文章,该文章指出了青年对社会发展的影响:"改革开放以来,青年先穿起了西装,跳起了'迪斯科',弹起了吉他,率先喊出了'振兴中华'的口号。这些时尚与观念慢慢地被接纳了,一度被贬低的'迪斯科'现在也成为老人喜爱的健身运动。"[2] 另外,重要的是该文章证明了主导文化改变了对青年、青年文化与它运载着价值观的态度。在文章的最后作者提出:"现代教育家应当避免以居高临下的姿态'我讲你听,我打你通',现代社会的教育家既是教育者,又是被教育对象的学生。"[3] 我们可以发现主导文化改变了态度,对青年的"独立声音"表示接受与理解,并愿意听"青年的声音"。通过观察《人民日报》可以发现,对青年和青年文化的态度有明显的变化,主导文化打开了与青年文化的交流之门,开始进行不同层次的文化交流。

(二) 文化回归:主导文化与新的传播工具

1988 年 6 月 19 日,《人民日报》发表了《城市精神文明建设的一条有效途径——天津市河西区文化建设调查》的文章,指出:"各文化网点还举

---

① 勤思:《读〈"左"相可掬〉所想到的》,《人民音乐》1984 年第 7 期。
② 张荆:《青年影响社会是进步的标志》,《人民日报》1988 年 9 月 13 日。
③ 张荆:《青年影响社会是进步的标志》,《人民日报》1988 年 9 月 13 日。

办多种文艺、体育、智力竞赛，推动文化活动的展开；同时也满足了群众自我表现、自我完善的强烈欲望。"从这句话中我们可以发现主导文化开始扩大自己的范围，允许个性表达和"小我"的存在。同时，很明显地意识到了主导文化在文化市场中的力量："近几年出现的和形成的文化市场，已经是这种方式的尝试与实践。不少文化单位举办各种适当收费的文化活动，一方面丰富和满足了群众日益高涨的文化需要，产生了很好的社会效益；另一方面又开辟了财源，积累了资金，使长期困扰文化事业发展的物力、财力、人力不足的老大难问题得到不同程度的缓解。"[①]从价值观传播的角度来看，承认"老路走不通"，而"健康的文化活动作为有形载体可以对人起到点滴渗透、潜移默化的作用，使'虚功'实做，给新时期思想政治工作社会化提供了一条重要思路"。

80年代末随着大量文化产品的进口，主导文化开始"学习"外来文化的形式，增加本土文化产品的文化竞争力。1990年中央电视台放映了大陆第一个家庭伦理剧——《渴望》。家庭伦理的主题在中国文化中一直是很受关注的题材，其在中国很多文艺作品中获得了展现。红色文化的家庭伦理带有"革命性"、"政治色彩"，全部披着"大我"的外衣，在那个时期的文艺作品中政治工作高于自己小家庭的问题，集体意志高于个人情感，与集体利益相比个人的家庭情感和生活琐事是次要的。改革开放后首先人们的生活有了明显的变化，其最重要的特征是"小我"和私人空间出现了，个人的生活从单位回到家庭了。因此，当时需要调节新出现的家庭关系及伦理道德的问题。从主导文化、主流文化与青年文化的关系角度来看，《渴望》在一定的程度上象征着主导文化与主流文化的初步融合。随后出现了一系列很火的电视剧，如《北京人在纽约》、《编辑部的故事》、《我爱我家》、《老房有喜》、《一年又一年》等。有趣的是，90年代末出现了针对青年的

---

① 《城市精神文明建设的一条有效途径——天津市河西区文化建设调查》，《人民日报》1988年6月19日。

电视剧。那时候大部分的青春剧都来自韩国和日本，国产的青春剧在 90 年代末才开始出现。①

1994 年 1 月召开的全国宣传思想工作会，提出了各个电视台在宣传思想工作中起的作用："我们电视工作者要有很强的事业心，有为全国亿万电视观众办好社会主义电视的社会责任感。希望各电视台都能够多下点工夫办好晚上 3 小时黄金节目，把最好的节目送给人民群众，其中大多数应当是我们自己的精品"②。这种文化战略有了两种主要发展方向：第一，发展国内电视台与电视产品；第二，严格控制海外影视片的引进和播出。从此，我们可以看到从 90 年代起主导文化开始通过传播价值观在多元化、丰富化的文化平台上夺回主导位置。

从 90 年代开始主导文化市场与主要由外国产品形成的主流文化市场进入了"竞争"状态。中国开始用新的文化载体来"装"自己的"馅儿"。在设计新娱乐产品"包装"主导文化时用了港台经验。如此，新的武侠电影和电视剧登上了主导文化的舞台。这里我们要再次强调在第一节中曾提到的，在中国传统社会中侠客文化基本上处于边缘的位置，是被主导文化排斥在外的，而在改革开放后亚文化开始为中国传统和民族文化的复兴服务。比如在电视剧《杨家将》（1991）的故事中很明显地可以看到"忠"的价值观，而传统的"忠"成为了爱国主义的基础。而到了 90 年代末至 2000 年武侠电影不但成为国家民族精神的载体，并且成了"在国外引用的明信片"。

90 年代的音乐舞台的回归现象也很明显。随着新娱乐项目的出现，在 90 年代我们已经可以发现中国开始利用新的娱乐节目来传播主导文化的价值观。比如，随着卡拉 OK 热的出现，"老歌新唱"的现象让人们对红色文

① Zhong Xueping, *Mainstream Culture Refocused——Television Drama, Society, and the Production of Meaning In Reform-Era China*, Honolulu: University of Hawaii Press, 2010, p.102.

② 杨伟光：《认真贯彻全国宣传思想工作会议精神　把电视办成建设社会主义精神文明的重要阵地》，《电视研究》1994 年第 5 期。

化的兴趣升温。① 如此，在港台流行歌曲的影响下90年代出现了一系列爱国主义和带"大我"风格的歌曲，如《今天是你的生日》、《说句心里话》、《好人好心》、《平安回家》、《我属于中国》。十一届三中全会后，国家的工作重心转向经济建设，主导文化需要传统文化。这些歌曲吸收了流行音乐成分、传统成分表现了主旋律的内容。

在以经济建设为中心的社会转型中，原本作为中国社会结构的"大我"思潮还需要另外的支撑，主导文化用传统文化来重新建造这个支撑。如此，自90年代起传统文化与传统价值观开始进入复苏时期：1992年，北京大学成立了中国传统文化研究中心；1993年8月16日和17日，《人民日报》发表了关于国学热的文章，在第一篇《国学，在燕园又悄悄兴起》的文章中写道："国学的再次兴起，是新时期文化繁荣的一个标志，同时，学术文化的兴盛、发达，还需有一个显著标志，那就是不断有大师级学者的出现。"② 通过这种官方媒体报道我们可以发现，传统文化成为主导文化另外的"支撑"。在另外一篇《久违了，"国学"》中将"优秀传统文化"融入"爱国主义"意识形态。因此除了明显支持社会主义、马克思主义、集体精神、爱国主义之外，还有传统文化的味道。

"在改革开放的形式下，在进入市场经济之后，中国社会的主导文化毫无疑问是社会主义文化；但是，其主流文化大概可以说是中国特色的市场经济文化（多种主义的混合型）；其主体文化的构成则更加复杂，传统文化、社会主义文化、资本主义文化缠绕、混杂在一起，他们在势力上的强弱消长，现在还难以预料。"③ 在文化继续分层化的过程中，其也包括主流文化和大众文化的出现，主导文化与不同层次的文化开始进行交流与交叉，导致了在价值层次上都存在不断互动的关系。但是80年代青年文化在主流文化中的领先位置

---

① 杨殿虎、张再杰：《回归与超越——浅说"老歌新唱"及"毛泽东热"》，《人民音乐》1993年第12期。

② 《国学，在燕园又悄悄兴起》，《人民日报》1993年8月16日、17日。

③ 高丙中：《主文化、亚文化、反文化与中国文化的变迁》，《社会学研究》1997年第1期。

较为明显，90年代中在对青年文化包容并加强价值观的支撑的背景下，主导文化开始扩大影响力并在主流社会中开始了夺回领先位置的进程。

三、21世纪的商业力量背景下主导文化与青年文化的互动关系

当代青年文化经过了很复杂的过程，"与20世纪八九十年代相比，2000年以来中国青年文化与其社会生态之间出现了更为复杂的互动图景：国家和主流意识形态、市场力量、技术革命和青少年自身这四个方面结合在一起，既彼此共生，相互促进，也存在紧张和冲突，具体表现在国家与文化产业、商业力量与青年流行文化、互联网与青年、流行文化与精英文化和官方意识形态等方面"[①]。事实上，当代青年文化存在于三个"世界"之间：第一个"世界"为青年设计目标，在价值观层面、道德方面与其他的领域确定青年的发展方向，给青年在一定范围内发展的空间，该"世界"是主导文化。第二个"世界"是最近几年迅速发展的中国文化产业，在这个空间中青年文化服从市场的规则，在这个空间中效益与符合大众青年的口味决定产品的特点，其可以被看作是在主流文化中发展的青年文化。陆玉林在分析当代青年流行文化的界定时，认为"从文化趣味的代际差异，特别是从文化生产和消费的角度看，'青少年流行文化'并不是'大众文化'（流行文化）或不完全是'流行文化'。在一定程度上，'青少年流行文化'并不具有'大众文化'或'流行文化'的'大众性'，而是具有'小众'的特征，即其中的群体分化状况要较'大众文化'严重得多；也不具有'流行文化'所具有的强烈的商业性和市场性特征"[②]。随着中国文化产业的发展，最近很多产品很明显地针对青年，同时在考虑青年群体的多元化，从中我们可以分离出"青年众文化"，

---

① 李春玲、[俄] 科兹诺娃（P.M.Kozyreva）等：《青年与社会变迁：中国和俄罗斯的比较研究》，社会科学文献出版社2014年版，第71页。

② 陆玉林：《中国青少年流行文化现象报告》，中国青年出版社2003年版。

所谓针对大部分青年口味的文化，它是否能属于大众文化的一个新的部分，笔者觉得必须看具体的文化产品。第三个"世界"是青年自己创造的"世界"，而这个世界在很大的程度上与互联网连在一起，青年结群、青年博客、微信群、网络文学、数字短片等等都成为青年新的自我表达的方式。

（一）主导文化的价值观与针对青年的文化产业

当代主导文化的总体发展走势进一步趋向于回归的现象，即主导文化试图基于社会主义核心价值观与一些传统价值观重新打造文化的价值层面基础。在这个政策框架内青年精神道德价值观的培育具有重大的意义。2004年2月26日，中共中央国务院颁布了《关于进一步加强和改进未成年人思想道德建设的若干意见》，其内容主要是针对增强青年价值观与思想道德建设："我国社会主义市场经济的深入发展，社会经济成分、组织形式、就业方式、利益关系和分配方式的日益多样化，为未成年人的全面发展创造了更加广阔的空间，与社会进步相适应的新思想新观念正在丰富着未成年人的精神世界。与此同时，一些领域道德失范，诚信缺失、假冒伪劣、欺骗欺诈活动有所蔓延；一些地方封建迷信、邪教和黄赌毒等社会丑恶现象沉渣泛起，成为社会公害；一些成年人价值观发生扭曲，拜金主义、享乐主义、极端个人主义滋长，以权谋私等消极腐败现象屡禁不止等，也给未成年人的成长带来不可忽视的负面影响。互联网等新兴媒体的快速发展，给未成年人学习和娱乐开辟了新的渠道。"[1]2006年，中国共产党十六届六中全会提出了社会主义核心价值体系是建设和谐文化的根本。在2012年十八大提出了12个核心价值观（富强、民主、文明、和谐、自由、平等、公正、法治、爱国、敬业、诚信、友善）来增强社会主义核心价值体系建设。自十八大以来，价值观层面的回归现象开始热传，而"中国梦"成为引导青年的理想信念。

---

[1] 《关于进一步加强和改进未成年人思想道德建设的若干意见》，中发〔2004〕8 号，2004 年 2 月 26 日。

当今青年仍然担负着国家的未来和命运。"青年是祖国的未来、民族的希望，也是我们党的未来和希望。全党都要关注青年、关心青年、关爱青年，倾听青年心声，鼓励青年成长，支持青年创业。党对青年寄予厚望，人民对青年寄予厚望。"① 习近平提出了："行百里者半九十。距离实现中华民族伟大复兴的目标越近，我们越不能懈怠、越要加倍努力，越要动员广大青年为之奋斗。"② 由此，我们可以看到中国青年的身份仍然有明显的"责任"色彩，青年应具有国家的意识、应为社会作贡献。

主导价值观回归现象的原因一方面在于，针对在青年中存在的投入"小我"忘记"大我"的现状，主导文化倾向于传播集体主义、爱国主义与"大我"而非"小我"的价值观；另一方面，全球化、信息化、网络化、社会多元化再加上中国社会本身的未解决的价值观层面的问题都是回归现象的原因。当代中国都市青年文化与青年文化现象在很大的程度上还存在"进口"的文化，因此在一定的文化层面上，这个"进口"的文化要经过文化适应的过程，而且外来的文化也是新价值观的载体，从中国主导文化的角度来看，一定程度上可能对当代青年有消极影响："国际敌对势力与我争夺接班人的斗争也日趋尖锐和复杂，他们利用各种途径加紧对我未成年人进行思想文化渗透，某些腐朽没落的生活方式对未成年人的影响不能低估"③。所以在进一步增强意识形态的同时，主导文化还应进行更严格的文化管理，更明确地划定思想文化的范围。比如，2006 年 8 月，国家广电总局下令从 9 月 1 日起各级电视台黄金时间不得播出境外动画片。④ 在中国社会多元化背景下主导文化在"文化进口"尤其是在针对"青年产品"的领域划定了范围，来加强其管理。

---

① 《十七大以来重要文献选编》（下），人民出版社 2013 年版。
② 《习近平谈治国理政》，外文出版社 2014 年版，第 167 页。
③ 《关于进一步加强和改进未成年人思想道德建设的若干意见》，中发〔2004〕8 号，2004 年 2 月 26 日。
④ 《广电总局关于进一步规范电视动画片播出管理的通知》，世纪易文，2006 年 10 月 6 日。

改革开放后，当代中国文化进一步分层，社会开始多元化。当代中国社会的主流文化，"是在一个社会中真正占据主导地位的文化，是真正支配大众的思维和行为方式、在大众的日常生活中得到践行的那套价值观"①。主导文化一直强调"全社会形成统一指导思想、共同理想信念、强大精神力量、基本道德规范"②。在这样的背景下，中国文化产业成为了主导文化反映主旋律的主要工具之一。大力发展的文化产业成为推动大众文化发展的新力量。如此，大众文化成为主导文化与主流社会的"桥梁"。最早在1985年的国家统计局《关于建立第三产业统计的报告》中把文化开始看作产业了。③1998年文化部成立了文化产业司，证明了主导文化在文化分层化、多元化环境下开始设计更复杂的管理系统。2000年10月，中共中央在《关于制定国民经济和社会发展第十个五年计划的建议》中强调了"繁荣文学艺术创作，努力提高精神产品的质量，生产出更多的无愧于时代和人民的艺术精品。加强科技馆、文化馆、博物馆、图书馆和青少年活动场所等文化设施建设"④。2004年文化部文化产业司在《关于鼓励、支持和引导非公有制经济发展文化产业的意见》中指出，政府"允许非公有制经济进入法律法规未禁止进入的文化产业领域。……在演出业、影视业、音像业、文化娱乐业、文化旅游业、网络文化业、图书报刊业、文物和艺术品业以及艺术培训业等行业，已逐步放宽准入的基础上，进一步降低门槛，搞好服务，鼓励支持非公有制经济以独资、合资、合作、联营、参股、特许经营等多种方式进入。逐步形成以国有文化企业为主导、多种所有制经济共同参与、投资主体多元化、融资渠道社会化、投资方式多样化、项目

---

① 陶东风：《当代大众文化价值观研究——社会主义与大众文化》，辽宁教育出版社2014年版，第111页。

② 《中共中央关于深化文化体制改革　推动社会主义文化大发展大繁荣若干重大问题的决定》，人民出版社2011年版。

③ 《抓紧建立国民生产总值和第三产业统计——国务院办公厅转发国家统计局〈关于建立第三产业统计的报告〉》，《统计》1985年第6期。

④ 《中共中央关于制定国民经济和社会发展第十个五年计划的建议》，人民出版社2000年版。

建设市场化的文化产业发展新格局"①。主导文化与商业公司在共同合作关系的基础上"创造"文化产品，基本上决定了主导文化、大众文化、青年文化与主流文化的关系。

在市场经济背景下，经济利益是主流文化与大众文化追求的目标。主导文化负责"调整"发展方向。一旦主流文化中的产品超出主导文化价值观层面允许的范围，主导文化就会采取措施。比如，2011 年 2 月，广电总局办公厅下发通知，要求影视剧中不得出现烟草的品牌标识和相关内容及变相的烟草广告；不得出现在国家明令禁止吸烟及标识禁止吸烟的场所吸烟的镜头；不得表现未成年人买烟、吸烟等将烟草与未成年人相联系的情节，不得出现有未成年人在场的吸烟镜头。同时严控以"艺术需要"、"个性化表达"为名出现的吸烟镜头，应尽量用其他形式代替吸烟。② 总体来说，商业化的主流文化和大众文化在探索一条道路，既能符合主导文化圈定的范围并得到政策支持，又能以符合大众口味的方法来获得经济利益。

李春玲强调，中国当前的文化产业中，对于青年群体影响最大的是电视节目与互联网。③ 电视台播出的针对青年的东西基本上属于主导和主流文化中存在的青年文化。通过对主流市场的投资与管理，借助主流文化中存在的文化载体，主导文化进一步加强传播主旋律的趋势。但是由于目前播出的很多伦理剧在内容题材上更适合成年人看，很多青年人并不喜欢，因此年轻人更倾向于选择日韩偶像剧。为了限制外国产品与外国价值观对中国青年群体价值观的影响，中国政府颁发了一系列规定。如国家广电总局的《关于进一步加强和改进境外影视剧引进和播出管理的通知》（以下简称《通知》），强调"为提高引进节目质量，扩大高清节目源，应优先引进高清版本的境

---

① 中华人民共和国文化部编：《关于鼓励、支持和引导非公有制经济发展文化产业的意见》，《中华人民共和国文化法规全书》，文化艺术出版社 2008 年版，第 395 页。

② 《广电总局办公厅关于严格控制电影、电视剧中吸烟镜头的通知》，中央政府门户网站，2011 年 2 月 12 日。

③ 李春玲、[俄] 科兹诺娃（P. M. Kozyreva）等：《青年与社会变迁：中国和俄罗斯的比较研究》，社会科学文献出版社 2014 年版，第 77 页。

外影视剧；引进境外影视剧的长度原则上控制在 50 集以内"；在加强引进剧播出管理方面，指出："境外影视剧不得在黄金时段（19：00 - 22：00）播出"①。同时主导文化为了进一步灌输青年文化价值观，以青年能接受的方式对很多道德的问题给出答案，开始发展青春剧这一文化载体。在青春伦理剧中显露出了青年在当代面临的问题，包括买房子和其他物质的困难、爱情和物质之间的矛盾、青年与长辈的价值观矛盾等，如《北京青年》、《蜗居》、《裸婚时代》等。要强调的是，这些青春剧围绕着家庭的生活而不是个人的生活，在一定程度上反映了主导文化对以家庭为单位的价值观的态度。围绕家庭展开的青春剧的流行现象说明主流社会仍然包含着整体主义观念。当代青年在自己成长的过程中面临着"小我"和"大我"的问题。一方面，他们在寻求个人的幸福、爱好、爱情、物质福利等；另一方面，他们仍然在寻找"小我"与"大我"之间的平衡点，希望能够在现代与传统的价值观之间找到平衡，青年在思考怎样平衡自己的愿望和父母对自己的期待，如何处理利己和利他的关系，如何进行物质福利与精神满足之间的选择等问题。青春伦理剧在现如今是主流市场的产品，同时在很大的程度上承担着青年道德教育的任务。从价值观层面来说主导文化试图进一步对青年文化以前提出的价值观变迁的号召进行回应。除了青春剧之外，还出现了"超级女声"、"快乐男声"、"中国好声音"等娱乐节目。这些电视节目在青年之间走红的原因在于它们依靠社会主流价值观。当代中国青年在社会主流的影响下寻找成功感、自我表达的机会而拼命读书、就业、奋斗。这些节目成为了电视台的"成才市场"。大众选秀节目满足了大众对感情的需求，弥补了对现实生活的缺失感，代替了对现实生活的体验，而且成为大众的"精神奶嘴"，成为"解脱人们压力的方法"。比如，中国青少年研究中心朱冬亮、邱幼云在关于"超级女声"热潮的分析报告

---

① 《广电总局关于进一步加强和改进境外影视剧引进和播出管理的通知》，中央政府门户网站，2012 年 2 月 14 日。

中提出该节目社会影响力很大，成为了社会事件。① 在他们的分析中，我们可以发现，"超级女声"对青年有正向功能，如加速了青年社会化的进程、自我表现与认知他人、给青少年提供了群体的归属和认同感，有助于青少年实现自我平衡，为青少年提供寻找自我扩展经验的空间，但同时也有负向功能，如导致社会角色类型错位、使青少年的价值取向出现错位、使主流的社会价值观受到挑战。② 这表明，一方面，大众文化与主导文化的价值观不一致，主导文化还处于与大众文化协调的过程当中，大众文化与主导文化没有实现一体化；另一方面，中国青少年研究中心对这个节目的评价说明主导文化非常关注电视台出现的娱乐节目的"价值观内容"，也会继续坚持寓教于乐的态度。

确实最近几年主导文化开始更重视青年群体作为娱乐文化消费者以及利用青年喜欢的文化载体来传播价值观。在此过程中青年文化的商业化在主导文化与青年交流的过程中起重大的作用。比如，最具代表性的例子是动漫文化。据研究，"中国动漫用户始于80后，他们受日漫影响较深，是国产动漫消费的中坚力量。90后、00后用户从小在国产动画的熏陶下长大，并享有优越的物质条件和高品质的教育，拥有较强的辨别能力和更高的文化自觉和文化自信，对国产动漫有更加客观的认识，同时他们伴随互联网的壮大而成长，厌倦繁复的文字表达，更加热衷于简单直观的漫画，逐渐成为动漫市场的核心人群。如今，动漫行业用户已经覆盖了35岁以下的人群。随着时间的推移，动漫行业将不再限于年轻群体，向全民化发展"③。中国与日本等其他国家从传播角度来看有不同的文化观。笔者在研究当代中国动漫文化在中国环境下的发展时也发现，日本动漫与中国主导文化在价值观层次上有冲

---

① 《关于"超级女声"热潮的分析报告》，载杨长征主编：《中国青少年流行文化现象报告（2001—2005）》中国青年出版社2003年。

② 本报告的"社会主流价值观"意味着主导文化的价值观。

③ 艾瑞咨询研究院：《2017年中国动画行业分析报告》，http://www.askci.com/news/chanye/20170921/161807108239.shtml。

突。① 如 1882 年天皇"强调了儒教的五个美德（忠诚、礼仪、勇敢、信义、节俭），但是却没有特别地考虑到仁慈——这个中国儒教的核心的美德"②。日本文化的核心价值观是"忠"和"勇"。"孝"在日本武士道框架内得到了别的阐释，而"仁"——中国文化中的核心价值观是被排斥在外的，所以在日本文化中推崇武力精神的现象是非常普遍的，在中国其相反的武士道文化得不到广泛认可。"忠"在两个文化中有不同的解释。在中国"忠"是忠诚、诚信、对别人的仁爱，而在日本是全面的自我牺牲、臣对君无条件地忠诚。在中国文化中"孝"与"仁"不可分割，在中国价值观系统里占主要位置，而在日本文化中"忠"与"勇"在优先位置。这样，在日本动漫中也经常可以发现武士道的思维方式，如在 2013 年很受欢迎的动漫《进击的巨人》即如此。

为了加强对未成年人思想道德的建设，中国政府采取了引导动漫产业发展的措施。《影视动画业"十五"期间发展规划》的核心内容是中国影视动画业的目标，即增加国内动画片的创业，提高质量，全面启动市场等，而且使国产动画业走上民族化、大众化、科学化、产业化的发展道路。还有《关于发展我国影视动画产业的若干意见》主要强调国产动画传播价值观的作用：理清思路，明确重点，大胆突破，艺术质量明显提高，以优秀多产的动画片为龙头，形成多媒体播映。从中也可以发现中国政府的目标就是发展竞争力强的国产动画产业，并打造一批有中国风格和国际影响力的国产动画品牌。③ 中国动漫产业能够快速发展，政府的政策鼓励功不可没。在"双重

---

① 笔者关于中国动漫族研究的成果在北京师范大学京津中国近现代史专业研究生论文发表会（2013）、俄罗斯科学院的东方研究所举行的第 21 届"东亚地区哲学（中国，日本，韩国）与当代文明"的学术会议并发表论文"Восприятие анимэ-культуры в контексте ценностного диалога Японии и Китая"以及发表于 *Azja-Pacifik*, 2015, №18, "Postrzeganie japońskiej kultury anime we współczesnym chińskim środowisku młodzieżowym", str 166-187。
② [日]森岛通夫：《日本为什么"成功"》，胡国成译，四川人民出版社 1986 年版，第 10—11 页。
③ 《文化部发布关于扶持我国动漫产业发展的若干意见》，中央政府门户网站，2008 年 8 月 19 日。

护航"下，越来越多具有完整产业链的"动漫之都"呼之欲出，越来越多具有国际影响力的"精品动漫"闯入视野，动漫产业逐步成为中国文化创意产业发展重要的增长极。① 在此过程中主导文化用新的文化载体传播核心价值观与弘扬民族精神。比如，在 2015 年春节期间中央电视台黄金时间开始播放动漫宣传片，其中，《翻开这一页》、《戚继光》和《英雄冯子材》等都反映了"中国梦"以及满足了主导文化为青少年补精神之"钙"与培育爱国主义的需求。2016 年，"为贯彻落实习近平总书记系列讲话精神、培育与践行社会主义核心价值观、弘扬中华优秀传统文化、繁荣动漫创作，在中央财政的支持下，文化部文化产业司启动了 2016 年弘扬社会主义核心价值观动漫扶持计划申报工作。经各地申报、专家评荐和认真研究，20 个产品类项目和 30 个创意类项目确定入选"②。最近几年中国文化界出现了动漫热，这不仅包括自己动漫产业的发展而且还包括动漫展、动漫和 COSPLAY 产品专卖店的增多以及动漫消费的增长，一方面可以促进传统价值观的传播，加强未成年人的道德教育；另一方面还能促进国内消费，文化行业发展带来很高的经济利益，因为动漫消费不仅包括动漫和动画产品的消费，而且还包括 COSPLAY 道具、周边产品、动漫游戏等的消费。

青年娱乐文化在中国仍然是一种方兴未艾的状态。笔者认为当时的状况仍处于不断地变化中，中国主导文化正在探索符合青年口味的文化形式。随着 80 年代末主导文化的范围扩大，"青年的文化"也开始恢复发展，动漫文化作为新的文化载体丰富了青年的休闲娱乐。最近几年主导文化在文化空间的管理取得了新的进步。主导文化借助商业化工具引导青年文化的发展。在文化产业迅速发展的背景下，青年文化因主导文化的影响，呈现出新的面貌。

---

① 《动漫产业逐步成中国文化创意产业发展重要增长极》，中央政府门户网站，2012 年 6 月 14 日。

② 文化部文化产业司：《2016 年弘扬社会主义核心价值观动漫扶持计划入选项目的通知》，产函〔2016〕45 号。

（二）都市青年的精神文化需求

最近几年在大众文化空间中开始把青年看作一种单独消费群体，给文化产业带来很大的发展空间。但是这个消费群体的精神需求完全得到了满足吗？从一系列针对青年的产品来看，这些产品多少带有些保守性。有些文化产品中的情节千篇一律，并脱离现实生活，带有浓厚的理想主义色彩。造成这一现象的原因，在于遵循寓教于乐的原则。因此，导致目前青年在外国文化产品中找精神的满足。据了解，大部分的青年人，他们认为现在的文化市场缺乏适合他们兴趣和爱好的文化产品。这再次证明当今中国文化市场中还缺乏青年目标群的针对性。

从上面的分析我们可以看到，最近几年在主流市场"针对青年的文化"发展迅速，也有发展的空间。那么，当代中国社会中还存在青年自创的文化吗？青年自创的文化是否带有新的价值观变迁的号召？当代青少年文化的主旋律是青少年个性的表达。在新世纪出现的新媒介给中国青年提供了创造自己文化的平台，设计了新的公共空间，给青年交流与结群带来新的机会，在一定时间内打破了青年文化——主导文化——青年群体的模式，建立了青年文化、青年文化参加者与接受者更密切的联系。

对中国来说，青年网络文化起着特殊教育的作用。五四以来形成的青年观、新中国成立后又持续发展的青年观，这些在当代中国仍然有很大的影响，因此当代"好"的青年还是被看作国家的希望和未来。另外，是父母希望孩子能给他们提供无忧的生活，以前的传统想法变成期望后代成为有社会地位、有钱的人。这些主流想法的结果是直接导致了青年"疯狂地学习"的现象。结果，教育"商业化"了，而有压力的青年，尤其是初高中阶段基本上没有自由玩耍的时间。中国的环境导致了青年在虚拟世界中交朋友、娱乐、结群、寻找与自己价值观接近的人、创造自己的文化、谈恋爱、结婚等的状态。根据社科院 2016 年的青少年上网调查报告，国内上网用户已经超过 2000 万，其中，85%以上是 35 岁以下的青少年群体。另外，青少年用户上网目的分为实用目的、娱乐目的、网络技术使用目的和信息寻求目的。超过 50% 的上网使用功能有网络游戏（62%）和聊天室（54.5%），其次是使用电子邮件（48.6%）。约 50% 的青少年用户有保持用电子邮件联系的朋友；25.2% 的青少年用户在聊天室或 BBS 上经常发言；37.6% 的青少年用户使用 QQ 与认识或不认识的朋友联系。青少年对互联网的需求主要是"获得新闻"、"满足个人爱好"、"提高学习效率"、"研究有兴趣的问题"以及"结交新朋友"①。如此，基本上当代青年把自己的时间与网络连在一起了，网络在一定的程度上伴随着青年的成长。

网络与电视台相比代表更自由的空间，在商业力量的支持下很多针对青年群体的产品发源于网路。21 世纪以来，中国青年开始开发新的空间并在新的平台上创造自己的文化、表达自己的生活态度、分享自己的生活。网络成为青年文学的新发源地和情感宣泄的平台，给青年自我表达和自我享受的机会。网络文学代表了青年从传统的束缚中得到了进一步的解放，代表青年想得到的开放性，很多私人生活细节都在里面出现。2000 年，由 5 名在校大学生自编自导自演的中国第一部网络剧《原色》在网上播放。②2005 年，中国网络出现了第一个网络恶搞影视短片《一个馒头引发的血案》，为青年文化开辟新的载体开了一个头。最近几年网络空间中的青年自创的文化表现得更为尖锐而且自我表达的方式更丰富多彩。新网络文化载体的类型多种多样，如数字短片即 DV 短片、实物动画、三维动画、平面动画、Flash 短片、自拍、博客微信、各种社区、游戏、论坛等等。随着所谓"微时代"的来临，微信不但成为交流平台，而且载入了与时代俱进的符合青年口味的技术功能：自拍、私人生活分享、微小说、短片、微信群等都在此平台有了迅速发展。在新网络作品中青年提出社会热点、自己生活里经历的困难与矛盾、个人成功与个人发展的问题，涉及家庭、学习、职业、物质与精神的矛盾，不

① 《中国青少年上网调查报告》，百度文库。

② 《国内首部在网上播放的网剧〈原色〉播出》，新浪科技时代 2000 年 8 月 22 日。

过价值观层面不存在一致性。比如，有些作品中金钱、消费和享乐成为生活娱乐，如郭敬明的网络小说，同时在筷子兄弟的微电影中反映出对钱本位态度明显的反感。同时，也有不少新出现的青年文化作品没有太多内涵，只带有纯粹的娱乐性内容。由于青年群体在成长过程中接触了很多信息和观点，他们形成了反灌输的意识，而网络恰好给这一群体提供了自我掌控感。

除了新媒介中出现的新文化载体以外，还有很多未出现于网络的青年文化与青年文化现象有新的发展，其内容呈现出丰富化的趋势，比如滑板文化、动漫族文化、粉丝文化等。同时，马忠红认为，"新媒介技术的一代青年人甚至以网络技术为'武器'，在自我与成人世界之间筑起一道自我保护的'高墙'。这种通过技术堡垒逃避或隔绝主流意识形态以及成人世界的文化钳制，在虚拟'高墙'之内演绎别样人生的文化态势，只有在网络技术时代才能成为现实"①。对很多"御宅族"和"动漫族"来说网络虚拟空间成为躲避现实和获得自我满足感的空间。马忠红强调，"青年亚文化崭新的文化实践意义，其中，最典型的莫过于青年亚文化'抵抗'精神的弱化乃至失落以及亚文化自身多元化、娱乐化、全球化与消费主义特质的呈现，从而步入极具后现代特征的'后亚文化'（post-subculture）时代"②。后亚文化针对主流社会不一定采取抵抗态度，而其结群的原则主要是可以基于文化实践。另外，社会文化语境在青年文化的变迁过程中起着重大的作用。笔者觉得虽然当代青年文化的抵抗性淡化，但是其内容除了娱乐之外还隐藏着很多价值观变迁的呼吁。比如，在当代中国主流社会传统伦理在建造家庭关系中起着极大的作用，因此父母对孩子的影响很大，长辈和青年的矛盾和价值观冲突在中国青年文化中随处可见。父母不给孩子太多自由空间，这也间接导致了青年走向网络，同时导致了大部分的青年文化的实践群体基本上从大学生阶段才开始形成。

---

① 马忠红：《新媒介与青年亚文化转向》，《文艺研究》2010 年第 12 期。
② 马忠红：《新媒介与青年亚文化转向》，《文艺研究》2010 年第 12 期。

当代青年文化主要表现为青年追求自由发展和自我表达的诉求。《北京青年》这一青春剧明确地提出了青年面对物质与自由的价值观冲突问题。剧中，主角何东放弃了有稳定收入的工作，与本来长期谈恋爱的女朋友分手，目的是想重新走一次青春，找回自由，做自己的生活选择。面临新商业化的时代，中国青年徘徊在物质利益与精神需求之间。在选择工作时，是选择做自己喜欢但是低收入的工作，还是自己不喜欢但是收入丰厚的工作，很多人会选择后者，而且会把这个当成职业。比如，最近几年中国在微博或者其他网站直播现象特别流行，一方面，不同社会阶层的青年有自我表达的机会，能成为网络明星等；另一方面，这个现象有明显的商业化倾向，直播明星职业化了，出现了专门的"网红培训师"，其基于"大众口味"可以培训出"直播明星"①。在当代中国青年文化商业化过程中带有"双向性"。一方面，主导文化和文化产业通过新出现的"文化载体"使本来被一种群体欢迎的产品普遍化。最近几年在商业支持下在网络空间出现了针对高中生、大学生等青年群体的产品，主要以校园为背景描写这个年龄段出现的问题、生活选择、青春爱情和朋友关系等，比如《最好的我们》、《超少年密码》、《一起同过窗》等；另一方面，其商业化的走势来自于青年文化的群体本身，这种现象在一定程度上与当代青年就业价值观的变迁有关。比如，在数字短片的青年文化现象中存在着两种来自青年群体的走势：第一，由于访问率越高商业利益越大，所以很多文化创造者投放广告；第二，很多原创者上传视频的拍摄手法和风格会更接近主流电影的风格。原创者做自我介绍和广告，也试图进入主流市场。② 一个代表性的例子是：当代中国文学的"面子"是郭敬明和韩寒都在推广自己文学产品的同时，大力推广自己的偶像、生活方式、博客等。所以总体来说，网络空间成为很多青年群体新的自我发展的渠道。

---

① 有关这个题目可以参见 http://edu.sina.com.cn/l/2016-07-15/doc-ifxuapvw2027400.shtml 或者 http://finance.sina.com.cn/roll/2016-03-31/doc-ifxqxcnp8281733.shtml。

② 有关数字短片青年亚文化可以参见董天策、昌道励：《数字短片的青年亚文化特征解读——以优酷网和56网的原数字短片为例》，《中国地质大学学报》（社会科学版）2010 年第 6 期。

当代青年文化变成主流文化的主要条件在于其能适应市场的需求。不可思议的是，如果这种文化现象及其形式符合大众的口味，本来独特的文化与文化现象也就变成不断再现的符合主导文化内容与主流文化口味的相似复制品。如俄罗斯学者 E. Omelchenko 利用 J. Seabrook 的"文化超市"概念强调，①"现代消费市场的活力促进很多领域的形成，避免了生活的模式化，有助于信息的互换和交流，在'文化超市'中选择自己适用的以保障市场多元化。青年亚文化受众的试验导致其在青年语境中的风格失去纯正性，把亚文化的资本变成了与众类似的产品"②。在中国，由于主导文化在一定的程度上管理主流市场的价值观内容，我们可以发现在新文化载体不断涌现的形势下，青年文化经常在主导文化的大力支持下带着独有的个性进入主流市场。随着青年进一步开发新的文化载体，主导文化与主流市场与新设计的空间与文化载体融合。比如，2014 年，在教育部的大力支持下，中国举行了全国大学生数码影像 DV 短片大赛，在优酷网站也可以查到 Flash 广告制作公益宣传动画等其他例子，网络力量与新文化载体客观上扩大了主导文化的价值传播渠道。最近几年在学校出现了更多符合青年口味的社团，如 CO-SPLAY、滑板、动漫等。这些社团的管理者是共青团，青年们在团组织的指导下建立社团，举行形式不同的娱乐性活动。

当代青年的"小我"获得了进一步解放，青年不断地探求个性自我表达的机会。在中国主流社会中，"大我"的思潮在大部分情况下渗透到家庭生活中。当代主导文化的价值观层面的目标是提高青年"小我"层面的价值观。当代中国青年研究不断地强调青年的个性，对青年文化的主动吸收，表明国家层次上的"大我"的进一步淡化。从主导文化角度来看，当代青年的价值

---

① Джон Сибрук, Nobrow. Культура маркетинга. Маркетинг культуры, 2012, с.98-149. John Seabrook, *Nobrow. The Culture of Marketing, the Marketing of Culture*.

② Е.Л.Омельченко, "Начало молодежной эры или смерть молодежной культуры? 'Молодость' в публичном пространстве современности", Журнал исследований социальной политики, том 4, номер 2, 2006, с.170.

观与行为，在最近十几年变成了一个"无法忽视的另一个力量"①。因此在很复杂的不同文化层次的交流过程中，主导文化正在逐步吸收新出现的文化载体，用"软"的手控制与管理新出现的公共空间，让青年追求主导文化设计的"理想的现象"，夺回在文化平台的领先位置。本来属于青年文化的独立空间的网络也开始受到主导文化的影响。2014 年 9 月 26 日《光明日报》发表了《如何利用网络平台传播社会主义核心价值观》的文章，认为"网络平台上开展社会主义核心价值观正面宣传活动，当下应着重于以下三个方面：一是将其作为政治任务和网络管理工作，要求国内各大网站进行社会主义核心价值观的宣传活动，包括以居先的、醒目的、简明的形式标示社会主义核心价值观的具体内容；二是在国内互联网主要平台上开辟社会主义核心价值观宣传专栏，组织登载有分量的文章，开展热点话题的讨论，介绍践行社会主义核心价值观的典型事例等；三是借助不断衍生的网络微型新平台，如微博、微信等进行社会主义核心价值观的渗透式传播，把具有正能量的信息以及以各种艺术形式出现的'红段子'推荐给广大网民朋友"②。基本上，现阶段当代中国文化中的主导文化、主流文化、大众文化与青年文化之间一直存在着互动的关系。随着这种主导文化"互动关系"的发生，本来有自己特色价值观的青年文化产品会变成"有新包装"的主导文化的反映，或者反映主流文化的产品。

　　总而言之，到 70 年代，价值观层面的问题开始凸显，同时，青年的文化（culture of youth）慢慢浮出水面。针对 70 年代末的中国文化的"多面分析"，我们能看到青年文化与主导文化在价值观层面上的互动关系。80 年代的主导文化与青年文化都经历了价值困惑的时期，力图在"大我"和"小我"之间寻找平衡。青年文化作为文化载体给我们展示了青年对进一步个人解放的呼吁和对个人空间扩大的希望。80 年代以来主导文化寻找"大我"和"小我"平衡的过程就像一个"钟摆"，寻找合适的文化范围。除了价值观困惑之外，

---

① 陈霖、马忠红：《亚文化：无法忽视的另一种力量》，《南方周末》2011 年 1 月 27 日。
② 王琳：《如何利用网络平台传播社会主义核心价值观》，中国文明网，2014 年 9 月 26 日。

主导文化还面临着新文化中的文化载体的丰富化和社会价值观的多元化，这使得主导文化与青年群体在价值观层面的交流更为复杂。

在 90 年代中期，主导文化开始建造新的价值观基础，基于以前传统整体主义思潮和社会主义哲学，开始增强"大我"价值观的传播，同时也扩大了官方文化的范围，扩大了青年需求的"小我"的空间，开启了主导文化夺回领先位置的进程。另外，90 年代是文化进一步分层化的时代，也是主导文化与这些层次界定关系的时代。90 年代电视机普及之后，电视台成为大众文化不可分割的部分，而自 90 年代中，主导文化开始用新的文化载体"装自己的馅儿"，通过大众文化扩大对社会的影响。在最初青年群体没被看作单独的文化消费群体时，中国大陆的大众文化产品不存在明显的针对性，来自海外的文化产品占据了 90 年代的青年文化的大多数。90 年代的青年文化进一步丰富化，个性表达的形式更多元化。青年文化与主导文化开始进行"和谐交流"。一方面主导文化对青年文化的"小我"呼吁进行了答复；另一方面主导文化传播的价值观在青年文化中有所体现。此外，市场经济的消费观推动了青年消费文化的发展，促使青年用物质产品来进行自我表达。2000年，独立自创的青年文化转到了网络空间。在这个空间中，都市青年文化有了新一轮发展。新技术的出现给青年新的自我表达的机会，在网络空间中布置了青年群体的独立"声音"。这种声音进一步需求"自我表达"的空间，显示青年"小我"的意识。21 世纪之后，随着主导文化与文化产业的关系增强，主导文化对青年文化的影响扩大。主导文化进一步开发新的文化载体来与青年群体进行价值层面上的"和谐对话"，当时在中国市场出现了针对青年群体的文化产品。同时，文化产业与都市青年文化的交流也扩大了，我们可以发现青年文化的商业化走势和主导文化利用青年文化中的文化载体来表达主旋律。在此过程中，我们可以发现，青年文化经历双面的融合过程，导致青年文化的进一步商业化与它对大众市场口味的依赖性。

第三章

中式个人主义与都市青年文化

自从西学东渐起中国面临着外国价值观在中国本土化的过程，在这个过程中"进口"文化也起了重大的作用。在这一章我们先去了解中国如何适应西方个人主义的一些成分，再详细看外国文化以及它包含的价值观成分如何经过一些改变获得了中国特色以及有了进一步发展。

改革开放以来的核心价值观变迁包含"自我"观念的改变,"小我"和"大我"之间进一步调整。事实上,群己辩证并不是改革开放后才出现的,因此,需要针对当代青年文化中个人主义的要求对"自我"观念的演变历程进行更深入的探索。本章分成两个部分:第一部分,通过分析中国思想史来探究中国本土对"自我"的理解、中国本土文化带有的个人主义成分以及西方个人主义在中国文化中的初期"适应";第二部分,通过具体的都市青年文化的例子来进一步分析中国式个人主义的特点及其在当今的表现以及在主导文化与商业文化互动过程中的变迁。

一、个人主义思潮的文化基础:中国本土文化中的"自我"观

(一)中国传统主导文化与"自我"的理解

中国社会一直很重视集体主义,但是,"个人主义—集体主义"作为二元结构价值观的判断标志是否能引用到有几千年历史的传统社会?余英时认为:"中国传统社会或文化中并不是没有个人自由,但并不是个人自由社会,也不是绝对的集体主义社会,而是介乎个人主义与集体主义二者之间。"[1] D. Munro 认为,中国传统思潮基于整体论,也从这个角度来分析中国特色价值观系统。[2] 整体论把部分看作整体系统、结构的组成元素,个人作为社会系

[1] 《余英时文集》第二卷,广西师范大学出版社 2004 年版,第 26 页。

[2] *Individualism and Holism: Studies in Confucian and Taoist Values*, Edited by Donald J. Munro, Center for Chinese Studies, The University of Michigan, 1985.

统中的元素，以实现整体目标为主要功能。在西方个人主义思潮引入中国之后，梁启超在解释个人与整体的关系时提道："'大我'是一群之我"，"'小我'是一身之我"①，这一想法基本上反映了整体论的内涵。从笔者的角度来看，梁启超提出的"小我"和"大我"这两个概念可以作为核心价值观判断的出发点。张世英用当代文化学语言把"小我"和"大我"界定为"个体性的自我"和"属性化的自我"②。如果分析中国主导文化中的个人主义思潮，我们首先要看这个"小我"、个体性"自我"即一个系统零部件的状态，因此，笔者觉得，先要理解主导文化怎么看"自我"、是否有"小我"的空间和是否有从当代角度来看的个人主义成分。

纵观中国思想文化史，可以说，儒学是中国传统主导文化的基础。尽管长期以来儒学都是中国传统社会的主导文化，但并不说明这个意识形态一直是社会主流。随着时代的变迁，儒学作为官方文化也经历了意识形态危机，曾经也出现过在社会上影响较大的其他思想学派。不过，与作为西方文明精神道德基础的宗教不同，儒学有其特有的包容性。儒学在价值观变迁的过程中，包容与适应了其他文化与价值观的成分。③ 儒学与整个中国哲学的核心价值观是和谐："万物并育而不相害，道并行而不相悖"④，这一原则保证了儒学本身对其他文化成分的包容。

"和谐"在很大程度上决定了中国社会的整体主义倾向。儒学所崇尚的"天人合一"思想把人看作了自然中不可分割的一部分。陈来强调："天人合一的观念，认为天与人不是仅仅对峙的，一方面，天与人有分别，有对峙；另一方面，从更高的层次来看，天与人构成了统一的整体，二者息息相关，

---

① 参见李伏虎编选：《少年中国的呼唤——梁启超杂文代表作品选》，甘肃人民出版社 1998 年版，第 52—63 页。

② 张世英：《中西文化与自我》，人民出版社 2011 年版，第 71 页。

③ 有关中国文化中的价值观变迁的特点参见 Анна Челнокова-Щейка，"Специфика ценностных трансформаций в китайской культуре"，Исторические, философские, политические и юридические науки, культурология и искусствоведение. Вопросы теории и практики, 2016, № 4, c.189-197。

④ （宋）朱熹：《四书章句集注》，中华书局 1983 年版，第 37 页。

二者之间没有间隔。"①虽然这个观念首先是由庄子提出的，但是在儒学中也得到了发展。比如，董仲舒强调："天亦有喜怒之气，哀乐之心，与人相符。以类合之，天人一也。"②不过，儒学重人伦、人与人、人与国家的关系，也是基于"和谐"的观念。"君子和而不同，小人同而不和"③、"礼之用，和为贵"④，都说明人作为整体的一部分，必须与其他人、其他事物保持和谐的关系。儒学正是基于和谐观念形成了带有整体主义特点的价值观系统。

在儒学思想中，和谐与秩序是联结在一起的。其秩序与家庭、国家两个"大我"有联系，国家和家庭的内在和谐关系是由"忠"和"孝"维系的。在中国，家国是一体的，家庭为小整体，国家为大整体。家庭的"大我"服从于国家的更大的"大我"。在这个"套娃类"的系统里，家庭被看作国家的小模式，而国家是大的"大我"："家齐而后国治，国治而后天下平"⑤。"孝"虽然主要管理家庭的"大我"，但随着儒学的变迁和政治化，其获得了官方文化身份，"孝"与整个国家的秩序关系更为密切，比如，在西汉有了"孝子廉吏"，用是否"孝"来判断是否"忠"。五常的仁、信、义、礼、智和三纲的"君为臣纲，父为子纲，夫为妻纲"，都决定了每个人在家庭中和国家中的角色。基本上，在这些关系中存在的个人，不是为了自己而存在，而是以别人为主，因此在此关系中个人讲的是义务，义务高于权利。董仲舒就提出过"以义正我"⑥。秩序、严格的阶层性关系与角色分类决定了在这种关系中责任先于自由，个人的利益要服从群体的利益。

社会秩序和社会"成员"之间的和谐通过每个"成员"扮演着自己的角色来实现。在此人际关系中整体论更为凸显。陈来强调："在中国文化的理

---

① 陈来：《中华文明的核心价值——国学流变与传统价值观》，生活·读书·新知三联书店2015年版，第29页。

② 苏舆撰，钟哲点校：《春秋繁露义证》，中华书局2007年版，第341页。

③ 参见刘宝楠编：《论语正义》，中华书局1957年版，第545页。

④ 参见刘宝楠编：《论语正义》，中华书局1957年版，第29页。

⑤ （宋）朱熹：《四书章句集注》，中华书局1983年版，第4页。

⑥ 苏舆撰，钟哲点校：《春秋繁露义证》，中华书局2007年版，第239页。

解中，个人不是原子，是社会关系连续体中的关联性存在一方。"① 由三纲五常作为基础的价值观系统把人看作了人群关系脉络的成分，以"仁"字为例，其字形由"人"和"二"构成，这说明对人的定义只有在人与人之间的关系中才能得以界定和表现，另外其还代表每个人在关系中的依赖性，用梁漱溟的话来说是"伦理本位文化"。这种文化特点形成了依存的自我（interdependent self），与西方的独立自我（independent self）不一样。② 徐瑞青强调："西方文化中的自我是独立自主的自我，自我的表达和实现被认为是最重要的，个人努力实现自我的个人价值和权利，个体性是明显的（stand out）；中国文化中的自我是相互依存的自我，个体的行为是以相互依存关系为基础的，个人努力完成自己的角色、责任和义务，个体和群体认同，个体性是不明显的。"③ 确实，中国主导文化中充满着"利他主义"思想，超越"小我"的愿望，有关"自我"的思想——"克己复礼为仁"④，通过外在的"礼"达到内在的"仁"。从以国家为"大我"的"忠""义"、以家庭为"大我"的"孝"这两个角度来看，"小我"存在于"大我"中，在传统社会中基本上失去了"小我"的独立性、个体自由。当时个人的希望、个人的目标、个人的感情、个人的消费都服从于家庭的利益，导致了性观、爱情观、生育观缺乏个性，人与人之间的关系带有了形式主义。宋明理学把这种儒学的特点引领到了更为极端的高度，比如二程曾指出："至于无我，则圣人也"⑤，朱熹强调过："我是为恶成就"，"去其气质之偏，物欲之蔽，以复其性，以尽其伦"，而"存天理，灭人欲"成为了宋明的时代口号。⑥ 由此，

① 陈来：《中华文明的核心价值——国学流变与传统价值观》，生活·读书·新知三联书店 2015 年版，第 52 页。
② 这些概念第一次出现于 Kitayama Shinobu、Ross Markus 文章中。参见 *Emotions and Culture*, Washington, DC: American Psychological Association, 1994。
③ 徐瑞青：《独立的自我与依存的自我——中西自我观念差异论》，《学术月刊》1995 年第 1 期。
④ 刘宝楠编：《论语正义》，中华书局 1957 年版，第 483 页。
⑤ 《二程集·河南程氏遗书》卷十一，中华书局 1981 年版，第 126 页。
⑥ 参见（宋）黎靖德编：《朱子语类》，中华书局 1986 年版。

我们可以看到在传统主导文化中"小我"的空间几乎不存在。中国文化的"自我"、个人的角色只是在这种关系中起了重大的作用，相当于"一个机器中的调整好的零部件"。

人与人之间的特殊关系形成了"耻感文化"，这与西方的"罪感文化"不同。耻感文化基于所谓"面子"的概念，"面子是一个社会认可的'自我'，也是个人社会影响力的代称；它因社会互动而产生，又因拥有种种社会资源进而影响人际间互动的关系；为了追求面子亦即有利的自我意象，个人逐渐习得各种符合社会规范的因应行为模式"[①]。中国的身—心二元结构，通过人际关系定义个人，基本上涉及不到超越世界。与此不同的是，在西方国家的宗教传统中产生了肉体—灵魂的个人，个人由上帝来界定，[②] 而中国的"自我"藏于关系中，依赖于关系，通过关系界定。

理论上，"修身"是个人的思想工作，"身"就代表"自我"。在孟子的思想中我们可以发现这个"身"："王！何必曰利？亦有仁义而已矣。王曰：'何以利吾国？'大夫曰：'何以利吾家？'士庶人曰：'何以利吾身？'"[③] 这里要强调，有些学者不同意这个"修身"中"自我"的存在，比如 H. Fingarette 指出："儒家学说中并没有明确的关于意志结构细节的形而上学观点或心理学说，也没有涉及个人意志控制的内部过程。"[④] 在有整体主义倾向的中国社会中，修身、自我的修养与整个国家系统有联系。"古之欲明明德于天下者，先治其国。欲治其国者，先齐其家。欲齐其家者，先修其身。欲修其

---

① 朱瑞玲：《中国人的社会互动：论面子的问题》，翟学伟特约主编：《中国社会心理学评论》（第二辑），社会科学文献出版社 2006 年版，第 83 页。

② 参见张洪高：《从仁爱到正义：中国道德教育核心价值转变研究》，山东人民出版社 2011 年版，第 8—9 页。

③ （清）焦循撰，沈文倬点校：《孟子正义》，中华书局 1987 年版，第 36 页。

④ H. Fingarette, "The Problem of the Self in the Analects", *Philosophy East and West*, 29, 2, 1979 in Paolo Santangelo, 'Self' and Modern Society in Different Perspectives: Notes on Some Recent Contributions on the Understanding of 'Private' and 'Public' in China, Revue Bibliographique de Sinologie, Nouvelle série, Vol. 18 (2000), pp. 497-529.

身者，先正其心。欲正其心者，先诚其意。欲诚其意者，先致其知。致知在格物。物格而后知至，知至而后意诚，意诚而后心正，心正而后身修，身修而后家齐，家齐而后国治，国治而后天下平。"①家也是国家的成分，人与它的"自我"与这个系统有关系。在自我修养的过程中，主导文化形成的榜样和主导文化形成的束缚，不是来自个人的"后悔"或者"悔改"，而是来自个人的"怕别人知道"，与西方相比在中国主导文化中的"自我"没有超越性来源。如此，在《论语·宪问》中我们可以发现"古之学者为己，今之学者为人。"《孟子·尽心下》也提出过："君子之守，修其身而天下平。"确实，修身是与周围的人达到和谐的途径。其目标，也是有"大我"的色彩，其出发点，并不是为了自己，而是为了别人。朱熹也提出过："古之学者为己，欲得之于己也；近之学者为人，欲见知于人也。"②理论上，这句话提出的也是修身、修养自己的精神的观点。但是由于中国社会的特色结构与道德基础，这个精神培养程度的判断者是周围的人，这个修身成为给别人看的，给别人听的，实际上导致了中国文化中精神世界是一件公开的事情，也导致了容易受到虚伪的粉饰。

在西方，隐私（privacy）是个人主义中很重要的成分。Steven Lukes 强调："基督教神秘主义的整个传统代表了对私人或精神领域的培养，在其中，个体获得了秘密的知识和与上帝的交流。"③到了西方的近代时期，隐私就变成了免受公众的干扰。因此，在这里可以看到隐私和个人独立性的联系以及个人本位系统的特点。中国自古以来便形成了家本位的社会，打下了个人与国家关系的基础。在中国主导文化中个人本身的存在没有脱离群体、"大我"，其与家庭、社会、国家有密不可分的关系。《尚书·周官》有"以公灭私，民其允怀"④。陈来强调："对社会优先的强调还往往通过'公—私'的对立而

---

① （宋）朱熹：《四书章句集注》，中华书局 1983 年版，第 4 页。

② （宋）朱熹：《四书章句集注》，中华书局 1983 年版，第 155 页。

③ Steven Lukes, *Individualism*, Oxford: Basil Blackwell, 1973, p.61.

④ 张馨编：《尚书》，中国文史出版社 2003 年版，第 288 页。

加以突出，'公'是超出私人的、指向更大社群的利益的价值"①。他也举例子说："社群的公、国家社稷的公是更大的公，最大的公是天下公道、公平、公益，故说'天下为公。'"②金观涛、刘青峰也指出西方文明与中国文明个人观念发展的区别："古希腊的家庭与城邦被划分为两个不同的领域，家庭内部关系不属于社会组织原则。相反，儒学把国家的组织原则看成是与家族（家庭）组织原则同构；家庭虽在领域上属于非公共的部分，但儒学把孝这种属于私人领域的父子伦理关系，推广为普遍的社会价值，这就是对皇帝的忠，它在领域上也属于公，即把一个家庭凝聚成大一统帝国。"③这也导致了个人政治身份与道德身份的一体化，导致了个人的精神道德来源不带有隐私性。

独特性、个性和个性表达也是个人发展中不可分割的元素，是个人主义意识与当代中国式个人主义思潮中很重要的成分。比如，爱默生强调："人不是造得像盒子那样……千篇一律的，一样的向度，一样的能力；不是的，他们是经过令人惊讶的九个月才来到世上，每个人都有一种不可估量的性格和无限的可能性"④。

那传统主导文化中个性表达的思潮有任何展现吗？个体在社会面前的责任作为中国儒家思想的核心基于"德"，而在儒家思想中"德"和"才"要求人们在社会群体中统一和融合，只有通过与社会一体化，个人的能力才能得到展现，基本上消除了人的个性。以人为本的中国文化在道德指南上依靠了"榜样"，主张人们通过模仿榜样来达到榜样的规范，随后被叫

---

① 陈来：《中华文明的核心价值——国学流变与传统价值观》，生活·读书·新知三联书店2015年版，第55页。

② 陈来：《中华文明的核心价值——国学流变与传统价值观》，生活·读书·新知三联书店2015年版，第55页。

③ 金观涛、刘青峰：《观念史研究：中国现代重要政治术语的形成》，法律出版社2010年版，第155页。

④ 钱满素：《爱默生和中国：对个人主义的反思》，生活·读书·新知三联书店1996年版，第208—209页。

作了"榜样"文化，其特点与儒家传统有密切关系。整个《论语》建立了不同的榜样，"君子"与"小人"是两种对立的榜样，最有名的是"君子喻于义，小人喻于利"①。基本上从外在的表现和内在的发展规范了中国的"个性"。D.Munro 强调："宋朝哲学家提到的人与人之间的大部分差异在于他们理解模仿榜样的程度或对某件事从标准上的准确反映不同。"②这说明，每个人要服从的榜样、达到的精神道德目标是一样的，但是要经过的路不"同"。

（二）中国儒家文化以外的"本土个人主义"思潮

中国传统社会的思想领域很丰富也很多元化，在这一语境下也产生了不少中国本地的"自我"理解。通过上述分析我们发现在中国主导文化中"自我"披着"大我"的外衣，"小我"很难被发现。在儒家主导文化中"小我"的问题只有涉及家国等系统时才会被关注，不过这并不代表"小我"在其他文化中没有被提及。在这里要强调"自我"在中国传统非主流文化中以"自我"的个性和"小我"的"空间"出现，在人与人的关系、人与社会的关系、人与自己（自己的内心）的关系中获得了展现。

道家学派跟儒家学派一样也可以被看作具有整体主义倾向的学派。不过，与儒家相比，道家将"自我"放在与自然不可分割的关系中进行诠释。"天人合一"的概念是道家学派的代表思想。不过，说到群体、社会、国家这方面整体论的理解在道家学派中没有得到呈现。有关"自我"在社会和国家面前的责任这一点，道家试图将"自我"从社会秩序中解放出来。或许，正因为这样，道家学派从来没有夺回主导文化的身份。

在传统文化中"自我"是存在的。有关个体"自我"价值、个体生命的

① 刘宝楠编：《论语正义》，中华书局 1957 年版，第 154 页。

② D. Munro, "Introduction", in *Individualism and Holism: Studies in Confucian and Taoist Values.*, edited by Donald J. Munro, Center for Chinese Studies, The University of Michigan, 1985, p.4.

讨论是由老子首开先河。老子的思想很明显地拒绝社会网络和社会角色，强调"道"的优先性。在《道德经》中，我们可以看到："故失道而后德，失德而后仁，失仁而后义，失义而后礼。夫礼者，忠信之薄而乱之首"①。老子的核心思想在于"道"。在儒学中"道"也存在，但是儒家的"道"基于仁、信、义、礼、智，所以带有"社会性"色彩："君子务本，本立而道生。孝弟也者，其为仁之本与"②，而老子的"道"则融合于宇宙整体："故从事于道者，同于道；德者同于德；失者同于失"③。

老子指出"上德无为，而无以为也"④，要顺其自然。老子呼吁人们从社会束缚中解放出来，追求个人的本性。老子的"自然无为"就反映了"自我"获得自由，顺性自然。在老子的学说中我们可以发现中国特色的个体发展的初步思想。我们可以看到人的独立"自我"的思想。比如在《道德经》第二十章中有："众人皆有余，而我独若遗，我愚人之心也哉！俗人昭昭，我独昏昏。俗人察察，我独闷闷。澹兮，其若海；飂兮，若无止。众人皆有以，而我独顽且鄙。我独异于人，而贵食母。"⑤

与老子相比，在庄子的思想中"自我"的存在更为凸显。庄子也认为不要对社会形成依赖，也跟老子一样关注个体精神上的解放。在《庄子》中，我们可以发现其对以儒学为代表的价值观的批评，此外对"自我"带有"黑白性"的评价："不仁则害人，仁则反愁我身；不义则伤彼，义则反愁我己"⑥。在不同的文献中出现了"去己"、"无己"、"忘己"、"我"、"吾"。至于在《庄子》中否定性的"无己"、"去己"、"忘己"、"无我"、"丧我"，周克勤认为："没有任何理由认为庄子对'己'的否定（如失己、虚己、去己、

---

① 饶尚宽译注：《老子》，中华书局 2007 年版，第 93 页。
② 刘宝楠编：《论语正义》，中华书局 1957 年版，第 7 页。
③ 饶尚宽译注：《老子》，中华书局 2007 年版，第 58 页。
④ 刘文英主编：《中国哲学史》上，南开大学出版社 2002 年版，第 121 页。
⑤ 饶尚宽译注：《老子》，中华书局 2007 年版，第 49 页。
⑥ 王先谦编：《庄子集解》，中华书局 2010 年版，第 199 页。

忘己）暗示了人有一个自我（self），并且必须要消除它"①。在这种情况下，我们可以发现"自我"概念本身带有利己主义色彩。消除"自我"的希望说明庄子思想中的"大我"色彩。

在《逍遥游》和《秋水》中出现的"至人无己"②、"大人无己"都代表庄子对人格的理解，③表现为"自我"的绝对自由与绝对解脱。如果说儒家的"自我"是在关系网络中界定的，那么庄子提到的"自我"则是通过内心世界来界定的。道家最初作为与儒家对立的学派追求儒学不具有的成分——精神上解放、精神上自由、个人精神上的自主权。Judith Berling 指出，"虽然西方的个人主义概念需要一定的制度化的合法权利来保护有责任个体在艺术、宗教的形式或独特的生活方式上的自我表现，庄子论证的自由并不需要意味着法律权利、自我表现的心理观或个人选择"④。庄子一方面完全没有涉及西方的权利，但是同时也没有提到责任。庄子思想的主旋律从社会和政治的问题转移到其他生活上的问题。

杨朱的思想从一定的角度继续了对"自我"的发现。在主导文化面临意识形态危机的时候，杨朱在这个"大我"的大海里找出了"小我"，在自己的学说中开始寻找另一种天下利益和个人利益之间的平衡点。杨朱强调了"贵己"、"本己"、"贵生"、"情欲"，"不以物累形"⑤可以概括为个人生命至上。在杨朱学说中我们可以发现对阶层的反抗和对代表中国"大我"的"忠孝观"表示怀疑："不以天下大利，易其胫一毛"⑥，也可以看到"小我"独立

---

① Chris Jochim, "Just Say No to No Self in Zhuangzi", in Roger Ames, Wandering At Ease in the Zhuangzi, State University of New York Press, 1998, 第 54 页，转引自徐强：《英美汉学界对〈庄子〉"自我"观念的研究管窥》，《文化学刊》2014 年第 5 期。

② （清）王先谦编：《庄子集解》，中华书局 2010 年版，第 4 页。

③ （清）王先谦编：《庄子集解》，中华书局 2010 年版，第 141 页。

④ Judith Berling, "Self and Whole in Chuang Tzu", in Individualism and Holism: Studies in Confucian and Taoist Values, edited by Donald J. Munro, Center for Chinese Studies, The University of Michigan, 1985, p.101

⑤ 何宁编：《淮南子集释》，中华书局 1998 年版，第 945 页。

⑥ （清）王先慎撰：《韩非子集解》，中华书局 2003 年版，第 459 页。

性的呼吁，杨朱倡导的思想可能最接近个人本位的思想。有关杨朱学说的记载极少，基于此，我们可以判断，杨朱把个人看作原子，他对中国特色的利他主义表示了怀疑。比如："为美厚尔，为声色尔。而美厚复不可常厌足，声色不可常玩闻。乃复为刑赏之所禁劝，名法之所进退；遑遑尔竟一时之虚誉，规死后之余荣；偶偶尔慎耳目之观听，惜身意之是非；徒失当年之至乐，不能自肆于一时。重囚累梏，何以异哉？太古之人，知生之暂来，知死之暂往，故从心而动，不违自然所好，当身之娱，非所去也，故不为名所劝。从性而游，不逆万物所好，死后之名，非所取也，故不为刑所及。名誉先后，年命多少，非所量也。"①在这段话中杨朱论证了生命的短暂性，强调个人。他的出发点是"小我"，个人的需求、个人的欲，而不是"大我"。总体来说，他不把个人看作整体的一部分。

从主导文化角度来看，杨朱对"自我"的看法超越了官方允许的范围，因此孟子作为儒家文化的典型代表把杨朱形容为"杨子取为我，拔一毛而利天下，不为也"②。由于杨朱很明显地强调了"自我"，而且在一定程度上与典型的"重义轻利"和利他为重的儒家思想是对立的。在古代文献中，他成为利己主义的代表。不过这并不代表他确是利己主义者，俄罗斯汉学家 A. Lukyanov 认为，"从哲学内容角度来看，杨朱学说形容为'为我'，同样从语言角度来看，站不住脚"③。A. L. Titov 也坚持这个观点，强调："杨朱重视个人的价值，并不支持极端利己主义或个人主义：在珍爱人的生命的同时，他并没有否定'物'的价值，毕竟个人由此而存在。"④

讨论中国边缘文化中的"本土个人主义"想法，必须论及任侠文化。中国任侠文化产生于春秋战国时期，对个人主义思潮、个性表达的理解有较大

---

① 杨伯峻编：《列子集释》，中华书局 1985 年版，第 219 页。

② （清）焦循撰：《孟子正义》，中华书局 1987 年版，第 915 页。

③ А.Е. Лукьянов, *Ян Чжу как философ: Между даосизмом и конфуцианством*, Проблемы Дальнего Востока, М., 2001, № 2. С. 150.

④ А.Л. Титов, "Природа человека в древнекитайской философии: от Ян Чжу к Сюнь-цзы", Вопросы Философии.

帮助。J. Liu 在描写中国任侠文化的特点时指出："他们是勇敢而正直的个体，由出身较低的强壮的年轻人组成，他们分散在全国各地，向任何有能力雇用他们的人提供服务（甚至他们的生命）。"[1]

任侠文化也形成了自己的价值观。相对于儒家，他们对"自我"的理解有鲜明的特点。比如，他们没有把个人看作社会的一部分，而是珍惜个人与个人之间的忠诚，个人对个人的忠诚在关系网中远远超越了对家庭的责任，如此基本上超越了儒家文化的阶级性，也基本上超越了主导文化的精神道德价值观系统的范围。基于自己的道德原则，任侠文化追求公道、正义和个人自由。儒家文化强调了个人服从集体的道德与生活规范，把自己的"小我"放置于家庭和国家两大群体的"大我"中；而任侠文化则与之相反，他们看重个人自由，并把个人自由放在家庭义务之上。我们可以发现主导文化对任侠文化秉持不肯定的态度，比如在《韩非子·五蠹》中有："儒以文乱法，侠以武犯禁，而人主皆礼之，此所以乱也。"[2]任侠文化的个人主义思想与道家学派的思想相比更偏离主导文化的原则。任侠文化实际上把个人看作原子，因此在道德原则上他们优先考虑自己提出的东西，他们的个性表达是根据他们提出的道德原则作出的英勇行为。实际上这表明，他们的"自我"从正常的关系网中出发，利用尚武来做自己认为"对"的事情。

汉末时期儒学已经无法适应当时的社会变迁。东汉末和魏晋时期在中国历史上是个人意识觉醒的时期，当时中国思想史中的主导文化和主流文化是不同的。主导文化仍然是失去影响力的儒学，而老庄玄学则成为社会主流价值的基础。

在新社会主流价值观中新的"自我"、个体的觉醒涉及了很多领域。

第一，个性从儒家礼教的束缚中解放出来，老庄玄学成为打破礼教束

---

① J.Liu, *The Chinese Knight-Errant*, London, Routledge and Kegal Paul, 1967, p.2.

② （清）王先慎编：《韩非子集解》，中华书局 2003 年版，第 449 页。

缚的武器。比如，"自我"想要从礼教束缚中挣脱出来的呼吁在嵇康的《与山巨源绝交书》中得以体现："素不便书，又不喜作书，而人间多事，堆案盈机，不相酬答，则犯教伤义，欲自勉强，则不能久，四不堪也。不喜吊丧，而人道以此为重，已为未见恕者所怨，至欲见中伤者；虽瞿然自责，然性不可化，欲降心顺俗，则诡故不情，亦终不能获无咎无誉，如此五不堪也。不喜俗人，而当与之共事，或宾客盈坐，鸣声聒耳，嚣尘臭处，千变百伎，在人目前，六不堪也。心不耐烦，而官事鞅掌，机务缠其心，世故繁其虑，七不堪也。又每非汤、武而薄周、孔，在人间不止此事，会显世教所不容，此其甚不可一也。"① 此小段很明显地反映出玄学对主导文化的不满，并且强调如果一直遵循着文化传统，自我个性的发展会受到阻碍。引文中作者很明显地从"小我"、个人的角度介绍自己的感受、好恶、希望。从学者的角度看，礼教被看作是个性发展的束缚："由其途则通，乖其路则滞；游心极视，不睹其外；终年驰骋，思不出位。聚族献议，唯学为贵。执书摘句，俯仰咨嗟；使服膺其言，以为荣华。故吾子谓六经为太阳，不学为长夜耳。今若以明堂为丙舍以诵讽为鬼语，以六经为芜秽，以仁义为臭腐，睹文籍则目瞧，修揖让则变伛，袭章服则转筋，谭礼典则齿龋。于是兼而弃之，与万物为更始，则吾子虽好学不倦，犹将阙焉。"② 这表明，他不想抑制住自己的本性而随顺世俗，申明自己的本性，不堪礼法约束，不可加以勉强。

第二，个体的精神解放、内心世界的个体发展。个人的精神解放是从道家学派的思想衍生出来的。刘文英强调，"无论是嵇康的'师心以遣论'，还是阮籍的'使气以命诗'（刘勰《文心雕龙·才略》），都是从自我出发的，有着鲜明的个性特征"③。在这两个思想家的著作中我们可以明显地看到对精神上独立和自由的追求，比如指出："故世之难得者，非财也，非荣也。患

---

① 邓明钊译注：《嵇康译注》，黑龙江人民出版社 1987 年版，第 274 页。
② 邓明钊译注：《嵇康译注》，黑龙江人民出版社 1987 年版，第 145 页。
③ 刘文英主编：《中国哲学史》上册，南开大学出版社 2012 年版，第 323—324 页。

意之不足耳！意足者，虽耦耕川亩，被褐啜菽，岂不自得？不足者，虽养以天下，委以万物，犹未慊然。则足者不须外，不足者无外之不须也。无不须，故无往而不乏；无所须，故无适而不足。不以荣华肆志，不以隐约趋俗，混乎与万物并行，不可宠辱，此真有富贵也。"[①]

第三，个性表达和个性的外化表现。比如李溪基于《世说新语》的研究强调："正始以后，逐渐以各种自然物和珠、玉来表现个人的外在美和精神风貌。"[②] 个性的精神解放有了外在的形体，而人的个性解放、个性自由自然影响了他的外形，人们通过物质来反映其内心世界，进行"自我"表达、个性表达。

上面指出的中国文化中的个人主义不同程度的表现，说明在中国的传统社会已经早就存在"小我"观和"小我"解放的思想，在不同的学派与文化中获得了不同的展现，"小我"的问题也得到了一定的关注。比如，道家否定了系统、阶级性和社会责任，同时获得了精神上的解放，侠客文化也脱离了社会阶级罗网和道德阶级性关系，创造了自己的道德原则，获得了个性表达和精神上解放的机会。杨朱强调了个人的欲望，也脱离了整体论系统与道德原则。魏晋时期在中国思想史上佛儒道三教互动，初次发生碰撞，当时很多价值观的问题未解决，导致中国出现新的试图满足价值观层次需求的学派。道家、杨朱、侠客文化对"新自我"的共同理解最后被玄学容纳，其主要表现在精神上的解放、内在自由和个性表达。因此，儒家以外的文化中已经出现了一些个人主义思潮的成分，不过与西方的个人主义与西方社会对此形成的环境有明显的区别。另外，我们可以发现对个人的精神解放、内心自由与个性表达的呼吁基本上伴随了整个宋明理学时期，其说明主导文化最后也没有解决早就出现的价值观的问题。在明清之际也出现新价值观变迁的呼吁，王夫之、黄宗羲、戴震、龚自珍都认同了私利、个人愿望和需求，随着

---

① 邓明钊译注：《嵇康译注》，黑龙江人民出版社1987年版，第59页。

② 李溪：《骈文的发生学研究——以人的觉醒为中心的考察》，河北大学出版社2005年版，第256页。

朝代变迁与社会环境变化，对社会中的价值观变迁的"呼吁"声音越来越强、越来越频繁。

（三）西方"个人主义思潮"的早期中国化

西方个人主义是什么？简单来说，西方个人主义也是个人解放的过程，个人脱离了家庭，成为独立自主的社会成员，而他就成为单纯的"个人"，而不管他的社会地位、身份、性别、种族等。个人的解放过程可以概括为"从上帝（教堂）的解放"、"从国家（权威）的解放"、"从家庭的解放"。按照《简明不列颠百科全书》的定义，"个人主义"是一种政治和社会哲学，高度重视个人自由，广泛强调自我支配，自我控制，不受外来约束的个人和自我。① 欧洲个人主义是在启蒙运动与自然权利的潮流框架内发展的，但是在每个欧洲国家都获得了自己的"味儿"。在法国产生的个人主义持有个人至上的社会态度且最初带有消极的色彩。1820 年，法国哲学家约瑟夫·德·迈斯特讲述了反抗宗教与社会秩序的"l'esprit particulier"的运动。② 1847 年，在论及法国自由经济学家时，Bastiat 批评 Louis Blanc 将"个人主义"等同于利己主义的观点，并认为自改革以来利己主义不仅没有增强，反而大大削弱。③ 在德国则不一样，个人主义观念获得了浪漫主义色彩，被叫作个性的个人主义，它的内涵在于个人道德和意志的自主性，自我实现和个性自由。英国个人主义在 19 世纪成了政治思想的主流，带有了正面的评价，肯定了自由、民主和资本主义经济的价值观。④ 在美国则更不一样，在多民族多种族语境下个人主义成了治愈美国社会弊病的"药"和"美国梦"

---

① 《简明不列颠百科全书》第三卷，中国大百科全书出版社 1985 年版，第 406 页。

② S. Lukes, *Types of Individualism*, Dictionary of the History of Ideas: Studies of Selected Pivotal Ideas / Ed. Ph.P. Wiener. N.Y., 1973. Vol. 2.,p.595.

③ Frederic Bastiat, Oeuvres completes（7 vols., Paris, 1862-64），VII, 328，转引自 Koenraad W. Swart:"'Individualism' in the Mid-Nineteenth Century（1826-1860）", *Journal of the History of Ideas*, Vol. 23, No. 1（Jan. - Mar., 1962），p.84。

④ Steven Lukes, *Individualism*, Oxford: Basil Blackwell, 1973。

的思想基础，并获得了主流思潮的位置，而美国个人主义在很大程度上受到了德国个人主义的影响，它倡导的个人发展和个人表达成为政治、教育和文化的主要基础。

S. Lukes 基于不同国家的历史分析出个人主义的主要成分：人的尊严，自主性，隐私，自我发展，抽象的个人。① 在此，还可以加上上面提到的具有美国色彩的个人发展与个性表达。D. Munro 强调："独特性最终成为现代个人主义的主要价值取向之一，美国进步教育运动中以儿童为中心的课程改革，在美国学校中得到了具体的培养。"② 其成分在后来青年文化的发展和青年文化中政治、价值观的呼吁中起了重大的作用。

总而言之，我们可以发现世界上并不存在任何普世或者纯正的个人主义思潮，每个国家的个人主义思潮都有各自的特点，与本地文化与社会结构有一体化的过程，其产生是由社会文化条件决定的。

在这里要强调，西方社会（欧洲和美国）的个人主义基于西方的"个人—社会"关系和宗教基础，因此西方个人主义以个人、人权、参政为中心。不过，虽然个人主义思潮是 19 世纪初才出现于法国，但是法国本来就有这样的社会文化基础。托克维尔在《旧制度与大革命》中指出："我们的祖先并没有创造个人主义这个词，这个词是我们为了自己的方便而新发明的。在古老的年代，一个人不在任何团体中而自行其是，这是不可能存在的现象。但法国社会的构成，却正是这些多如繁星的小团体，而这些团体又只顾自己的利益。如果再造一个词去说它，那就是集体个人主义，我认为，它为我们所熟知的真正的个人主义提供了一个精神前提。"③

在中国"个人主义作为英文 individualism 的译名，是鸦片战争之后通过

---

① 参见 Steven Lukes, *Individualism*, Oxford: Basil Blackwell, 1973，不同个人主义成分的中文翻译来自高立克：《五四的思想世界》，学林出版社 2000 年版，第 4 页。

② *Individualism and Holism: Studies in Confucian and Taoist Values*. Edited by Donald J. Munro, Center for Chinese Studies, The University of Michigan, 1985, p.3.

③ ［法］托克维尔：《旧制度与大革命》，陈玮译，中央编译出版社 2013 年版，第 98 页。

日本知识分子对西语的翻译（借用了汉字）才形成的，在中国没有'个人主义'这一词，甚至连相近的词汇都难以找到"①。个人主义思潮在中国的发展首先是一个"文化适应"的过程，在思想文化层次交流与适应本土社会语境的复杂的过程中，与当时的社会历史条件是不可分离的。中国社会与西方的差别很大，如中央集权、等级系统、责任先于权利、阶层分明、无宗教、精神道德源自群体认同等，社会和文化结构又有明显的区别。因此，个人主义首先要适应社会与文化的基础结构才能得到发展。在 20 世纪初中国经历了西方文化适应的过程，涉及了文化所有的层次，包括价值观。个人主义作为西方思潮带来的新的价值观和新的"自我"的理解在中国语境下挑战了中国"群己关系"、整个社会结构、基于整体论的社会秩序。因此在中国近代，西方个人主义思潮的"适应"难度在于本来产生于完全不一样的社会结构的思潮要适应带有整体主义倾向的中国社会。

在上面我们已经指出了西方个人主义的丰富性和多元化，如此，可概括出西方主要的三种个人主义：其一，原子论，将个人看作是社会的本源，强调个人作为原子式的存在。其二，方法论，认为社会由个人构成，个人的价值在于个人发展促进社会的发展，社会的发展依靠个人的发展，不是整体决定个体、而是个体决定整体，这一观点的基础是斯宾塞式的社会有机体论。其三，德国个性的个人主义。在这三种个人主义中，原子论和德国个性的个人主义对中国的影响最大。② 中国学者理解和吸收的个人主义想法也不一样，19 世纪末到 20 世纪在中国产生了很多种"个人主义"。其实，中国学者吸收不同学派的思想，也产生了很多种"个人主义"。高立克在《五四的思想世界》③ 中分出自由主义的个人主义、尼采的贵族个人主义、易卜生主义、泡尔生式个人主义以及最后出现的"中国式个人主义"。如此，在中

---

① 夏伟东、李颖、杨宗元：《个人主义思潮》，高等教育出版社 2006 年版，第 1 页。

② 参见许纪霖：《个人主义的起源——五四时期的自我观研究》，《天津社会科学》2008 年第 6 期。

③ 参见高力克：《五四的思想世界》，学林出版社 2003 年版，第 1—25 页。

国早期个人主义受到了英美自由主义的影响，易卜生主义在胡适的思想中得到了体现，而尼采的贵族个人主义的影响在五四时期很多知识分子的著作中得以凸显。另外，要强调的是，大部分学者在他们的著作中都融合了几种西方个人主义思潮的特点，比如胡适虽然算是易卜生个人主义的代表，但也为了表示批判的态度，用过尼采的"重新固定一切价值"的概念。那为什么这两种西方个人主义在中国的影响最大？因为个性的个人主义更容易与中国传统文化中的"自我"理解找到结合点。许纪霖强调："胡适理智型的个人主义继承的是朱熹具有知识主义倾向的为己之学；周作人情感型的个人主义源于道家的审美自由与艺术人生；而鲁迅的意志型个人主义部分来自于意志自主、天命自造的阳明学，部分与魏晋时代嵇康式的抗议传统密切相关。"①实际上，他们找到了能适应他们原来结构的成分和"需要"的成分。

笔者认为在接受西方个人主义的过程中，中国产生了中式个人主义。在中国语境下产生的个人主义思潮跟中国历史上的玄学作用一样——是对时代变迁、价值观变迁呼吁的新反映，是"本地化的产物"。因此，西方个人主义思想在中国经过了筛选和淘汰，没有发生直接的"拿来主义"。虽然五四时期的学者受到了不同个人主义思潮的影响，但是他们的目标也不等于西方的尤其是在"从权威"和"从教堂"这一点。中国时代变迁的主要口号是"个人解放"或者"个性解放"或者"人的觉醒"。很多五四时期的思想家为了强调新"自我"的概念用过"个性"而不是"个人"。在"从什么解放的问题"上中国思想家保持了基本上统一的态度，他们的"个人解放"表达了"自我"从封建束缚中解放和个性自由。②但是，与前期对个性解放的呼吁相比，五四时期的个性解放更关注意志自主，而不仅仅是"为己之学"和道德自主，我们还可以发现西方个人主义带来的宗教成分，每个人都可以按照自己的天性和自由意志来发现自我、发展个性，无论这天性是理性的、

---

① 许纪霖：《个人主义的起源——五四时期的自我观研究》，《天津社会科学》2008 年第 6 期。

② 可以参见本书第一章。

德性的，还是审美的、自然的或者唯意志的。

除了"小我解放"作为中式个人主义的目标之外，中国式的个人主义还在义利观的基础上形成了与西方社会不同的另一种特点。由于中国主流思潮中的"自我"被看成群体的不可分割的部分，而不是对立的元素，西方个人主义思潮在这种已经存在"文化基因"的基础上才能得到发展。个人主义在"中国化"的过程中保持了群体本位的主要内容，也保留了社会的整体主义倾向，最具代表性的例子可见于五四之前的严复对"密尔的名著《论自由》"（*On Liberty*）的翻译。严复利用中国概念翻译为《群己权界论》。在密尔著作中出现两种概念 individual 和 individuality，这两种概念是有区别的，前者要译成"个人"，后者要译成"个性"（个体性）。在涉及"个性"的概念时，严复没有偷换概念："今夫人伦之所以贵，而于人心为美无度者，必非取其殊才异禀，磨而顽之，使浑然无圭角，而同于人人也。固将扶植劳来，期其各自立而后己。若无损于他人应得之权利乎？虽纵之于至异无害也。"①严复把个性翻译成"特操"，在个性基础上支持个人自由和个人发展，而且他强调个性发展对国家的利益："又况非常之事，待非常之人而后举。故一国之中，必其民品不齐，而后殷赈繁殖，而国多生气"②。在涉及"个人"与"群体"的关系时，严复很明显地受到了中国传统"自我"理解的影响，他的翻译带有否定的色彩，比如，"曰使小己与国群，各事其所有事，则二者之权利分界，亦易明也。"③严复作为"开拓者"把影响"大我"的个人主义成分去掉了，加上了中国文化本身对"利己"的否定观点。比如，"will"（意志）、"wishes"（意愿）、"individual sponta-neity"（个人自发的思想与行为）、"self-interest"（个人利益）、"private life"

① ［法］约翰·穆勒：《群己权界论》，严复译，载《严译名著丛刊》，商务印书馆1981年版，第68页。
② ［法］约翰·穆勒：《群己权界论》，严复译，载《严译名著丛刊》，商务印书馆1981年版，第68页。
③ ［法］约翰·穆勒：《群己权界论》，严复译，载《严译名著丛刊》，商务印书馆1981年版，第81页。

（私人生活）、"private conduct"（个人行为）种种这类与"个人"有关的词汇，严复的翻译有时带有明显的个人好恶色彩，例如"个人利益"，严复把它译为"私"，这个词语在中国传统思想中与"公"相对，显然带负面意味；又如他将"the details of private life"（个人生活的细节）译为"小己私行之琐者"，将"private conduct"（个人行为）译为"民之私计"，这都将与"个人"有关的利益、行为降低了其意义层次，[①] 基本上忽视了西方个人主义中关于个人权利的这一点。从严复的翻译中我们已经能看到个人主义文化适应的过程：第一，因为西方思潮中"个人"权利讲得多，责任讲得少，权利高于责任，中国思想家把这理解为传统文化本来存在并带有负面色彩的"己"。第二，由于中国传统社会中不存在私人空间，个人隐私权在个人主义刚接收的过程中没有得到展现。第三，严复支持"小我"，即所谓的个性解放，但是这个个性解放不但不能触及社会结构的基本原则，还要成为给社会带来利益的思潮。总体来说，在个人主义的被理解和适应的过程中我们已经发现了"不对劲"的地方。

从个人主义本性的角度，即个人本位与中国群体本位的价值观冲突来看，五四时期知识分子关于西方个人本位的社会结构的态度是具有矛盾性的。一方面，与前辈知识分子相比他们做了明显的让步，为了"小我"的解放，他们把个人与社会的关系平衡下来。在不少文献中，都出现了"个人本位主义"的提法，比如，陈独秀的《东西民族根本思想之差异》中强调过这一点："自法律言之：人间者，权利之主体；自由者，权利之实行力也。所谓性灵，所谓意思，所谓权利，皆非个人以外之物。国家利益，社会利益，名与个人主义相冲突，实以巩固个人利益为本因也。"[②] 另外高一涵在《共和国家与青年之自觉》中指出"小我"与国家的"大我"相比具有优先性："质言之，盖先有小己后有国家，非先有国家后有小己。为利小己而创造国家，则有之

---

① 参见黄克武：《自由的所以然——严复对约翰弥尔自由思想的认识与批判》，上海书店出版社 2000 年版。

② 陈独秀：《东西民族根本思想之差异》，《青年》1915 年第 4 期。

矣；为利国家而创造小己，未之闻也。"① 但是，五四时期的个人主义这一点在五四后期消失了。通过这个例子，我们也可以发现在中国文化中本来带有否定色彩的"己"、"私"等个人主义概念作为医治中国社会"弊病"的"新药"慢慢有了正面色彩。

在"小我"解放的斗争过程中，中国先进知识分子在试图把中国的"小我"从家庭束缚解放出来的过程中用了个人主义思潮时"武器"。如此，陈独秀在《东西民族根本思想之差异》中提出了"个人本位主义，易家族本位主义"②。当时，在延续严复思想的基础上，五四时期时思想家把个人主义与社会发展、进步相关联，成为从家庭"小我"解放的方法。比如，胡适指出："西方之个人主义，犹养成一种独立之人格，自助之能力，若吾国'家族的个人主义'，则私利于外，依赖于内，吾未见其善于彼也。"③ 可是他们对家族主义的否定并不排斥群体、集体的重要性。同时，可以说，因为中西两种结构的不一样，中国思想中出现了"大我"和"小我"的二元结构。在中国社会的"个人解放"并不等同于社会结构的变迁、文化基因的改造或者从权威中得到解放，而代表了"自我"的发现，"自我"分为"小我"和"大我"，把"小我"从封建的束缚中解放出来，给"小我"个性自由。

五四初期个人主义的一些成分如人格自主、个人独立意识、自主性等迎合了社会的需求，但是到五四后期西方个人主义的一些成分与中国的社会矛盾逐渐凸显，因此五四后期西方个人主义被赋予负面的色彩，④ 成为批评的对象。比如，在胡适的著作中就指出过有假的个人主义，有自私自利性质的为我主义。⑤ 在《虚无的个人主义及任自然主义》中陈独秀给个人主义赋予了否定的色彩，他从个人和社会的不可分割的关系出发，基本上回到了中国传统

---

① 高一涵：《共和国与青年之自觉》，《青年》1915 年第 2 期。
② 陈独秀：《东西民族根本思想之差异》，《青年》1915 年第 4 期。
③ 胡适：《胡适留学日记》（上），安徽教育出版社 1999 年版，第 205 页。
④ 具体的数据可以参见金观涛、刘青峰：《观念史研究：中国现代重要政治术语的形成》，法律出版社 2010 年版，第 168—179 页。
⑤ 欧阳哲生主编：《胡适：告诫人生》，九州出版社 1998 年版，第 90 页。

整体主义思潮，而且又回到了"小我"和"大我"的思潮："人类自有二人以上之结合以来，渐渐社会至于今日，物质上精神上哪一点不是社会底产物？哪一点是纯粹的个人的？我们常常有一种特别的见解和一时的嗜好，自以为是个性的，自以为反社会的，其实都是直接、间接受了环境无数的命令才发生出来的，认贼作子我们那能够知道！"[①] 有趣的是，陈独秀把个人主义思潮与道家思想连接在一起："中国学术不发达，就坏在老子以来虚无的个人主义及任自然主义。现在我们万万不可再提议这些来遗害青年了。因为虚无的个人主义及任自然主义，非把社会回转到原人时代不可实现"[②]。笔者认为，陈独秀的观点应该是对胡适提出的独善个人主义的延续，[③] 他对两者的负面描写来自于社会现状。可以假设，不是所有的知识青年都能正确地接受个人主义思潮。可见知识青年用了文化中已经存在的成分来接受与阐释本来陌生的西方思潮。陈独秀意识到了在国家灭亡的危机状态时，只有以"大我"为基础的思潮才能把中国人团结起来，因此要保持责任高于权利的社会与道德基础。道教在中国历史上也属于另外一个"自我"理解的方法，但是因为道家以缺乏社会责任的概念作为社会道德基础，因此它不适合处于主导意识形态的位置。

在 1920 年前的著作中"小我"的价值观问题本来是通过西方个人主义来解释的，因此 1920 年在一些思想家著作中有时候会出现带有正面影响的"个性主义"的概念。如此，在《非个人主义的新生活》中胡适介绍杜威界定的真的个人主义，[④] 翻译为 individuality，笔者认为这指出了个人主义的中国"用法"："一是独立思想，不肯把别人的耳朵当耳朵，不肯把别人的眼睛当眼睛，不肯把别人的脑力当自己的脑力；二是个人对于自己思想信仰的结果要负完全责任，不怕权威，不怕监禁杀身，只认得真理，不认得个人的利

---

① 陈独秀：《虚无的个人主义及任自然主义》，《新青年》1920 年第 4 期。
② 陈独秀：《虚无的个人主义及任自然主义》，《新青年》1920 年第 4 期。
③ 欧阳哲生主编：《胡适：告诫人生》，九州出版社 1998 年版，第 90 页。
④ 欧阳哲生主编：《胡适：告诫人生》，九州出版社 1998 年版，第 90 页。

害"①。其基本上包括：个人从封建束缚上的解放、精神上的解放，但是也不排斥对社会的责任。实际上这种中国化的个人主义要成为医治社会弊病的"药"，但是最后社会背景决定了"救亡压倒启蒙"②。金观涛、刘青峰基于《新青年》和《向导周报》的研究强调，在1920年以后个人主义开始有负面评价，而在《向导周报》中的"个人"一词，其意义几乎等同于传统"本人"、"私人"的用法③。随着马克思主义思潮的到来，中国式个性主义作为医治社会弊病的药失去了主流文化的位置，但是最后我们可以发现个性主义对中国社会的影响，比如女人的进一步解放、文学中的个性主义想法表达、男女关系的变迁等。

由于五四时期的核心价值观呼吁在于"个性解放"和"小我"解放，新中国成立后的意识形态不能忽视社会对这方面的需求。阮青强调，"马克思主义思潮——以毛泽东、刘少奇、李达等为代表的，他们从中国新民主主义革命的需要出发，明确提出个性解放与民族解放、阶级解放的统一，个性解放与党性原则的统一，区别出创造性的个性与破坏性的个性、无产阶级个性与资产阶级个性，构建起中国共产党人的个性解放理论"④。不过，从这里我们很明显地看出来"小我"从家庭解放后，仍然与群体融合，个人主义在红色时代成为被批评的对象。"个人主义是资产阶级思想的表现，是一切剥夺者与小私有者思想的最本质特点。个人主义可以说是私有制社会的产物"⑤。

笔者发现新中国成立后对个人主义（个性主义）的理解仍然影响着改革开放后对个人主义（个性主义）的解释。个人主义这个词，在学术界和青年

---

① 欧阳哲生主编：《胡适：告诫人生》，九州出版社1998年版，第125页。

② 参见李泽厚：《中国现代思想史论》，天津社会科学院出版社2003年版，第26—27页。

③ 参观金观涛、刘青峰：《观念史研究：中国现代重要政治术语的形成》，法律出版社2010年版，第177页。

④ 阮青：《中国个性解放之路——20世纪中国个性解放思潮研究》，华东师范大学出版社2004年版，第22页。

⑤ 魏钦公：《论个人主义》，河南人民出版社1958年版，第2页。

眼中经常带有明显的否定色彩。① 在有些人眼中个人主义是利己主义的同义词:"个人主义在资本主义上升时期,曾起过进步的历史作用,是资产阶级反对封建主义的有力思想武器。但它是私有制的产物,它把社会的经济、政治、文化等一切活动均建立在赤裸裸的个人私利的基础上,它是唯利是图、金钱至上、损人利己、尔虞我诈等社会丑恶现象的理论根源。因此,自资本主义制度确立以后,个人主义的消极作用是主要的,对社会的危害也是极大的。"② 不过还会保留"健全个人主义"或者"个性主义"③。另外,在学术界还出现了不同于个人主义的"个体主义"。"个体主义"作为跟集体主义对立的政治概念出现于学术文献中,也在大部分的情况下,带有负面的色彩。④ 虽然个体主义主要呈现出负面色彩,但是仍然有些学者赋予它"中国味"的个人主义或者个性主义的意思,比如火源在研究杨绛的《智慧的张力:从哲学到风格——关于杨绛的多向度思考》的文章中,强调个人主义这个词的否定色彩,指出:"中国的个体主义(追求群己的人格)来自对'天'的信仰,但是因为这种'个体主义'处于宗法制度非常强固的传统中,所以有更多整体主义色彩,更强调其社会承担,要求信奉'个体主义'的人从个人'修身'推广开去,'齐家'、'治国'、'平天下',也就是说个体是重要的,但是目的却不在它自身,而是在于成为家国等集体良好部分,个体属于第二性的。"⑤

确实,在中国语境下个人主义也获得了自己的"味儿"。在当代学术界个人主义有不同的含义,很多学者把西方个人主义与中国式个性主义和带有政治色彩的个体主义混在一起,还有把个人主义的内容解释为利己主义。改革开放后的"中式"个人主义有什么现实表现?第一,"小我"的解放和个

---

① 基于笔者在学术研讨会、会议等学术活动的参加以及自己田野调查和访谈结果。

② 党建强、牛连华、张海川:《个人主义、拜金主义、享乐主义辨析》,《内蒙古煤炭经济》2008 年第 2 期。

③ 个性主义在不同的文献中以肯定和否定的色彩出现,没有一致性。

④ 有关"个体主义"在当代文化中的理解没有一致性。

⑤ 火源:《智慧的张力:从哲学到风格——关于杨绛的多向度思考》,北京文联出版社 2016 年版,第 10—12 页。

人独立意识。中国青年在五四之后提出的呼吁得到了展现：男女平等、婚姻自由和以爱情为基础的婚姻、自由择偶都成为中式个人主义在现实中的表现。第二，个人的经济自由和财产保护权，随后出现了消费权、投资权等。第三，随着改革开放的深入，个人发展和个人成功成为社会主流，并且其有了不同的表现，其个人发展的主要表现在于经济福利、个人才能和个人给社会带来的好处。在这里要强调的是，在社会主流观念中，个人发展仍然与社会或者群体发展相关联。第四，个性表达和独特性在当代中国多元化环境下成为主导文化范围内的中国个人主义表现。中国社会没有接受原子论的个人主义，也没有把个人放在第一位，而是保持了责任高于权利的精神基础。这些现实表现都说明，在中国语境下个人主义思潮经历了中国化的过程，且不适合中国社会的成分遭到了淘汰。

二、当代中国都市青年亚文化与中式个人主义的发展

虽然笔者提出五四时期是中国都市青年文化发展之出发点，但强调都市青年文化与亚文化作为中国具有当代意义的社会现象主要是在改革开放后才获得了迅速的发展。在中国文化的舞台上出现了很多种新的文化载体，包括从国外引进的都市青年亚文化载体。笔者试图通过北京青年亚文化的具体例子来分析改革开放以来个人主义思潮的发展过程。在这里必须强调，我们具体分析的都市青年亚文化，它们不代表青年的主流，而只是代表几种群体，这些群体从价值观层次来看是整个系统中不可分割的组成部分。它们在自己发展的不同时期，分别处于主导文化范围外或范围内，要么与主导文化价值观相对立，是挑战主导文化的力量；要么走上与主导文化"迎合"的轨道。笔者以北京摇滚亚文化和滑板亚文化为例，试图从历史与文化角度分析从国外引进来的一种新文化载体经历的本土化的过程，并关注青年亚文化与主导文化在价值观层面交流的过程。在此分析中笔者着眼于对青年自我观的

变迁、都市青年对"大我—小我"价值观之间平衡点的探索，而且不限于这个范围，因为每一个都市青年文化的例子都有其特殊性。

（一）摇滚亚文化发展之路：从"大我"精神到"小我"的主题

1.西方摇滚乐如何在中国找到了"突破口"

摇滚亚文化产生于50年代的美国，是两种文化——黑人节奏"布鲁斯"和白人乡村音乐的混合。美国早期的摇滚文化是纯正的青年亚文化，其出现、价值观、精神内涵无法脱离当时美国社会的经济政治背景。首先，应该说，从社会角度来看，50年代美国的青年群体开始享受一定的独立性，在这里最重要的因素是战后的美国经济繁荣使美国青年有工作、有兼职机会和经济独立。另外，从价值观角度来看，美国旧教育系统与当时资本主义繁荣已经开始面临矛盾，青年对个性和独特性的呼吁是作为对社会背景与教育方式的反感而出现的。因此，在美国50年代的摇滚基本上与青年群体获得新社会力量是相关联的。50年代的摇滚的快速节奏与青年宣泄是联在一起的。在60年代，美国的社会与政治背景的复杂性给青年亚文化的发展提供了基础。因此，美国摇滚青年的呼吁是多种多样的，人权、性革命、反战争、反种族歧视等等。摇滚青年亚文化被看作一种大的社会力量，以其叛逆性和批判性闻名于世。随着美国50年代和60年代摇滚热潮的出现，其文化形式"传染"了全世界。

摇滚亚文化的个人主义思想的主要内涵是个人的精神解放，包括个人自由、独立性、个性与创造性。虽然在五六十年代美国经历过摇滚热潮，但摇滚文化不针对大众，初期摇滚本来的内涵与商业化的原则是对立的，其核心思想是个人寻找自己的生活方式、自己独特的风格、保持自己的个性。可是，60年代之后美国摇滚走上了纯正商业化道路。摇滚在改革开放之后的中国是一种新的文化现象。因此，摇滚在中国语境下要经历过两种层次的文化适应：首先，作为新的音乐形式、新的文化载体要经过主导文化与社会主流的认可；其次，还要经过摇滚精神和摇滚包含的价值观的适应。

亚文化包含的群体由一定的目标组成，在价值观层次上对主导文化和社会主流文化有一定的呼吁。与美国相比，改革开放后的中国没有种族矛盾、阶层冲突及美国青年的极端情绪，可是，我们仍然可以说80年代的中国对当时的摇滚乐来说是"肥沃的土地"。为什么？中国摇滚亚文化的"反叛性"以什么为基础？首先是青年本身的状况。当时中国出现了很多相当独立的都市青年群体，包括校园群体、放弃校园读书的待业青年、个体户、都市"文艺"青年等。金兆钧如此介绍80年代的青年音乐群体："从身份来看，流行音乐青年作者来源不同，既有作曲专业出身的如毕晓世，亦有器乐演奏出身的如崔健、张全复，甚至有搞录音的、搞美术的如王迪等。尤其在北京，相当一部分从事流行音乐词曲创作的作者出自业余，不少人一直是自由职业者。再从'下海'的途径看，有的是因工作性质而接触流行音乐乃至介入的，有的纯属业余爱好而自学入'圈子'的，有的开始是扒带子的，有的是被朋友拉进'圈子'的，也无一定之规。"① 我们可以发现，自由职业的存在和业余时间的充足在中国语境下起到了重要的作用。在从学校毕业后或者中途辍学后，"小我"的生活出现了，有机会自由地娱乐和探索自己。这个有一定学历和文化背景的、从小接触过音乐的青年群体对新的东西、新的文化有很大的"饥饿"感。何勇在接受采访时回忆说："我们当时在整个社会来讲是特殊的一群人。比较追求时髦，而且有一批人很早就离开学校，还在循规蹈矩生活的占多数，有些人开始寻找自由的生活方式，而且大家都是普遍对西方音乐、文化比较感兴趣。音乐是实在的，从专业上来讲，很能知道什么是好东西，从技术上就有比较。"②

　　从职业角度来看，他们属于一种"贵族"青年，金兆钧认为，摇滚乐可以被看作所谓的"贵族人音乐"，因为工资比普通老百姓的平均工资高，另

---

① 金兆钧：《青年流行音乐创作群体的心理分析》，《人民音乐》1988年第8期；金兆钧：《光天日下的流行：亲历中国流行音乐》，人民音乐出版社2002年版，第281页。

② 高原：《1990—1999 把青春唱完——中国摇滚与一个文化群体的生活影像》，中信出版社2015年版，第77页。

外，他们每增加一次表演还能获得额外的收入。① 但是，一旦专业音乐家"下海"，他们都要经历很多物质方面的困难。例如，唐朝乐队主唱丁武的家就成了朋友们的"公社"。和滚石唱片签约之前（1991 年），唐朝乐队没有固定收入，据丁武说，"所谓的演出就是去参加一些 party，那种 party 都是临时凑的。生活上我们就靠家，吃方便面。我经常就是买一袋奶粉，每次三勺冲一杯，这就是中午饭，晚上再冲一杯，要不就是买散装的方便面，没作料的那种，每次吃一包。然后每星期回家一次，看看父母，大吃大喝一次。"② 笔者认为，因为摇滚青年本来有相当稳定的物质条件和较好的家庭背景，所以他们不怕折腾。另外在青年群体中摇滚文化得到发展的原因是青年精神上的追求，金兆钧指出了他们的"把玩"意识："他们不很严肃地去赚钱，但严肃地搞创作。他们喜欢吃喝玩乐，但最大的野心是'打响'，是'玩一点更高的'，他们坦诚的爱音乐、爱摇滚，当然，也爱生活"③。这个年代产生的摇滚歌手已经经历过生活上的很多痛苦，他们已经受到了中国"大我"精神的教育，也见过父母的"大我"精神，因此，他们不怕为了精神上的东西吃一点苦。

除了青年本身的身份、自由结成群体的条件和对新文化和精神的追求之外，社会背景、社会价值观的变迁也起了重大的作用。从这个角度来看，摇滚文化伴随着一代都市青年的价值观迷惘和最后"自我"意识的增强。在价值观困惑、感觉无法再待下去时，摇滚音乐帮助他们宣泄了情绪和愤怒。金兆钧在分析摇滚群体的背景时，也指出了他们的共同批判意识、早期和成熟初期受到压抑产生的反抗、对自我表现的愿望等因素。④ 从这个角度来看，

① *Exploring the Spaces for a Voice – The Noises of Rock Music in China (1985-2004)*, PhD Thesis, The Chinese University of Hong Kong, 2006, p. 52.
② 高原：《1990—1999　把青春唱完——中国摇滚与一个文化群体的生活影像》，中信出版社 2015 年版，第 28 页。
③ 金兆钧：《青年流行音乐创作群体的心理分析》，《人民音乐》1988 年第 8 期；金兆钧：《光天化日下的流行：亲历中国流行音乐》，人民音乐出版社 2002 年版，第 285—286 页。
④ 参见金兆钧：《青年流行音乐创作群体的心理分析》，《人民音乐》1988 年第 8 期；金兆钧：《光天化日下的流行：亲历中国流行音乐》，人民音乐出版社 2002 年版，第 285 页。

中国社会背景产生的条件、价值观变迁的内涵与美国青年对个性呼吁、摇滚文化的精神与批判情绪是相辅相成的。

摇滚音乐在中国的发展始于70年代末，虽然降落到"肥沃的土地"，"萌芽"却不是特别快。基本上可以说，在中国，摇滚乐是在80年代末至90年代初才火起来的。最初，只有个体户、大学生、艺术青年和外国人玩摇滚。第一个中国摇滚乐队"万里马王乐队"在1979年创办于北京第二外国语学院，主要翻唱 The Beatles、Bee Gees 和保罗·西蒙的作品，在外语学院和语言学院演出。中国早期摇滚乐队只是翻唱西方的摇滚歌曲，没有创作自己的音乐。在80年代中旬出现了"七合板乐队"、"不倒翁乐队"。乐队成员已经有很明显的音乐背景，比如"七合板乐队"的七名成员是北京歌舞团的演员。这两个乐队的成员也会玩传统乐器，比如文博的专业是琵琶、崔健跟父亲学过小号等，也许这决定了摇滚音乐与中国民乐相辅相成的发展模式。虽然这两个乐队以翻唱为主，但是翻唱和"随便玩音乐"慢慢变成了"自己创作音乐"。最开始他们用摇滚节奏唱民歌，比如"七合板乐队"唱过中国民歌《小毛驴》。但是那时候在中国环境下还没有清楚的摇滚概念。如陆凌涛、李洋强调："'七合板'与'不倒翁'这两支乐队存在、被历史记住的意义和原因并不在于摇不摇滚，而是它们这种形式，给中国的音乐环境带来了清新的空气，它们让很多人知道，除了主流音乐之外，音乐原来还可以有这样的形式和表达。"[1]

1986年10月19日《人民日报》发表了一篇名为《"摇滚乐"我见我闻》的文章。文章通过一个中国记者在美国的摇滚音乐会的体验来介绍美国摇滚乐。记者没有客观地描写现象，而是很明显地介绍对其文化现象的意见。文章从"不知怎么，我很厌恶摇滚乐"[2]开始，记者对其音乐表达了否定的情绪："节奏感极强的沉闷演奏，宛如一阵阵鼓锤擂胸，直敲打得你前胸快贴

---

① 陆凌涛、李洋：《呐喊：为了中国曾经的摇滚》，广西师范大学出版社2003年版，第32页。

② 陈功：《摇滚乐：我见我闻》，《人民日报》1986年10月19日。

上了后背，弊得喘不过气来！"① 同时也对音乐内容没有适当的解释，只表达了对美国社会问题的不理解，② 由此，我们可以发现，第一，记者用中国特色的"责任高于权利"的思想，用中国的"自我"作为"大我"的一个部分的理解来解释美国，没有深入了解两种文化的差别。第二，有一种可能性是《人民日报》作为主导文化的"声音"是通过展现一个记者的感受来表达。第三，单纯的美国摇滚乐不一定符合中国社会主流的审美观，所以可以发现当时主流文化对摇滚音乐的态度。

金兆钧强调，在 1978—1985 年间新时期通俗歌曲表现出"阴盛阳衰"的趋向。③ 中国摇滚以甜甜蜜蜜的港台声音为对立的力量出现于中国舞台，就在此过程中，中国摇滚在中国民族文化中找到支撑了。1986 年，崔健将西北风的音乐和摇滚乐融合在一起创作出了《一无所有》。当时制作人向时任东方歌舞团团长的王昆介绍《一无所有》时说："一首取自陕北民歌的爱情歌曲。"④ 另外，王昆则认为，取材自民歌的创作是值得鼓励的。⑤ 为什么摇滚以西北风现象在中国舞台上出现了？对其事实笔者可以提供几种解释：第一，摇滚音乐在 1986 年仍然是都市青年群体的爱好，所以社会主流对这种音乐概念是相当陌生的，而大家对西北音乐已经有了一定的了解。第二，从音乐角度来看，中西音乐经过融合的新阶段，如金兆钧强调过："人们已经发觉，以外国古典民歌音乐思维与中国民间音乐思维相结合的方式已经不复为创新，以早期爵士、探戈、狐步等现代歌曲的音乐思维与中国民间音乐文化特别是中原音乐文化相结合的路也非新路……正是改革开放为我们提供了一个前所未有的环境，使当代世界文化的信息开始进入当代中国。这时，一种新的音乐思维诞

① 陈功：《摇滚乐：我见我闻》，《人民日报》1986 年 10 月 19 日。

② 陈功：《摇滚乐：我见我闻》，《人民日报》1986 年 10 月 19 日。

③ 金兆钧：《风从哪里来？——评歌坛"西北风"》，《人民日报》1988 年 8 月；金兆钧：《光天化日下的流行：亲历中国流行音乐》，人民音乐出版社 2002 年版，第 277 页。

④ 强晓霓：《从"一无所有"——兴起于社会变迁中的中国早期摇滚乐研究》，北京大学博士学位论文，2009 年。

⑤ 本信息来自于《滚石杂志》，转引自 http://www.gjart.cn/sfviewnews.asp? gjart=66&cateid=6&id=9312。

生了，这就是以现代西方摇滚——典型工业化条件下的通俗音乐——与中国民间音乐文化，尤其是西北民间音乐文化——典型封闭条件下保留着的音乐文化——相结合而产生出'西北风'的音乐形态：中国民族化摇滚"①。当时崔健的摇滚乐有了"西北"音乐味儿，因此被叫作西北摇滚或者中国民族化的摇滚。第三，摇滚乐与西北风音乐有很强的"男性口味"。Nimrod Baranovitch强调，西北风的音乐象征着国家"自我"的"男性"风格，与前期港台"女性"风格的音乐是对立的。② 西北风是寻根热的音乐表现，伴随着中国国家需求进行形象的强化、"男化"和中国男人形象的变化。它的主要表达方式跟国家、集体主义、集体精神有关，因此，当时出现的摇滚乐的"男性"味以及与"大我"有关的内容解释了摇滚与本地西北风音乐相关的现象。

上面提出的特点解释了摇滚乐作为新的文化载体登上中国舞台的途径。我们可以基本概括为外国"摇滚的瓶"开始"装上中国的酒"。这引起一个问题：为什么摇滚乐在80年代末90年代初成为中国青年亚文化？ 在中国摇滚发展之初，从歌词内涵与音乐情绪的角度来看，西北风和摇滚有明显的区别。西北风作为寻根热的音乐表现，以集体意识的恢复为目标、与国家"大我"相联合。比如，《信天游》中写道："我低头向山沟追逐 / 流逝的岁月 / 风沙茫茫满山谷 / 不见我的童年 / 大雁听过我的歌 / 小河亲过我的脸"。很明显地带有赞扬故乡、培养爱国主义和集体精神的情怀。西北风的一些歌曲中还有一定的失望情绪和想改变现实的希望，比如，在《我热恋的故乡》中我们可以发现："我的故乡并不美 / 低矮的草房苦涩的井水 / 一条时常干涸的小河 / 依恋在小村周围 / 一片贫瘠的土地上 / 收获着微薄的希望"。但是与摇滚相比，在西北风歌曲中我们听不到很强的批判情绪，"自我"仍然湮没在"大我"里，也无法发现"小我"或者任何个性表达的方式。

---

① 金兆钧：《风从哪里来？——评歌坛"西北风"》，《人民日报》1988年8月；金兆钧：《光天化日下的流行：亲历中国流行音乐》，人民音乐出版社2002年版，第278页。

② Nimrod Baranovitch, *China's New Voices: Popular Music, Ethnicity, Gender and Politics, 1978-1997*, University of California Press, 2003, p.130.

崔健不仅把外国音乐形式与中国民间音乐连在了一起，还把摇滚精神、摇滚批判意识与中国社会语境连在了一起。在 1988 年《人民日报》的一篇文章《从〈一无所有〉说到摇滚乐——崔健的作品为什么受欢迎》中特别指出："欧美的摇滚风格与中国传统音乐融洽地织和于一体，形成具有强烈民族特色和地方风情的摇滚音乐。"[①] 改革开放前的音乐含有很多跟"大我"有关的意义，《人民日报》作为主导文化对音乐这样的理解已经表达出开放的态度，希望人们不要把歌词放在心里，要把音乐只看作娱乐性的项目："当然，摇滚乐能否在我国激起如西方世界一般狂热，尚未可知。但无论如何只是一个民族文化心理、审美习惯的问题，不应扯到社会制度或阶级性，大可不必为它的出现而忧虑，只把它作为一个音乐品种看就可以了。"[②] 主导文化的反应说明，当时崔健的新音乐再加上新内容获得了观众的认可。

　　强晓霁基于对崔健歌迷的访谈，分析了当时粉丝对崔健的音乐喜爱的原因。比如，有人回答说："特别能代表我们 70 年代左右的那代人。像我，1971 年生人，我们经历了刚开始改革开放的年代。听崔健的音乐，好像内心得到了一种解放，可以释放自己的压力。"[③] 或者有另外的受访者有这样的印象："感觉是最真实的声音，没有虚伪，很男人的声音。那种叛逆的东西和自己骨子里想要的是一样的，相信有血性的人都会喜欢。我们不要循规蹈矩，我们要表达自我"；"他的音乐每次听都有给人力量的感觉，能激发自己要保持自我。我从小反叛，只是突然找到了老崔，他能替自己表达很多东西。情绪低落的时候，听他的音乐会好许多"[④]。这些感叹都说明崔健的观众

① 顾土：《从〈一无所有〉说到摇滚乐——崔健的作品为什么受欢迎》，《人民日报》1988 年 7 月 16 日。
② 顾土：《从〈一无所有〉说到摇滚乐——崔健的作品为什么受欢迎》，《人民日报》1988 年 7 月 16 日。
③ 强晓霁：《从"一无所有"——兴起于社会变迁中的中国早期摇滚乐研究》，北京大学博士论文，2009 年。
④ 强晓霁：《从"一无所有"——兴起于社会变迁中的中国早期摇滚乐研究》，北京大学博士论文，2009 年。

也跟他在一起发现他们的"自我"，跟崔健一样找"小我"和"大我"之间的和谐，试图把自己原来的失望通过快节奏、严肃的男性声音表达出来。强晓霙的访谈通过分析听崔健音乐的人的态度，来分析这个群体。受访者强调，这样的人"自我意识强烈，有点反叛精神，作风特立独行"，"有独立意识，能独立思考、判断。他们对政治敏感，保持警惕，愿意去发现真相。他们的行为却有两种不同的结果，积极的人始终保持一种对社会的责任感，而有些人则采取消极的态度，比较悲观"。① 这都说明文化创造者和文化享受者在价值观层面存在统一性。区别在于有些都市青年用文化载体来表达这些情绪，另外一批青年群体则选择默默接受。

2. 摇滚伴随的个人主义的适应："大我"和"小我"之间②

从价值观角度来讲，八九十年代的中国摇滚在寻找"大我"和"小我"之间的和谐，在进行"自我"的探索。从内容上来讲包括：第一，对以前淹没在"大我"的"小我"失望；第二，"大我"和"小我"之间平衡点的探索，青年对"'自我'到底是什么"的探索；第三，"小我"的发现，包括创造性、个性、用不同的方式自我表达、"小我"、个性，从"大我"和一些其他的束缚中解放；第四，"小我"需求的发现与人欲的承认，如爱情、性、物质，"小我"物质与精神的矛盾；第五，新"小我"在群体中出现的问题与"小我"与其他人的新关系。

中国的摇滚教父崔健是第一位把自己真实的感受用摇滚音乐的方式表达出来的音乐人。这些感受不仅涉及了"大我"，还涉及了"小我"的问题。摇滚文化的内涵与潘晓的"自我"探索和伤痕文学反映的问题是相辅相成的。我们从崔健的歌曲中能够听出这些失望、感叹的情绪和"小我"湮没在"大我"

---

① 强晓霙：《从"一无所有"——兴起于社会变迁中的中国早期摇滚乐研究》，北京大学博士论文，2009 年。

② 该小节的内容在 2016 年 5 月 18—19 日以色列的 Tel Hai College, The 13th Biennial Conference of Asian Studies in Israel 中介绍的，题目为 "Rock Subculture and Individualism in China after the Economic Reform"。

中的现实。比如，在《一块红布》中他唱道："那天是你用一块红布／蒙住了我双眼也蒙住了天／你问我看见了什么／我说我看见了幸福／这个感觉真让我舒服／它让我忘掉我没地儿住／你问我还要去何方／我说要上你的路"。在崔健早期歌曲中带有很多双重意义，表面上是一首爱情歌曲，实际上是一首表达个人与国家关系的歌曲，是一种隐喻。崔健的《不是我不明白》的歌曲很明显地反映当时青年自我观的困惑："过去的所作所为我分不清好坏／我曾经认为简单的事情现在全不明白／我忽然感到眼前的世界并非我所在"。说明当时青年意识到了他们的"小我"是被压缩的，是被裹挟在"大我"中的。他的歌曲中出现的"情绪"反映的就是新时代对价值观变迁的诉求。

如果分析崔健的背景，我们可以发现，崔健提出的问题，具有很强的爱国主义和民族主义思想。在他的歌曲背后，我们可以听到这样的问题：为什么"文化大革命"会发生？集体主义还适合中国吗？人生的意义是什么？我的"小我"属于"大我"吗？这些问题产生的原因是当时中国正处于转型时期，对这些问题没有给出明确的答案。不过，1993 年崔健在柏林演出时对记者说过："艺术有政治的责任，却没有政治的目的。"[1] 另外要强调，崔健的思想中充满着中国传统的整体观。《新周刊》指出，崔健还会为易卜生那句话震动："当你痛恨这个社会的时候，别忘了你是其中一员。"[2] 这说明，崔健虽然认为"小我"湮没在"大我"中，但是他的思维方式和他对社会结构的理解是基于对中国特色整体主义的理解。在另外一个访谈中他明确地表示了这个观点：如果青年对自己的国家说一些不好的话，这并不说明他们不喜欢他们的国家。可能因为他们爱他们的国家，就是不太满意，就说这些话，因为他们想改变。同时，他也指出中国摇滚在内容上不应该受西方摇滚的影响。他强调：这些观点说明了两点：一方面，很明显他是整体主义系统的"产儿"；另一方面，这些话说明 80 年代末 90 年代初由崔健开创先河的中国摇

---

[1] 杨强：《摇滚照耀灵魂：中国音乐亚文化之声》，北京燕山出版社 2012 年版，第 5 页。

[2] 《新周刊》编：《我的故乡在八十年代》，中信出版社 2014 年版，第 234 页。

滚亚文化在其社会结构的位置上和内容上与西方都有明显的区别。

80 年代都市青年亚文化的情绪在很大的程度上是与五四时期相关联的，因为他们继承了"小我"、中国个性的解放。80 年代青年最核心的问题是"自我"的发现和"小我"空间的确定。在一个访谈中崔健强调过：孔子教过人们怎么好好对待别人，可是不好好对待自己，怎么当礼貌的人，我的父母，我要对他们很礼貌，可是在这种情况下我们基本上失去了探索自己的方向。他也强调过："所谓自信，就是强调个性，而不是让人去丢掉自己；人们不应该去崇拜别人，而应该相信自己。它带有个性解放的意义。"[①] 在崔健的多数歌曲中我们可以听到"我是谁"这个问题。比如，在崔健的《假行僧》中说："我要人们都看到我 / 但不知道我是谁。"崔健在很多歌曲中承认以前"自我"的虚伪性，[②] 让自己接受现实，发现真正的"自我"。他在工人体育场第一次唱出了"我"，他的歌词表达了对个体身份和存在的追寻。这个中国"自我"属于哪里？崔健提出的"自我"与个人主义思潮的个性解放和个人发现是有关系的。崔健给大家分享他"自我"的情绪，不过，当时他不但用音乐和歌词来表达感情，还用他穿的衣服来反映他的个性，那天舞台上他穿着旧军装，裤脚挽得一高一低，这种行为和舞台上的形象是崔健为个性自由而战的最初表现。崔健想强调一个人的发型和衣服能够体现其独立的世界观，能够表达个人的感情。在接受《新周刊》的访谈时，崔健说："对我个人而言，西方音乐更多的是意味着对于个人的开放。"[③]

在第二代摇滚歌曲中，这种批评态度已经稍微变弱了，"大我"的情绪还存在，比如具有民族特色的唐朝乐队继崔健的《南泥湾》之后用新的音乐表达方式唱过《国际歌》。另外，在《梦回唐朝》歌曲中表达了乐队想念着唐朝的繁荣时代："沿着掌纹烙着宿命，今宵梦醒无酒，沿着宿命走入迷思，梦里回到唐朝"。在唐朝乐队的歌曲中对自己文化和历史的赞扬基本上指出

---

① 雪季编著：《摇滚寻梦——中国摇滚乐实录》，中国电影出版社 1993 年版，第 1 页。

② 比如，《假行僧》、《不再掩饰》。

③ 《新周刊》编：《我的故乡在八十年代》，中信出版社 2014 年版，第 235 页。

当时对西方文化浪潮的反应，不再是强调自己文化的独特性。Kaiser Kuo 在一个访谈中讨论唐朝乐队的名字时指出："唐朝在中国历史上很伟大是因为它对外开放的影响，因为它是如此国际化"①，基本上说明了中国初期摇滚的特点，即用外国文化载体，保持着自己文化的独特性。跟崔健一样，唐朝乐队很明显地提出了个性表达诉求，用个性化的衣服、音乐节奏与演唱方式。不仅如此，从唐朝乐队的身上我们还可以发现"小我"还是很明显地伴随着"大我"的意识。

崔健属于中国摇滚的第一代，继承着他摇滚乐的叛逆性的中国音乐舞台，后来出现了黑豹乐队（1987）、唐朝乐队（1987）、面孔乐队（1989）、青铜器乐队（1989）、眼镜蛇乐队（1989）、指南针乐队（1990）、轮回乐队（1991）、超越乐队（1991）、灰狼乐队（1991）、战斧乐队（1992）等。80年代末至90年代初是中国摇滚亚文化的繁荣时期，但该时期"小我"和"大我"的问题还没有得出答案。第二代摇滚青年把自己的情绪以摇滚文化为载体来表达自己的内心世界。何勇认为他们"新一代在思想上还是更多开始了自己的探索"②。虽然第二代的摇滚仍然涉及很多社会的问题，但是他们歌曲中的故事来自个人体验，已经没有了崔健的集体意识。比如，张楚指出："我写的歌是关于当今中国的青年是什么样子的，他们住在大城市的生活状态，宁可漂泊在大城市的状态。"③张楚与其他90年代的摇滚乐队很清楚地表现了"自我"在新环境下面临的问题。

在90年代初摇滚群体开始追求精神上的解放。如此，摇滚乐手在歌曲中涉及了原本在中国文化中很长时间没有涉及的问题，比如，宗教、死亡和其他哲学问题。这一现象与魏晋时期的精神徘徊是类似的。比如，1994年

① Kaiser Kuo 在 CCTV 的访谈，https://m.youtube.com/watch?v=9jDiuKbl9_E。
② 高原：《1990—1999 把青春唱完——中国摇滚与一个文化群体的生活影像》，中信出版社2015年版，第39页。
③ "Chinese rock stars. New generation emerging following political liberalization", *Far Eastern Economic Review*, Nov 19, 1992, p. 34.

《神州的摇滚》专辑有了这种风格。这些都说明青年的情绪、躲避现实的愿望和寻找"自我"的困惑。社会变化很快，人们还没来得及适应。如此，在1993年，青年摇滚歌手吴珂，在做梦乐队解散之后强调过："但是我必须面对现实，不能再做梦。"[①]虽然这么说，但是，因为其无法面对现实而染上毒品，24岁就去世了。

当时都市青年在社会中的孤独寂寞的感觉和无法适应的状态可以在窦唯的《黑色梦中》听到："我的寂寞和我的泪／我的表现是无所谓"，"黑色梦中我去安睡／梦中没有错与对／梦中有安也有危／梦的时代我在胡说／梦醒时刻才会解脱"。人们在现实社会有很多压力时，往往会追求精神上的自由。因此，可以说，对超越价值的兴趣与对现实的不满有密切关系，价值观变迁与新价值观需求有密切关系。比如，高度失望的人可以在何勇的《垃圾场》中得到展现："我们生活的世界／就像一个垃圾场／只要你活着／不能听着幻想"。在这里我们能基本上听到朋克摇滚的情绪。青年的失望在很大程度上来自于对现实的不接受。这样的情绪与王朔小说中的一些边缘人物形象表现出来的情绪很接近。总体来说，都是青年精神危机、个人内心疲劳、想解脱的情绪的外在表现。杨黎明于1994年在《音乐天地》发表的文章中强调："何勇被称为中国第一个也是最后一个朋克"。在分析何勇的作品时他指出："在中国，我们可以说朋克摇滚更多的是反映个体心灵在失去意义与价值维系之后仍苦苦挣扎、抗争的事实。无论是如何地苦闷、彷徨、焦虑、绝望，他们仍然紧紧抓住一个理想形态的'自我'，并时刻追求其实现。这种精神的实质是具有悲剧性和崇高性的，其根源是社会的、历史的，更是命运的。可我们就这么注定往前走，也许明天将会有明亮的太阳和闪闪发光的星斗在等着我们"[②]。几乎每个摇滚歌曲的个人主义成分都很接近魏晋时期的内容：个人的精神上自由、个性表达、个性解放。每个乐队和摇滚歌手利用不同的方式

---

① 高原：《把青春唱完　1990—1999——中国摇滚与一个文化群体的生活影像》，中信出版社2015年版，第65页。

② 杨黎明：《中国的朋克摇滚》，《音乐天地》1994年第12期。

来表达这个，比如何勇在很有创造力的《非洲梦》这首歌曲中用新声音、新节奏通过"我想去那遥远的非洲 / 看一看那里的天和树 / 亲耳听一听非洲的鼓声 / 还有那歌声的真实倾诉"的话来表达自己的感情。在"我们就住在茅草房的里边 / 我要用鲜花给你做件衣裳"的话里我们还可以发现他回归自然的需求。

另外，改革开放之后的新一轮"个人解放"的过程伴随了人与人之间关系的变化。如果说新中国成立时把"刚刚解放的人"团结起来了，为国家"大我"的利益和物质繁荣而斗争，那么在改革开放后随之出现的新的经济环境把这个团结"解散"了，其导致人与人之间的关系变得淡漠。比如说，如果我们分析黑豹乐队的歌曲，可以发现这一点。1991 年出的《无地自容》："人们已是如此冷漠 / 不再回忆回忆什么过去 / 现在不是从前的我 / 曾感到过寂寞 / 也曾被别人冷落"。张楚说过自己会受到两个倾向的影响："一种是在现实里人的一种文明发展的特质，比如我们应该用什么样的态度来看待人和人之间的关系或者人心灵的部分，这是生命的部分。我后来喜欢电子音乐之类的，（是因为）有的时候又会受到另外一种东西的影响：忘我的东西，非我的东西，放弃自我，这种戏剧化矛盾的存在，进入了一种更简单的自然规律或者人的意识存在，影响了最自然的东西"[1]。虽然，张楚那一代摇滚歌手几乎没有受到传统文化的影响，但是我们能很明显地听出一些道家学派的"自我"理解、人与人的关系，新语境下的"自我"的心理状态。摇滚群体的很多徘徊是来自于物质和精神的困惑以及无法在精神上适应现实。

进入 90 年代，个人物质利益在生活中的意义增强了。大多数新一代摇滚歌曲都反映出了这一点。主要表现为歌曲关注个人与金钱的关系，关注个人精神探索、个人感情追求和现实生活、金钱欲望之间的矛盾。例如，何勇的《姑娘漂亮》里唱道："你说要汽车 / 你说要洋房 / 我不能偷也不能抢 / 我只有

---

[1]　高原：《把青春唱完　1990—1999——中国摇滚与一个文化群体的生活影像》，中信出版社 2015 年版，第 115 页。

一张吱吱嘎嘎响的床"。此歌曲基本上在描写理想主义爱情与金钱的冲突，在摇滚群体中这个题材仍然很火。在个人经过了一定的解放之后成功和发财都成为了社会的热门话题。摇滚亚文化中对此话题的批判秉持着"讽刺"性的态度，比如《二手玫瑰》专辑中的《允许部分艺术家富起来》也说道："我是一盒名牌的香烟／我塞进了穷人的口袋／我是一只贪婪的耗子／我被富人收养起来。"

90年代末，人们对物质追求和精神追求之间平衡点的探索热情达到了巅峰，这极大地促进了朋克摇滚的繁荣。朋克摇滚成为宣泄各种情绪的渠道，比如宣泄人们对下岗、艰辛生活、贫富差距等社会问题的消极情绪。朋克摇滚对很多社会现象进行了直接的批判，因此基本上存在于非主流文化空间。朋克摇滚代表了个人内心世界的直白表现和个人空间的彻底解放。如，第一个朋克摇滚乐队"地下婴儿"唱着："我要脱下你的衣服／不管你怎么想／我要解除你的束缚／我们去寻找幸福。"朋克摇滚追求"小我"从"大我"束缚中彻底解放出来。当时的歌词中出现了带有脏话、性欲、批判政治与社会的内容。在这一阶段出现了如"NO"、"苍蝇"、"舌头"等具有代表性的朋克摇滚的特征。

90年代末，摇滚从音乐形式、节奏、风格以及内容的角度进入了多元化的时代。从我们本节的摇滚与个人主义思潮的角度来看，基于当代摇滚歌词的分析、张北草原音乐节的田野调查以及对音乐世界代表的访谈可以发现，中国摇滚有如下特点：第一，90年代末至21世纪初的新摇滚的内容以自己的生活和体验为主，新摇滚关注"小我"的问题，如爱情、个人的生活感受等，这也为摇滚的娱乐化和商业化打下了基础，如此在中国摇滚舞台上出现了汪峰等摇滚明星或者"花儿乐队"、"咖啡因乐队"、"低苦艾乐队"等接近流行音乐风格的摇滚乐队。第二，除了明显的"小我"倾向性和以"自我"的感受为中心之外，我们还可以发现个人精神上的解放、个人与自己内心的交流、用音乐表达一定的情绪成为一大批摇滚乐队的音乐主题。比如，"梦灵乐队"、"沼泽乐队"、"九宝乐队"的歌词就关注这些问题。如"沼泽乐队"的创始人强调他们"直接与情感沟通"。第三，由于"小我"成为当代摇滚乐队的主旋律，人与人的关系、人在社会中的存在也成为很多歌手的创作主题，比如，"左右乐队"提出新"自我"的虚伪性："人们被迫逼不得已，活在新的秩序/为了自我为了空虚，为了被看得起/愤愤不平言行不一，还谈什么觉醒/有权利，有距离。"① 迷失的不只是那些当局者。但是基本上，这个题目变淡了。第四，在中国仍然存在批判社会现象的乐队，例如，比较成功的"舌头乐队"的成员吴吞认为："作为大环境的一部分，每个人在个体层面上的人生选择，都是改变社会的一种行之有效的方式"，"我就是一个工人，但我有几个朋友一起玩玩音乐，写反映社会现象的歌，这就已经做得很好，要多一些这样的人，社会的根基才会慢慢改变"②。他们的想法、歌词的内涵在一定的程度上接近西方摇滚和朋克摇滚的精神，但是由于不同的原因这样的乐队处于中国的非主流地位。

总体来说，当代摇滚文化从"自我"理解、自我观发展与中式个人主义的表现的角度来看，保留的 80 年代末出现的摇滚乐的个性表达为摇滚核心之一。每个在青年群体中占有重要地位的优秀的乐队都带有自己的独特风格，包括衣服、节奏、唱法等。中国摇滚在 30 年间的变化可以概括为从以"大我"为主到以"小我"为主的变迁，从表达对社会的失望、体现明显的集体意识到表达个人感情与感受、体现个体意识的变迁。大众不愿意思考太多复杂的问题，对青年来说大众音乐是解脱压力、滋养精神的"自我"途径。摇滚之精神探索变迁不但能通过不同时期出现的歌手和乐队发现，而且能在现存的老一辈乐队的不同阶段的作品中发现，比如，"清醒乐队"的主唱沈黎晖强调，在 1995 年前他们乐队的音乐风格很阴暗，以艺术家为主的乐队比较喜欢"迷幻色彩沉醉于低迷、颓废、黑暗的氛围中"。但是随着时代的变迁乐队改变了自己。如沈黎晖曾提道："我们认为生活有阳光，也有黑暗，

---

① 左右乐队：《末时代》，2012 年专辑。
② 《舌头乐队：时间到了，继续玩吧》，《南都周刊》2016 年第 2 期。

阳光其实更美丽。活在这个时代就要面对时代，要担负起时代的责任，摇滚乐要客观地评价时代和生活"。① 其说明新一代的人已经不愿意听前辈经历的痛苦，这种"精神"世界已经没有了市场，也不能与时俱进，而个人的体验、个人生活、个人发展成为新摇滚表达的主要题材。例如，"清醒乐队"在 2005 年出的《咖啡胡椒》基本上反映了这个特点："一个星期天早晨我被闹钟惊醒 / 还在担心又要迟到 / 一个聪明的脑袋正指挥着我 / 愚蠢的身体 / 第 1 秒第 2 秒第 3 秒 / 咖啡和胡椒都一样"。

　　笔者的田野调查与访谈的结果也显示，当代中国摇滚从响应"大我"的呼吁、时代变迁的呼吁、以具有高尚的社会作用为目标，转变为关注自己"小我"的问题、注重自我表达，有些乐队主要的目标在于掌握市场、迎合大众的口味，这基本上说明他们做摇滚的出发点变了。他们强调，在很多乐队的思想方面，多表现"小我"，出现了生活性的东西，而纯娱乐性的摇滚乐队也多了，没有含义，更多的是自我的一些东西，没有一个特别的去影响别人的一种精神。"很多东西变得不纯粹了。自己做好音乐先服务自己再服务别人，做出来别人才会认可。只要别人听得好听就可以了"。这都说明中国形成了对摇滚文化跟西方不一样的理解，其理解跟中国本地社会背景有关，与之前摇滚乐队的"大我"价值观密不可分。在这种情况下很多人面临着他们的个人精神需求与现实的困惑，摇滚文化的危机也源自这一点。

　　3. 商业化、都市青年的个性表达与当代中国摇滚的"命运"

　　90 年代中国经济的蓬勃发展与主导文化对"小我"空间的释放导致了文化产业和娱乐产业的再生，摇滚也不例外。虽然摇滚没有走上"大舞台"，但是在大城市如深圳、北京、上海等等为其发展提供了广阔的空间，出现了很多酒吧、夜店、俱乐部等。随着 90 年代外国音乐新浪潮的到来，摇滚的舞台变得丰富化与多元化。从 1986 年到 1997 年在中国舞台上出现了超过

---

① 赵爽：《期待中国摇滚大革命——"清醒"乐队主唱沈黎晖访谈录》，《音乐世界》1998 年第 5 期。

50 个乐队和歌手。① 自从摇滚乐队的数量增大以来，中国摇滚风格也多元化了。随着"打口磁带"②的风潮中国乐手开始利用不同的风格，搭配不同西方音乐，摇滚乐本身的概念多元化了，也模糊了。90 年代末至 21 世纪初的摇滚更为西化，很多乐队直接用拿来主义的方法玩摇滚，失去了自己的风格。因此，90 年代有关摇滚的文章多数持批评的态度，很多学者说中国摇滚失去了灵魂："我们所看到的只有摇滚，没有灵魂，只有西方摇滚的躯壳，而没有东方文化的血肉。"③ 如此可以说，虽然摇滚乐队数量多了，但是音乐质量下降了。

为什么摇滚亚文化面临了"危机"？在新的环境下它发生了什么变化？具有什么特点？有什么发展走势？基于访谈和田野调查的结果，笔者试图剖析这些问题。

中国国内文化产业的发展导致 90 年代出现了大量的流行音乐。同时出现了很多其他的新音乐分类，如电子音乐、说唱等，新的外来音乐并不限于摇滚，选择面扩大了，导致歌手尽力寻找迎合大众喜好的音乐形式，真正的摇滚仍然是小众文化，很多人不接受。"大陆严肃的音乐界对摇滚乐反应普遍不佳。著名指挥家李德伦坦言：'我就不能接受摇滚乐，我一生中绝大部分时间都在从事高尚严肃的音乐。这种粗俗的东西我实在不喜欢。'"④ 由于中国的观众对音乐的口味跟西方相比有明显的区别，在以"个人发展、个人成功"为社会主流价值观的中国环境中出现了纯正娱乐性的摇滚，摇滚走上了商业化的道路。

除此之外，新一代摇滚群体的意识也出现了变化。20 世纪末至 21 世纪初，中国摇滚舞台上来了不记得"文革"或者根本没见过"文革"的一代，

---

① 西江月：《中国摇滚乐向何处去》，《音乐世界》1997 年 6 月。

② 指的是已经进行损坏处理的国外音像制品，通过非正式的渠道销售。更多参见 Jeroen de Kloet, "Popular Music and Youth in Urban China: The Dakou Generation", *The China Quarterly*, September, 2005。

③ 郑宝富：《失却灵魂的中国摇滚》，《音乐世界》1996 年第 8 期。

④ 刘涌：《中国摇滚暗藏危机与寂寞》，《音乐世界》1994 年第 6 期。

他们的价值观和意识主要是在改革开放后期形成的。当时个人成功、个人发展成为这些青年群体的主流思想，比如我们在上文提到过《中国青年报》讨论的价值观变迁，另外，物质福利也成为个人发展的不可分割的因素。第一、第二代摇滚时代首先与崔健的叛逆精神、文化变迁的呼吁、青年呐喊相关联。随着青年的"大我"淡化，更关注表现"小我"、个性表达，摇滚文化的载体和外在形式保留下来了，里面的精神却失去了。伴随着时代变迁，摇滚文化成了青年个人发展和个性表达的另一种途径，而不一定是表达宏观高尚思想的方法。作为中国摇滚乐的发起人之一的梁和平指出："经济大潮的到来，使人们物质利益的需求增多了，在每一个艺术背景后面都埋伏着一种潜意识——我这个东西出来之后能换取什么样的物质上的东西；从另外一个角度来看，自身在运作管理上也存在许多问题，现在乐队倒是不少，但一个乐队的存活肯定要靠灌唱片和演出，中国目前音像这行存在很多很多问题，如版权的问题、管理的问题、演出限制等，搞音乐的往往没有这些超出演出方面的经验和能力，结果乐队经常是赔钱的情况多，搞得谁都不敢做，乐队最后就形成自生自灭的状态了。"[1]"子曰乐队"的灵魂邱野对"目前中国摇滚圈子的问题也大大不满，他觉得到了现在这一代，许多摇滚人的目的已经不是做音乐，而是做生活了"，他也提到"第一批搞摇滚乐的我喜欢他们，我崇尚他们，他们那种精神绝对是第一流的，第二波再进去的就有20%的投机，第三波进去以后有50%，到第四波现在只能说音乐已经不重要了，重要的是：我要成名"[2]。

当代中国摇滚的另外一种特色就是摇滚亚文化与主导文化关系的特殊性。在90年代初主导文化已经对摇滚有了具体的意见。一方面，中国摇滚有存在的空间，如俱乐部、夜店、livehouses、音乐节、唱片与网络等；另一方面，虽然基于当时音乐期刊上的文章可以判断当时社会对摇滚音乐并没有

---

[1]　西江月：《中国摇滚乐向何处去》，《音乐世界》1997年6月。

[2]　西江月：《中国摇滚乐向何处去》，《音乐世界》1997年6月。

秉持明显的批评态度，但是如果要走上"大舞台"，中国摇滚群体有困难。"摇滚乐的歌词也受到老一辈严肃音乐人的抵制。主管这方面事务的政府官员对摇滚乐的歌词更不敢掉以轻心。每次公开的摇滚演出，官方都非常谨慎，审批的手续也十分复杂。"① 基本上摇滚乐被亚文化的空间"锁着"。5000人以上的音乐节需要经过省级领导的审批才能办，所以大部分这种活动是规模不大的。摇滚的降落地是网络空间，在最近几年也开始受到主导文化更严的管理。如根据2015年的《文化部关于进一步加强和改进网络音乐内容管理工作的通知》规定，"网络音乐经营单位要按照'谁经营，谁负责'的原则，坚持社会效益和经济效益相统一、社会效益优先，切实履行内容审核主体责任，负责对拟提供的网络音乐进行内容审核，审核通过后方可上线经营。"② 所以，每首歌曲只有经过审核才能上线。由此可以发现在网络空间中的主导文化的势力范围更为明显了，而主导文化外的青年创造音乐文化的空间被压缩。所以摇滚文化只有通过与主导文化的交流才有可能进一步发展。

在田野调查过程中笔者发现最近几年当代中国摇滚文化也有了初步的商业化。大城市内仍然有不少地方能听到摇滚，如在北京有 Mao Livehouse、愚公移山、Temple Bar 等。同时每年中国有几次大型音乐节，如迷笛音乐节、草莓音乐节、张北草原音乐节等。地下摇滚走上音乐节的舞台最初也是由中国都市青年引起的。2000年迷笛在校园内举行过汇报演出，而自2004年开始走出校园，最后发展成全国有名的迷笛音乐节。最初迷笛音乐节就是在政府的支持下举行的活动。如2004年在雕塑公园举行了第一次校外音乐节，它获得了雕塑公园所在地北京石景山区政府文化部门的支持。在此显示出青年的文化与主导文化的有效交流的过程。最近几年迷笛音乐节已经发展为大规模的音乐节，也仍然在政府支持下举行活动。确实，最近几年在地方政府眼中摇滚文化已经成为了旅游业、娱乐业以及地方发展的新项目。例如，张

① 刘涌：《中国摇滚暗藏危机与寂寞》，《音乐世界》1994年第6期。
② 《文化部关于进一步加强和改进网络音乐内容管理工作的通知》，中华人民共和国文化和旅游部，2015年11月9日。

北草原音乐节已经成为该地方的名片。随后有不少其他地方政府开始举行不同规模的音乐节。沈黎晖估计，2013 年各地大大小小的音乐节可能超过 50 个。[①] 哈尔滨也在 2017 年首创了城市摇滚音乐节。音乐节成为很多地方政府吸引旅客的方法。音乐节作为一种青年的新娱乐性形式给中国文化产业的发展带来很多商机，因为这不但是音乐节门票的销售，还有在活动内饮食、娱乐、特殊服装、服务等其他方面的赢利。未来主导文化对摇滚作为文化产业项目的态度改观是可期的。

音乐节在内容上还是受主导文化的管理。在 2011 年的《文化部关于加强演出市场有关问题管理的通知》中规定："演出举办单位应当严格按照文化行政部门核准的演出人员和演出内容组织演出；指定专人负责现场巡查，落实安全应急措施；积极配合文化行政部门、文化市场综合执法机构及其他相关部门的现场监管。"[②] 不管音乐节的主办方是政府还是其他单位，或者最普遍的模式是某一个公司在政府支持下（在这种情况下举办方是被地方政府决定的），内容只能在主导文化的范围内。参加音乐节的摇滚乐队都必须预先提供演出的歌词和演出的具体形式。据笔者在张北草原音乐节的田野调查显示，乐队基本上会自己避免敏感的题目，以"小我"感受、"自我"内心世界、爱情、男女关系的主题为主，在规模大的音乐节上很少能听到批判性的歌曲。其说明，商业活动中主导文化给摇滚乐队设计允许的范围，影响中国摇滚乐的歌曲选题。不过，主导文化对很多内容也表示宽容。如沈黎晖强调"年轻人的'叛逆'有很多种，有的叛逆是没有危害性的，只是个体情绪的宣泄，宣泄完了也就完了，跟社会现实、热点矛盾没有直接对应的关系"。在当代，"小我"情绪在一定程度上进入了允许的范围内。沈黎晖强调，"'草莓'从来没有因为演出内容、活动流程问题而受到政府有关部门的杯葛。"沈黎晖认为，"我们的音乐节没有任何不安定元素。年轻人来这里，身心很

---

① 刘功虎：《摇滚音乐节如何与政府打交道》，《长江日报》2013 年 7 月 2 日。

② 《文化部关于进一步加强和改进网络音乐内容管理工作的通知》，中华人民共和国文化和旅游部，2015 年 11 月 9 日。

愉快，创造了一个和谐的氛围。任何事情都需要沟通，我们学会了和政府沟通。现在的问题不是政府制约了摇滚，硬伤大多还是在于自身的内容。知名的艺人自然能够吸引更多眼球，于是出现很多音乐节节目内容雷同的现象，而其他一些实在抢不到大牌的，只好滥竽充数"。① 其基本上说明音乐节的举办者也考虑乐队的风格与内容，在与政府合作下服从政府提出的"规则"，因此在当代，政府用"商业工具"对青年价值观的发展实行管理工作。当代摇滚文化中带中国味的个人主义是改革开放后主导文化与青年文化互动关系的结果，也是时代变迁的自然结果。改革开放的前期，青年一代处于价值观徘徊的过程中，与主导文化价值观之间是对立的关系；而如今，青年对个人发展与个性表达的需求促使它通过商业活动与主导文化进行"沟通"。

当代中国摇滚舞台是一种非常多元化的空间，每个摇滚乐队用不同的方式表达自己的独特性。尽管如此，笔者发现中国摇滚的民族风格仍然比较强。有不少乐队带民谣风格，如国内外有名的"二手玫瑰"乐队把民谣与摇滚连在一起了。另外，很多乐队试图进一步把传统中国乐器与西方音乐融合在一起，比如，"沼泽乐队"将西方音乐配上了古琴伴奏，想把古代音乐元素带到现代，反映现代生活。不仅通过音乐风格，而且通过乐队成员的外形装扮来凸显乐队的传统风格。从个人思潮角度来看，"沼泽乐队"的后摇的主题是个人感受、情绪的自由表达。例如，他们不少的音乐连歌词都没有。他们的批判态度更深刻，但是对市场亦步亦趋，这是一种符号性的反抗：做与众不同的音乐。

笔者发现在中国存在着充满中国风格的摇滚乐队，如此可以叫作摇滚亚文化中的"回归"现象，用民族文化表达个性的倾向。不过，这种摇滚群体的批判精神很弱，而用音乐强调的个性化很强，含义在于个人的内心精神分析。与当代搞演出的人的交流笔者发现"中国摇滚"有市场，其市场不仅在国内也在国外。充满着中国特色节奏、情调或者中国传统乐器的中国摇滚

---

① 以上内容参见刘功虎：《摇滚音乐节如何与政府打交道》，《长江日报》2013 年 7 月 2 日。

乐队在国外开始受欢迎，因此开拓了中国摇滚文化"走出去"的新趋势。在接触与采访不同摇滚乐队的时候，笔者发现大部分乐队都去过国外参加不同规模的音乐节、音乐会或者举办过自己的演唱会。

（二）滑板文化发展之路："个人解放"的新论

中国滑板文化虽然已经有多年的历史，但是在中国学术界还没有受到关注，原因在于：第一，这种娱乐性的都市青年文化在中国学者眼中被看作是一种运动，而不是亚文化，因此作为文化载体还没有受到太多关注。第二，该文化较为小众，随着这几年都市青年文化和青年娱乐的商业化，滑板亚文化作为青年的消费项目才受到了关注。笔者通过与北京玩滑板的青年群体进行交流发现了玩滑板的青年群体与主流文化价值观有明显的区别，因此试图通过分析北京滑板亚文化的青年群体来探究青年价值观的变迁。此项研究①的基本信息采集于不同的场合，包括：2014 年 4 月北京温泉苗圃村的长板比赛现场；②2014 年 6 月于北京举办的"世界滑板日"现场；滑板店。大致说来，这些访谈可分为两类：第一类旨在理解与探究滑板亚文化的某些特殊价值、基于中国社会环境或特定规则而产生的本土特征、年轻一代中国滑板爱好者的价值观转变及其相应的行为特征等。在此类访谈中，受访者需回答一系列的问题（共计 30 个左右）。这些问题起自于他们的职业、家庭背景等，并最终涉及他们的生活方式与生活目标、世界观、家庭关系以及其他一些问题。此类访谈可用以揭示当代年轻滑板爱好者的整体状况。在此访谈与田野调查的过程中，笔者采访了 16 位玩滑板的青年，其中有 14 位男性，2 位女性。而较之于第一类访谈，第二类访谈更长一些，它旨在探究中国文化

---

① 该研究的学术结果在日本文化学会议（The Asian Conference on Culture Studies 2015）上作为虚拟主持人把笔者的学术报告和 PPT 转为视频，发给会议并发布在他们的正式网站。另外，研究成果发表于会议期刊，文章的名字是"Skateboarding subculture in China. Development path, characteristics and representation of values and social change"。

② 长板是滑板的一种，他的形式和玩法与普通滑板有一些区别。

中心——北京的滑板亚文化的发展状况，在此访谈中，笔者采访了两位老一辈滑手、滑板文化发展的目击者。通过这一类访谈中笔者力图将之与历史背景相关联。他们的访谈可以被看作历史口述资料。此类访谈包括共计约 15 类主题，访谈问题主要涉及中国滑板亚文化的整体信息、发展状况以及受访者的印象或看法等。对这两位的访谈，笔者进行了共计 18 场中文访谈，每次访谈的时长短则十来分钟长则一个多小时。而辅助信息则主要来自于一些博客以及中国滑板爱好者的专门网站。在此，笔者将针对访谈内容进行如下简要的特性分析。

1. 滑板文化在北京发展的历史

作为一项新兴的娱乐运动，滑板大约在 1985 年左右进入中国。然而，它真正开始发展成为一项亚文化则是在 1990 年之后。就中国第一代滑板爱好者来说，在他们之前很少有人接触过滑板运动，他们通常是独自练习，而尚未集结成队。因此，自 1989 年起，大约由 30 人组成的滑板爱好者小组开始在北京公主坟地区活动。根据对老一代中国滑板爱好者访谈的分析并结合相关的网站数据表明，上映于 20 世纪 90 年代的美国电影《危险之至》（*Gleaming the Cube*）在中国滑板亚文化的发展过程中起到了至关重要的作用。电影中的主角由美国的著名滑手饰演，其中展示了许多对中国都市青年人极具吸引力的滑板技巧。当时的另外一些信息资源则主要来自于在中国进行滑板运动的外国学生以及在国外留学并由此接触到滑板文化相关信息的中国学生。

要真正了解这一时期的滑板爱好者，我们首先必须了解当时的历史与文化背景。彼时，"文化大革命"刚刚结束，娱乐事业方兴未艾，正如第一代滑板爱好者所提到的，大家没有什么娱乐项目，听听卡带（磁带），听听音乐啊，看看电视啊，看看小说啊，因为没有互联网，什么都没有，大家可能会觉得很无聊，所以会找一些别的事情去做。滑板可能比较有意思，因为跟之前的运动都不同。而在最初，滑板亚文化的发展是较为缓慢的，因为它需要丰厚的物质基础作为支撑。一个滑板的价格大致相当于当时 3 个月的平均工资，并且不容易买到。现如今，同样的价格可购买两到三个滑板。当时的另外一个问题是资信匮乏，滑板爱好者们会互借和分享录影带，并且每个录影带可能都会被重复观看多次。另外，当时的公共意见以及主流文化环境也限制了滑板亚文化的发展，在当时看来，组织小团体活动对于好青年来说是不合适的。之后，随着互联网时代的来临，人们有了新的接触亚文化的方法，物质能力亦大大提高，这些因素共同促进了滑板亚文化的发展。

通过比较第一代滑板爱好者与年轻一代滑板爱好者的访谈，不难发现，第一代滑板爱好者接触滑板亚文化的过程是非常缓慢的，而年轻一代则更容易获得滑板技巧与新生活方式等信息，相应地，也就更容易进入滑板小组，合作并共同组织和参与活动。然而，访谈中的第一代滑板爱好者往往不仅仅停留在亚文化圈内，他们通过售卖滑板、促进滑板生活方式以及塑造滑板运动的积极形象，试图将滑板运动带入一个新的层面。例如，其中的一位受访者说他在玩滑板时从不抽烟，因为他怕抽烟会为滑板运动树立不良形象。

滑板文化在中国还是一种非主流"另类"青年的娱乐形式。不过随着互联网对滑板运动的推进，滑板运动开始经历初步的商业化进程。在网上出现了很多滑板网页。笔者采访的两位老一辈滑手都有自己的滑板店，也在进行滑板文化的传播工作，把自己的娱乐与职业连在一起了。北京滑板文化推广主要来自于青年群体本身，不过青年也在寻求政府对这种文化的支持。比如，2005 年中国上海建立了当时世界上规模最大的 SMP 滑板公园。信息的流通、媒体的大力推进以及政府的投资和支持，这些都预示着滑板运动在将来可能进一步扩展规模，并使得更多的青年人参与到这种生活方式中。一位老一辈滑板爱好者在被采访的过程中提出了他们在准备开学校："我们已经开了一个滑板学校，在上海。在北京呢，马上就会启动这个项目，也在谈，我们现在在找位置。在上海，我们的滑板学校是跟体委合作的，体委给了我们一个 600 平方米的小屋子，做一个室内的滑板场，现在教学和推广做得挺不错的，挺好的。然后，我们其实跟小朋友在一起，最主要分享的是大家的微笑，是通过滑板让大家更容易地互相交流，打开自己"。由此，我们可以发现滑板文化与主导文化的初步"交流"的过程。网上有不少关于在小城市推广滑板文化的论题与在推广活动与政府合作的讨论。滑板文化跟摇滚文化或者动漫文化一样，不只是娱乐消费而且是专业用品消费，如服装、鞋子、首饰，滑板本身也存在一定的时尚。在当今社会青年对个人发展与个性表达的追求是在主导文化的支持下通过商业渠道实行的。最普遍的是，很多滑手把自己的爱好和职业连在一起，开始做滑板文化推广。政府对这种极限运动的支持主要限于大城市。笔者在分析网上滑板爱好者的讨论时，发现二三线城市的青年开始对滑板感兴趣，但是目前还没有很大的发展，仍然属于小众文化、非主流文化，需要大力推广，所以不可能一下子带来很多商机。

要强调的是，中国主导文化把滑板看作一种运动。随着 2016 年 8 月 6 日国际奥委会决定将滑板列为 2020 年憧憬奥运会的正式比赛项目，中国主导文化对滑板文化的支持更为凸显。如中国轮滑协会于 2016 年 10 月 17 日宣布："为推动滑板运动的普及，促进滑板竞技水平的提高，选拔国家队参加国际比赛，中国轮滑协会与南京市体育局将共同举办 2016 年全国滑板锦标赛。中国轮滑协会将通过本次比赛，择优组建国家集训队，参加由国际轮滑联合会主办的于 2017 年 9 月在南京举行的世界滑板锦标赛"[①]。从这里可以看到主导文化把滑板看作一种体育运动，而不是亚文化。

2. 中国语境下的滑板文化

相对而言，都市青年文化在中国属于某种新兴事物，但在笔者看来，它可以看作是中国全球化与同质化进程中外来文化输入的一个缩影。在滑板的故乡美国，滑板主要是一种青少年文化，滑板爱好者的年龄分布大致为 8—22 岁，亦即所谓的"叛逆期"。而在中国，滑手的平均年龄为 22—26 岁。这样的年龄分布可能是由于滑板运动所包含的高受伤风险。中国绝大多数的年轻滑手为独生子女，因此他们自然受到了父母强烈的关爱。另外，中国的

---

① 《2016 年全国滑板锦标赛暨 2017 年滑板世锦赛选拔赛竞赛规程》，中国轮滑协会 2016 年 10 月 11 日。

医疗保险尚不能全面覆盖骨折、外伤以及其他一些人身伤害，这也自然对参与者的物质基础提出了要求。因此，中国的家长并不会轻易赞成孩子从事滑板运动。再者说，家庭观念的影响也是不容忽视的，家庭价值、长辈的意见等在中国人的价值观念中仍然十分重要，并且，孩子们通常不会违背父母的意愿。最后，在进入大学之前，中国孩子的全部精力基本都投入在了学习中。在班级中名列前茅、取得最好的成绩、考取最好的大学的压力迫使他们将娱乐活动压缩到最少。显然，一旦他们进入大学，不必再与父母生活在一起之后，便进入了一个相对"自由"的阶段，这也是中国的滑手相对于美国的滑手而言平均年龄更大一些的原因。然而，也正如某位从事滑板生意的第一代滑手所提到的，很多年轻人早就已经习惯了学生时期的巨大压力，因而并不倾向于放松和娱乐，这一点是很难改变的。另外一位较为年轻的滑板爱好者也曾提到，作为博士，他的同学们时常会整日待在图书馆而不进行任何娱乐活动，否则，他们便会有罪恶感。

在笔者关于北京滑板亚文化的访谈中，似乎很多受访者都是较为"叛逆"的。他们会在访谈中提及与父母之间的问题乃至冲突。可以说，他们与父母发生冲突的直接原因在于改革开放之前与之后出生的两代人之间无法消弭的代沟。如此，一位25岁的受访者强调，他很叛逆，他指出他反对家里的管教。比如他说，他玩滑板，家里很反对。另外22岁的一位女性指出她一直很叛逆，在介绍她的教育背景时，她说：退学了，因为学习成绩不太好，然后自己找工作了，而父母刚开始很反对，然后给他们做思想工作，就说通了。当然，并非所有的年轻受访者都承认自己是"叛逆"的，在很多情况下，也不一定是他们的叛逆性来自滑板文化，滑板文化只是表达他们本身叛逆性的一种方式。

如果我们仔细探究中国滑板亚文化中某些具体特征的背景，可以发现，时至今日，滑板作为一种生活方式仍然是无法被老一辈所轻易接受的，从事滑板运动甚至会被视为一种幼稚的表现，其中最主要的原因在于滑板爱好者与父母之间的精神隔阂。父母一辈始终局限于物质主义的价值中，而他们的子女则已经转向了后物质主义的思考方式，开始追寻精神需求。而根据最近的研究，类似于滑手这种类型的人在中国仍属少数。[①] 正如一位受访者提道的："我的父母只关心我是否吃饱穿暖了、是否取得了好成绩，而完全忽略了我的精神状况。"对很多受访者而言，基本的物质问题已经不存在，他们也不在乎买房结婚的问题。有几位受访者在工资比较低的情况下，继续坚持自己想要的生活。比如，有一位玩滑板的受访者，28 岁，男性，有自己的摇滚乐队，靠这个生活，在自由职业的情况下，他的平均工资是 2000 元，他说这是他的选择，他会坚持。不过，这里要强调，该受访者在北京有房子，他结婚之后跟他的妻子在一起住。他不从父母那里要钱，父母也不干涉他的生活，妻子有稳定的工作。这个例子基本上说明中国青年的新价值观出现，在基本经济水平稳定的情况下，物质的东西不再代表生活的全部意义。

3.滑板文化与"自我"观变迁

"滑板绝不仅仅是一项体育运动，它更是一种思考、行动乃至生活的方式。"[②] 非常有趣且值得注意的是，在滑板亚文化中，中国人由传统向现代的价值观转化。滑板亚文化的一项重要核心价值与基本诉求即为"自由"[③]，"自由"首先意味着摆脱束缚。在美国的滑板亚文化中，"自由"的含义为何呢？首先是打破规则的约束，与传统运动不同的是，每个人可以完全凭借自己的意愿，使用任何方式从事滑板运动。其次，它也象征着个人自由的存在。成年人通常会试图控制青少年的行为与自由时间。在中国环境下"自由"滑板文化的核心观念获得了另外的意义。在访谈中，一些年轻的滑手曾提道，"自由"之于中国滑板爱好者的意义远比预期的宽广，并且尚未得到进一步

---

① 参见郭莲：《中国公众近年价值观的变化——由"物质主义价值"向"后物质主义价值"转变》，《学习论坛》2010 年 10 月。

② P. Somers, Go Skateboarding Culture, *Harrisonburg Times*. Print. 2010, T. Skate For Life: An Analysis of the Skateboarding Subculture, *Outstanding Honors Theses*. 2011,Paper 29, 1-22 http:// scholarcommons. usf.edu/ honors et /29/.

③ Slee, T. Skate For Life: An Analysis of the Skateboarding Subculture, *Outstanding Honors Theses*, 2011, Paper 29, p.2 http://scholarcommons. usf.edu/ honors_et /29/.

的解释。访谈表明，对于中国滑板爱好者而言，"自由"意味着能够随意加入滑手群体，不受家庭、社会乃至传统的束缚，同时也可以摆脱他人的看法以及持续不断的压力。化用这篇论文的观点，自由象征着从家庭"大我"的解放、获得个性自由。不过，如果说在美国滑板文化主要跟青春期的叛逆性有关，那么在中国这象征着传统"自我"的变迁。如果说以前青年作为家庭的元素，基于孝道观念要听父母的意见，那么现在的青年则开始过独立的生活（这个独立的生活在中国一般是从不跟父母住在一起开始的，比如上大学或者职业学校之后），并且有了自己独立的价值观而不仅仅是听从家人的意见。例如，当被问及"你的父母是否反对你玩滑板？如果是的话，你还会继续吗"这一问题时，几乎所有的受访者都一致表示即便是忤逆父母，他们也仍然会继续从事这一运动。这个青年群体中的"小我"表现得比较强，他们追求他们的爱好和他们的兴趣，追求自己想要的生活。比如，有几位访谈者希望做到把他们的职业与兴趣连在一起。受访者们似乎并不那么在意传统，而更加关注自身的个体生活，他们更注重自我表达，也更倾向于追寻精神满足。在讨论生活目标的时候，大部分的受访者都提出了个人发展的观点，比如学会一些滑板技巧、大学毕业找到喜欢的工作、骑摩托车带着滑板去旅游、享受生活等，只有少数人提到了赚钱买房、生小孩或者给父母一定的物质报酬。可以说，部分长期处于父母压力之下的年轻人正试图不再盲从父母，而是听从自己的内心，有时甚至会因此忽略所谓的"孝道"传统。总之，当面对个体生活时，年轻一代的滑板爱好者可以说是高度自治的，并且，他们力图摆脱或忽略来自于父母与家庭的压力和束缚。

另外，滑板亚文化还呈现出了一种明显的趋势，亦即参与者们都更加倾向于所谓的"自我探索"、"个性表达"和"个人发展"，这也是个人主义的一种表现。首先，滑板亚文化为年轻人提供了一个平台，在这个平台，年轻人可以展示自我、挑战自我乃至超越自我。采访中，几乎所有的年轻滑手都曾提到，滑板是他们自我认知、自我肯定的一种途径，同时也能够展示他们的个性。而这一描述也在其他受访者关于生活方式的回答中得到了证实。

正如某位老一辈的滑板爱好者所形容的，滑板乃是一种个人主义的、自我本位的亚文化，因为人们想要从中展示自我，有个滑手指出："滑板的核心就是个人，而且滑板很自私的地方就是，它展现的是你个人的表现欲。"

因为中国本土环境的影响，作为滑板亚文化主要价值观的"自由"观有着更为广泛的意义。在中国，年轻人的自由问题与家庭的强烈影响是密不可分的。毋庸置疑，中国目前正受到西方价值观的影响。影响中国年轻一代价值观念的方式不一而足，现代青年文化的输入便是其中一种，而它往往又能够提供一个方便地展示新的生活方式、世界观的平台。在滑板亚文化中，我们不难发现年轻人试图改变家庭关系、得到自由，并从中国现在教育的重负中获得解放的诉求。可以说，强调个性、追寻自我的趋势在其中是非常明显的。

自改革开放以来，滑板文化在中国的发展并没有真正改变这项亚文化自身，毋宁说，它经历了与主流文化和社会主体之关系的不断变革。如今，我们可以说，它进入了一个平稳发展的阶段。信息化、媒体传播、滑板亚文化的商业化初始进程以及青少年物质基础的提高，这些因素都促进了滑板的发展。作为一项外来事物，滑板亚文化不可能完全以原有的形式在中国传播。其中最为主要的矛盾来自于家庭关系、传统的强大影响力、青少年对娱乐的态度、教育体系与医疗制度。当然，无论如何，美国青年文化的传入亦带来了个人主义、个体生活方式、青少年娱乐文化等西方价值。显而易见，这些价值受到了中国都市青少年的广泛追捧。而滑板爱好者的存在本身便证明了价值转化以及年轻人对于这些转化的支持。中国孩子必须刻苦学习，而国外的青少年则有机会接触到许多新事物。而在西方价值观的影响之下，家庭的影响正逐步减弱。越来越多的中国人试图逃离日常压力，展示他们的个性与特点，滑板运动正为他们提供了这样一个平台。

中国个人主义的历史是"小我"、人格、个性的发现史。个人解放与个人发现的呼吁并不是从五四时期才开始的。我们发现除儒家以外文化中的中国本土个人主义元素的主要出发点是个人从各种束缚中解放出来，这些束缚来自于严密的社会关系和排斥"小我"的体系。此价值观变迁的呼吁在每种文化中的表现不一样：道家摆脱了以社会为基础的整体论，转变为以自然为核心的整体论思想；杨朱和侠客文化跟道家则不同，从根本上脱离了儒家系统；玄学则反映了本土文化对个人解放价值观的呼吁，也基本上概括了中国本土文化中新"自我"的理解。除了从礼教的解放，在儒家以外的文化中我们还可以发现对个人精神解放的需求以及对个性内心与外在表达的需求，个人发展的重要性得到强调。儒家以外的文化对个人解放的呼吁一直延续并在特定的历史时期对主导文化产生影响。

20 世纪初的中国同样面临着"个性解放"的呼吁，跟以前的转折时期一样，主导文化在回答"怎么在保持着原来的社会结构、秩序与和谐的同时，从儒学的礼教中解放"这一问题时遇到困难。随着西学东渐，人们将西方多元化的个人主义想法作为治疗旧疾病的"新药"。由于个人主义想法作为"新药"，"治"的是具体的社会疾病和具体的社会"症状"，因此它的"用法"也要根据本地情况而定。最初，面临三个"病症"：封建礼教、精神的束缚和个性表达的非可能。用文化学语言来说，个人主义在中国环境经历了文化适应的过程，根据中国的社会情况其很多成分被淘汰了。由于个人主义想法本来是西方社会结构与宗教信仰的产物，因此在中国就面临了很多文化不适应的问题，如社会结构变迁、个人与群体的关系、"大我"和"小我"之间的平衡性，都成为当时思想家的思考点。

1979 年以后个人主义想法（首先是美国的）以亚文化——进口的新文化形式被引进中国，其中在社会中起了最关键作用的是摇滚文化。在文化适应过程中，它产生了具有中国民族特色的文化新产品，使这一舶来文化形式具有了新意义。中国早期摇滚又提出了中国文化关键的问题："小我"从"大我"的一些束缚中解放、精神上的解放、个性表达和被社会认同。但是，在这里要指出，80 年代末中国摇滚提出的"小我"解放的呼吁，在 90 年代初得到了主导文化的回应，到 90 年代中，随着时代的变迁和新一代摇滚人的到来，摇滚音乐的主题发生了改变，开始以个人感受、个人解放、"小我"

空间为主题。摇滚从主导文化之外游离于主导文化的边缘地区，摇滚受到主导文化的认可，但是如果涉及对有些社会现象的批判，那么摇滚就逾越了主导文化的允许范围。这一规律决定了摇滚在音乐形式和内容上的多元化，引起了中国娱乐性摇滚的出现，一部分摇滚乐队出现了商业化倾向。以音乐节为例的活动反映了主导文化与摇滚青年亚文化在商业的背景下构建了和谐交流的桥梁。同时，从价值观角度来看，大部分的摇滚作品涉及"小我"的内心世界、精神探索与精神上解放，其个人主义的成分倾向于中国本土个人主义的表现。多数文献、田野调查与访谈的结果显示摇滚失去了原来批判性的力度，可是笔者认为其表现是摇滚文化与主导文化"沟通碰撞"的正常进程，是本土文化适应的另外一种表现。同时，摇滚跟其他中国文化一样踏上了"文化走出去"的路，带有明显民族特色的摇滚乐队不但在国内广受关注，在国外也开始受到欢迎。

另外一种体现当代青年群体个人主义特点的文化就是滑板亚文化。通过分析访谈与田野调查的结果，笔者发现该青年亚文化从另外一个角度展示了当代中国青年的"自我"观念和在中国大环境下的个人主义发展。如果说摇滚文化首先涉及了"小我"从国家"大我"的解放，对现实的批判，那么滑板文化则主要涉及了"小我"从家庭的进一步解放、解脱青年在生活上的压力，打破一些主流价值观。北京滑板文化跟摇滚文化一样也提出了精神上的自由和个性（individuality）表达的成分，成为当代中国个人主义的一种表现，展示了西方个人主义在青年亚文化中适应的过程。与摇滚文化相比，滑板文化的商业化受到其本身活动小众性和潜在的危险性限制，因而也很难受到来自主导文化的支持。

第四章

都市青年亚文化与消费观变迁

改革开放以来另外一个有迅速变化的是消费观。在此过程中青年新兴的不同族群代表了中国传统的消费模式与西方消费模式的碰撞以及接下来发生的适应的过程。我们会分析这些族群并通过访谈的资料剖析他们的特点以及他们作为青年文化所起的作用。

消费观是改革开放以来另外一种经过迅速变化的价值观。随着私人生活与个人消费的解放，消费观有了变化。与自我观不一样的是，消费观的变迁主要是由主导文化引起的价值观变迁。社会经济的发展创造了新的物质基础和消费环境，同时主导文化在新消费文化上的指导推动了消费观的变迁。这种新的消费文化已经"培育"了一代青年。与老一代不一样的是，他们不只有了物质消费的基础，而且更倾向于将其投入新消费文化。本章分两个部分，第一部分从文化史角度概括中国消费观的变迁以及主导文化在其中起的作用；第二部分集中在都市青年群体对主导文化变迁的反应，通过分析都市青年消费文化，剖析传统与现代消费模式、中国与西方消费文化的"交流"过程。

一、中国消费观的发展历程

纵观历史，中国是一个勤俭的国家，然而为什么中国社会在最近几十年内急速走向了消费主义的道路？虽然很多中外学者经常强调消费主义的浪潮主要是在全球一体化的时代背景下产生，因美国文化及其价值观念对全球影响力的增强引起的，但这并不是唯一的因素。每个国家因为不同的历史文化背景而产生不同的消费主义，从现代经济活动中可以发现，消费与其自身文化是相关联的。消费主义传入中国，能为中国人所接受，在文化的语境中变成了带有特殊色彩的"词组"。要追溯中国消费观的发展历程，一定要先考察能够影响中国消费主义价值观形成的文化环境。

（一）改革开放前中国消费观的演进历程

政治因素在中国传统社会价值观的形成过程中扮演了重要的角色。那儒学作为一种政治统治工具，奠定了中国社会伦理道德和价值观念基础，其思想长时间以来影响着中国人的消费态度和消费观念。首先是孔子的思想塑造了消费观的基础："节用而爱人，使民以时。"[①] 后来这个思想被孟子和荀子继承并发扬。孟子反对摆阔性的消费，他认为"宝珠玉者，殃必及身"[②]。荀子也提倡以礼节制消费，按照荀子的看法，勤俭是"足国之道"[③]。中国封建社会是以农业为基础的、自然经济占主导地位的社会，由于生产力水平较低，大部分人的生活并不富裕。在经常发生灾难的背景下，政府经常面临经济匮乏的困扰，便形成了积蓄与克制日常消费的消费方式。对人们日常消费克制的主张可以在孔子的思想中发现："君子食无求饱，居无求安。"[④] 西汉思想家贾谊针对这种消费传统提出了"夫积贮者，天下之大命也，苟粟多而财有余，何为而不成"[⑤] 的主张。孔子、孟子、荀子等人基于经济的考虑强调勤俭和储蓄的重要性。由此可见，在先秦儒家学说中就形成了物质消费遵循勤俭的个人原则。在儒学基础上形成的等级消费制度基本上从文化与思想伦理的角度控制了个人的消费。比如，李琴在《中国传统消费文化研究》中举例子说富有的商人也不能享受高档消费品，只有某一些特权等级才能享受奢侈消费，不然会被拆责为不知"礼"，逾"规"，甚至有"作乱犯上"之嫌疑。[⑥]

道家也基本上持节俭的观点，他们抵制形式上的消费，不过他们节俭思想的出发点是对人身的影响。比如老子提出过："五色令人目盲；五音令

---

① 刘宝楠编：《论语正义》，中华书局 1990 年版，第 16 页。
② （清）焦循编：《孟子正义》，中华书局 1987 年版，第 1001 页。
③ （清）王先谦撰，沈啸寰整理：《荀子集解》，中华书局 1981 年版，第 114 页。
④ 刘宝楠编：《论语正义》，中华书局 1990 年版，第 31 页。
⑤ （汉）班固编：《汉书》，中华书局 2007 年版，第 160 页。
⑥ 李琴：《中国传统消费文化研究》，中央编译出版社 2014 年版，第 55 页。

人耳聋；五味令人口爽；驰骋畋猎，令人心发狂；难得之货，令人行妨。"①老子的消费观是"知足"："祸莫大于不知足，咎莫大于欲得。故知足之足，恒足矣。"②

由此可见，儒家作为主导文化的来源，道家作为附属的民间想法，从这两个角度都可以看到中国传统社会中的黜奢崇俭的思想很强大。

纵观中国思想史可以发现，清末之前虽然"崇俭"是主流，可是其他消费观也存在。最早提倡另外消费模式的是管子，他强调了奢侈消费的重要性："故贱粟米而敬珠宝，好礼乐而贱事业，本之始也。"③在《奢侈》文中管子基本上表达了消费推动国家经济发展的初期思想："富者靡之，贫者为之，此百姓之怠生，百振而食。"④另外，在第三章提到的杨朱作为所谓离群的思想家一直依据生命短暂这个论证。历史家司马迁主张自由消费，在《史记·货殖列传》中指出了玉石、声色、犀、技巧、珠玑等"皆中国人民所喜好，谣俗被服，饮食奉生送死之具也"。

宋明时期随着江南经济的繁荣以及社会经济的发展，社会上对商人的奢侈消费态度有了变化。明代思想家陆楫在《兼葭堂杂著摘抄》中证明了奢侈消费对社会的肯定作用："自一人言之，一人俭则一人或可免于贫。自一家言之，一家俭则一家或可免于贫。至于统论天下之势则不然。"⑤

消费观思想的最大变迁还是在近代转型时期发生的，中国消费观在近代进行了重构。随着新经济增长的必然要求和西方思想的影响，打破墨守成规的"崇俭"概念，停止积累财富、投资创业成为时代需求。在近代，中国思想从"崇俭"转到"黜俭"和"崇奢"，对"崇俭"消费观的猛烈批判主要出现在梁启超和谭嗣同的论述中。在梁启超看来"崇俭"实是"上古不得

---

① 饶尚宽译注：《老子》，中华书局 2007 年版，第 29 页。
② 饶尚宽译注：《老子》，中华书局 2007 年版，第 123 页。
③ 李山译注：《管子》，中华书局 2009 年版，第 183 页。
④ 李山译注：《管子》，中华书局 2009 年版，第 185—186 页。
⑤ （明）陆楫撰：《兼葭堂杂著摘抄》，中华书局 1985 年版，第 2 页。

已之陋俗"①，是与自然经济相连的，是古代的经济发展状况和低下的生产力不得已的选择，随着经济的发展和生产力的进步，这种观念势必会被取代。针对这一观点，谭嗣同的论述更为尖锐："本无所谓奢俭，而妄生分别以为之名，又为之教曰黜奢崇俭。"②

19世纪末20世纪初，随着洋货引进，情况开始有变化了。外来的日常消费品受到当时社会的欢迎。Peter N. Stearns描写了当时中国消费观，他强调该时期新欧洲产品的流行，可是这种欧洲式消费方式只在发达城市的上等阶层中存在，而大部分人不理解也不接受新的潮流，此后，辛亥革命领袖孙中山指出消费的必要性："实业的中心是在什么地方呢？就是在消费的社会，不是专靠生产的资本。……因为实业的中心要靠消费的社会，所以近来世界上的大工业，都是照消费者的需要来制造物品。近来有知识的工人，也帮助消费者。消费是什么问题呢？就是解决众人的生存问题，也就是民生问题。所以工业实在要靠民生。民生就是政治的中心，就是经济的中心和种种历史活动的中心，好像天空以内的重心一样。"③他主要从人们的迫切需要出发，从当时的中国实际出发，认为"我们现在要解决民生的问题，并不是要解决安适问题，也不是要解决奢侈问题，只要解决需要问题。这个需要问题，就是要全国四万万人都可以得衣食的需要，要四万万人都是丰衣足食"④。

在1934年的《国货月报》中我们已经可以发现"崇洋"消费已经开始涉及社会每个阶层："单从我所熟悉的故乡来说，居民平时自耕自织，穿的大部分是土布，但亦非纯粹的，因亦有洋纱纺的。遇婚、丧、喜、庆、出门、拜客，大部分是穿花花绿绿的外国货。富不消说，满身罗绮；就是贫的，也去花一二元钱买花洋布（当然是日本货），做一身半套的衣服，以为

---

① 《梁启超全集》第一册，北京出版社1999年版，第117页。
② 谭嗣同：《仁学》，中华书局1958年版，第33页。
③ 《孙中山全集》第九卷，中华书局2011年版，第376—377页。
④ 《孙中山全集》第九卷，中华书局2011年版，第414页。

风光。这种现象，普遍了我们这里，同时，我敢相信，不单我们这里是如此，全中国没有一处不如此。""以穿外国货为荣、以穿国货为贱的念头，深入人们的脑海，"① 带有符号性的意义。

新中国成立以后，计划经济的主要原则是实行资源配置。国民凭票购物，绝大部分消费品处于短缺状态。从思想教育角度来看，"勤俭节约"和"艰苦朴素"被看作美德，而贪图享乐的生活方式是"资产阶级"或者"小资产阶级"的表现。"大锅饭"的特殊分配方式和平均主义对新的消费观的变迁并没有起到推动作用。在这样的情况下，自由消费根本不可能实现，这种计划经济体制和为国家战略目标服务的消费理论对消费有着很大的限制。

（二）改革开放后主导文化与社会主流的消费观

改革开放以来，消费变成了经济健康发展的保证，消费刺激了生产的发展，消费观也伴随着生产力的发展而发生变迁。一旦中国把发展经济放在首要地位，就会促进市场经济的发展与国内生产的发展。生产的发展又与消费水平有着密切的联系。人们自发地追求利益，在此之前人们被贫穷的状况所限制，一旦这种限制的大幕打开，购买东西的机会就大大地增加了。中国走向市场经济代表着中国开始改变传统消费观。国家政策的宏观调控退出了日常生活领域，彻底放弃了对私人生活的控制和对现期消费的克制。但是在笔者看来，这并不是当代消费主义滋长的原因，而只能称作"前提"。改革开放带来了经济的长足进步，社会生产力的发展，收入水平的提高和物质财富的极大增长。这些条件只是提供了更多消费的机会而不是培养了消费主义价值观。

在改革开放后，与"以经济建设为中心"相适应，人们的消费理念也逐渐发生了变化，从一味的储蓄与积累，到适当消费提高物质生活甚至提前消费。不同的时代具有不同的消费符号和物质指标。70 年代末的物质指标是

---

① 吴忠匡：《怎么样去提倡土布》，《国货月报》1934 年第 1 卷第 8 期。

手表、自行车、收音机和缝纫机；80年代进入电器时代，对大家提出了新的购买物质的任务：洗衣机、电视机、冰箱；90年代大家已经开始追求空调、录像机和电脑。当代中国社会全面物质化，如今的"三大件"主要是三个"子"——房子、车子和票子。在此系列中房子占据代表性的位置。改革开放之前中国城镇实行房子分配，而"在1998年之后才正式在全国停止住房的实物分配，从此以后房子逐渐成为昂贵的、难以负担的产品。"①

改革开放后的中国消费世界有了翻天覆地的变化。随着改革开放的一步步深入中国引进了新一波商品、服务、娱乐、时尚等。从20世纪80年代中期开始，上海市九江路一带出现了各式各样的小店，专门出售同一品牌的物品，如"耐克"跑鞋、"老人头"皮鞋、"阿迪达斯"网球鞋等，被称之为"专卖店"。在90年代初出现了"精品屋"，给青年带来了现代前卫的生活。"其实不是在卖'物品'，而是在卖'观念'——优雅、妩媚、格调、品位等新的生活方式"②。葛凯指出："20世纪末的中国虽然经历了20年的改革，但中国大陆消费者用于购买奢侈品手提包、鞋、珠宝和香水的开销只占全球零售总额的1%。但是到了2005年，中国一跃成为世界第三大奢侈品消费国，消费额占全球的比例超过了12%"③。奢侈品市场的增长伴随了时尚媒体的发展。媒体人邵忠说："1993年我们做《周末画报》的时候内地只有两三本所谓的时尚媒体，但现在，300本都不止。"④因此，随着媒体的传播和发展，奢侈时尚生活成为许多电视节目与杂志的焦点。如果我们分析90年代青年最欢迎的杂志我们可以发现，在《青年一代》、《金色年华》、《中国妇女》、《现代女性生活手册》等杂志的封面出现了不同的时尚偶像，他们穿着流行衣服，

---

① 朱迪：《品位与物质欲望——当代中产阶层的消费模式》，社会科学文献出版社2013年版，第74页。

② 陈微：《青年时尚的足迹（1990—2003）》，载《中国青少年流行文化现象报告（2001—2005）》，中国青年出版社2003年版。

③ [英] 葛凯：《中国消费的崛起》，曹槟译，中信出版社2011年版，第33页。

④ 邵忠：《"奢侈"的传播——时尚媒体和奢侈品在中国的同步发展》，《东方企业家》2007年第7期。

且里面的文章介绍新消费项目：时尚迷你裙、发型、化妆品等。

通过上面的介绍可以看出消费价值观与消费模式的变迁，其变迁不但涉及了物质消费，而且涉及了服务文化娱乐消费。90 年代初出现了酒吧、卡拉 OK、美容、理发、旅游等行业，它们都成为新一代的消费项目。总结来说，中国传统消费模式要求日常消费节俭，而新出现的消费模式促进日常消费，是满足日常消费需求或者超前日常需求的模式。

中国国内消费随着福利的增长和消费机会的增加，人们的积极性也提高了，贷款服务成为促进消费主义价值观飞速发展的工具，引起了超前消费。例如，很多青年人的消费水平远远高于他们的实际收入和支付能力，有时候为了满足对奢侈品的追求而透支信用卡。这样我们可以发现在青年群体中存在着"不挣钱的也花钱，挣小钱的花大钱"的现象。可以认为，在后现代主义和信息化时代消费已经达到更极端的程度了，人们随着"欲望起飞"[①]，通过购买服务或者产品，追求与享受物质带来的快感。"据估算，这一代人大约有 9000 万人，其中居住在城市里的便有 3000 万，当然，他们中并不是所有的人都是'月光族'，重要的是他们引导着中国新的消费文化。"[②]

但同时，这种现象带来的另一个问题就是年轻人的精神生活越来越匮乏，逐渐失掉真正的内心世界。青少年研究中心的专家在 2004 年的报告中强调："今天的青少年流行文化现象更多地体现了市场经济的意识形态，其政治色彩已经大为淡化，'消费主义'已经成为今天市场经济社会的主流意识形态。"[③] 笔者应该强调，随着 90 年代出现的消费主义的浪潮，主导文化很明显地对此现象进行了批驳。如此，胡锦涛同志 2006 年 3 月 4 日看望出席全国政协十届四次会议的委员时提出，要引导广大干部群众特别是青少年树立"八荣八耻"的社会主义荣辱观，在其中作为社会主义核心价值体系的

---

① 王宁：《"国家让渡论"：有关中国消费主义成因的新命题》，《中山大学学报》（社会科学版）2007 年第 4 期。

② 韩禹德：《中国"月光族"将引领消费新潮流》，《经济展望》2006 年第 1 期。

③ 周国文：《阶层化和小众化：青年流行文化的新态势》，《中国青年研究》2005 年第 4 期。

构成成分"以艰苦奋斗为荣、以骄奢淫逸为耻",概括了中华民族艰苦奋斗的传统美德,为全社会尤其是青少年提供了消费观的道德标准。不过,随着个人消费成为了"小我"的问题,主导文化的消费观与主流文化消费观进入了不一致、矛盾性的状态。

(三)传统与现代:当代中式消费主义的"文化支撑"

在研究中国和其他国家消费主义的差别时,可以发现有很多不同。Peter Sterns 在对比全世界的消费主义时强调说,消费主义并不只是西方这一种模式,不同的政治结构和历史,赋予消费主义不同的特色,影响消费主义的最重要的因素是历史本身。[①] 很多中国学者在讨论改革开放政策的影响时,常提到西化与美国文化的影响,也经常提到美国消费主义对中国消费观的影响。在中国当代的背景下,高消费有时候成为一种很自然的事情,全世界都在讨论当代消费主义的问题,可是一旦外国人亲临中国,就会发现两者之间消费观念的差别是很明显的。钱毅文就曾经说过:"中国奢侈品消费年轻化已经成为走势之一,与西方发达国家以 40 岁以上中老年人为主的消费趋势完全不同。中国内地奢侈品购买力最强的是 40 岁以下的青年。"[②] 中国消费主义明显地具有某些不同于美国和其他西方国家的特点,这个差异在于文化观念的不同。下面,我们将分析中国当代社会的消费主义特殊的"文化观念的支撑"。

1. 精神需求

中国与很多西方国家不一样的是,它的精神道德系统与政治和意识形态联系在一起。中国的传统文化和传统价值观在改革开放后逐渐复苏,如建立国学研究所和把《弟子规》、《三字经》等代表道德价值观的准则列入儿童教育材料。

当代中国有购买力的人群中很多经历过价值观破碎的时代。这种从以

---

① Peter N. Stearns, *Consumerism in World History: The global transformation of Desire*, p.81.
② 钱毅文:《论当代中国青年消费观的主要特点及其成因》,《西安社会科学》2011 年第 1 期。

政治为核心到以经济为核心的转折时期培育的一代人，或者用物质享受代替了精神价值，或者被迫在别的领域寻找精神道德价值观念的支撑。没有精神道德价值观支撑的人很容易出现价值观迷失的情况。另外，当代中国社会急功近利的一面要求家庭中的小辈取得好的成绩，赚到钱，给自己的父母带来荣誉。在这样的家庭和社会竞争条件下孩子们的压力很大，消费成为缓解压力的方法，人们的消费超越了他们实际的物质需要和经济能力，他们的消费被快乐的欲望引导着，这既涉及物质消费又涉及文化消费，消费与享乐联系在一起。总之，这两种因素可以看作是中国消费主义的促进因素，也可称之为"文化的支撑"。

2. 面子

Nancy Y. Wong 和 Aaron C. Ahuvia 指出："许多产品在亚洲和西方社会是一样的，但是并不意味着消费者购买它们出于同样的原因，或者说，产品在每一个社会具有相同的社会功能。"[1]霍尔在跨文化理论的研究中把中国文化称为"高语境文化"[2]，在高语境文化中的人们对微妙的环境提示较为敏感。这也表明中国文化中充满着暗示、象征和仪式。高语境文化的代表是以非语言的工具——外形、姿态等传达很多信息。他们购买的东西和他们的消费也可以属于这样的编码。因为共同特色的历史文化背景，中国人形成非语言的心灵感应。

"面子"就属于这个文化不可分割的一部分。自古代以来因为儒家思想的影响，面子的符号编码到现在基本上都没有变化。直至 21 世纪，中国人在人情交往过程中，面子仍占据重要的地位。林语堂在《中国人》一书中也强调说："面子触及了中国人社会心理最微妙奇异之点，是中国人调节社会交往的最细腻的标准。"[3]在当代消费主义的中国社会中，面子也可以体现在

---

① Nancy Y.Wong, Aaron C.Ahuvia: "Personal Taste and Family Face: Luxury Consumption in Confucian and Western Societies", *Psychology and Marketing*, 1998, No. 5, p.424

② E. T .Hall, Beyond Culture, N. Y. ; Anchor Books Editions, 1989, pp. 91-92.

③ 林语堂:《中国人》，学林出版社 1994 年版，第 203 页。

克里彭多夫产品语意理论框架中。该理论认为，产品语意反映了心理的、社会的及文化的连贯性。产品从而成为人们与象征与环境的连接者，产品语意构架起了一个象征的环境，从而远远超越了纯粹生态社会的影响。① 姜彩芬在研究面子与消费的联系时这样提到这个现象："面子代表获得的声望，是拥有的社会地位，还包括个人经社会认可的'自我'和影响力的代称，由此也就形成了个体与他人交往的心理距离，强调的是个人的成就和品格与面子大小的关联，特别突出了面子是'他人赋与'的特性。"②

在古代和现今，面子显示人的社会地位、人的身份以及成功程度。例如封建社会中有钱有社会地位的人也用特殊非语言的物质象征传达身份、地位等方面的信息。在中国封建社会中不同衣冠服饰反映了等级制度，表现了人们的身份与社会阶层。在《礼记》中记载着："天子龙衮，诸侯如黼，大夫黼，士玄衣裳，天子之冕，朱绿藻，十有二旒，诸侯九，上大夫七、下大夫五，士三，以此文为贵也。"③ 类似地，面子与符号性消费的关系必不可少。Peter Sterns 认为，在当代中国社会，这些东西变成了一种极端的方式。消费主义描述了这样一种社会，其中许多人在一定的程度上把获取物品当作生活的目标，而这些物品的获取不是出于人们生活的需要，也不是为了传统展示的需要，而是为了获取他们的某种身份认同。④ 在中国，人们为了获得面子而购买奢侈品和名牌的东西，其目的在于向别人展示自己的身份和社会地位。很多人以让别人感到羡慕作为他们支付高价名牌消费品的目标。这样的消费者明显地受到社会文化因素的驱使，而不是商品的经济价值。面子在消费中的表现很多，其中三个最重要的场合来自于中国传统礼仪消费：生日、婚礼与葬礼，这三个环节是显露面子的时刻。在中国，招待客人必须有

---

① 晏国祥：《消费体验价值论》，经济科学出版社 2009 年版，第 37—38 页。

② 姜彩芬：《面子与消费》，社会科学文献出版社 2009 年版，第 68—69 页。

③ 孙希旦撰，沈啸寰、王星贤点校：《礼记集解》中册，中华书局 1989 年版，第 640—641 页。

④ Peter N. Stearns, *Consumerism in World History: The Global Transformation of Desire*，转引自王宁：《"国家让渡论"：有关中国消费主义成因的新命题》，《中山大学学报》（社会科学版）2007 年第 4 期。

面子，所以对这三个活动的投入很高，饭菜过于丰盛，场面过于盛大等。很多人经常为了在这三个场合中保全面子，借钱举办。在当代社会，婚姻的消费也是与面子有关的消费符号资源。结婚时要买房，没有房子，结婚就没有面子。

除了三大消费场合以外，中国人对送礼物也是非常讲究的。做客的时候必须有面子，就是要送贵重的礼物。这个也有不同的表现，例如见面礼，儿子或者女儿带配偶第一次到父母家里，父母用给红包的方式来表示赞同。上面描述的这些仪式，都是面子的集中体现，是中国文化中过度消费和超前消费的诱因，而且经常引起非理性的消费、攀比消费、奢侈品消费等。这样的消费主义涉及各个社会阶层，例如刚刚工作的姑娘用三四个月的工资购买奢侈品来显示她们来自有钱的家庭或者她们有富有的男朋友；也有很多外来打工妹购买一些超出自己经济能力的东西以此来作为自己进入城市群体的象征，提高自己的社会地位，减少她们与本地城市居民的距离。因此，通过对这些情况的研究，我们可以说"面子"给当代中国消费主义提供了特殊的"文化支撑"。

3. 偶像

人被各种迷离的符号所包围，有时候人们会无意识地吸收这些符号的意义。偶像不管是在古代文化中还是在现代文化中都是传播价值观的工具。在中国文化中，偶像一直起很大的作用，而且中国自古以来对偶像有特殊的崇拜。可以说崇拜和模仿在一定程度上成为中国文化不可分割的一个部分。这样一来，神话英雄、优秀统治者、杰出人物等就给人们创造了模仿的榜样。在古代，孔子在主张节俭和知足等方面成为人们学习的榜样。首先他自己给大家树立了一个在日常生活中提倡俭朴的榜样，之后又积极呼吁统治者要具备勤俭的美德。例如，《论语》记载着孔子赞扬他的好学生："贤哉，回也！一箪食，一瓢饮，在陋巷，人不堪其忧；回也不改其乐。贤哉，回也！"[1]新中国成立以后，雷锋也作为道德榜样，对那个时代人们的消费观影

① 刘宝楠编：《论语正义》，中华书局 1958 年版，第 226 页。

响很大。他的主要美德除了乐于助人，还有朴素节俭，他没有追求时尚也没有追求美观。在雷锋身上有这样一个俭朴的小例子，雷锋只有一套旧的衬衣裤，他不舍得买新的衬衣裤，他说："一套就够穿，破了还可以再补一补。"雷锋节俭的小故事所传播的就是勤俭的价值观。

在以前的这些故事中，榜样和偶像在提倡俭朴的消费观中起了绝对正面的作用。而反观当今时代，我们看到的是相反的现象，明星作为引领消费时尚的偶像，通过对大众消费主义价值观念和生活方式的影响，促进了社会产品的消费。当代社会消费偶像的根源是社会生产的发展。偶像向普通民众灌输了新的时尚消费观，引领人们的消费风尚，宣传消费主义价值观，鼓励和诱惑消费者积极消费甚至非理性消费。这样一来，越来越多的人开始崇尚物质产品，消费主义已经变成一种潮流。有研究者指出，"消费型偶像"是符号价值消费的产物，他们"通过高度发达的媒体，把私人化的消费行为借助视觉向公众展示出来，商品的魅力演变为偶像的魅力，偶像的消费行为成为极富感召力的消费样板，诱导大众进行某种特定行为的消费。"①

偶像和时尚崇拜在中国当代文化中最具有代表性的例子是文化作品，例如中国当代流行的作家、导演郭敬明，就在他的小说、电影等文化产品中描述对物质生活的追求，传播消费主义和拜金主义。这些作品中的人物形象、生活方式和消费观在电影中没有被否定，而是被倡导，所以就被观众看成一种模仿的偶像。郭敬明作为作家和导演，他的小说和电影中体现的消费主义，他的行为和他的态度上表现的消费观点，在当今中国的青年群体中起到了巨大的偶像引导作用。对青少年来说，郭敬明象征着成功，而他的成功在很大的程度上是通过购买名牌表现出来的。年轻人在接受这些符号的同时，也会相应地在自己的生活中幻想着这样的物质生活。像郭敬明这样的偶像在当代中国也不少，因此可以认为这也是当代中国文化消费主义价值观灌输的又一个"文化支撑"。

---

① 张慷：《消费时代下"偶像"符号的转型》，《新闻知识》2010 年第 6 期。

4. 个人意识与集体意识并存

在第一章我们已经指出了中式个人主义的文化特点。这个现象特别涉及当代青年人，即"80后"和"90后"的一代。他们自我意识觉醒，通过自己的自主选择树立个性化的自我形象，成为当下每一个年轻人的追求。他们关注的不是物品本身的功能和使用价值，而是关注与"个性化"物品之间的心理动态关系，他们更多地喜爱能够体现个性和自我价值的商品。鲍德里亚在他的符号价值理论中认为，符号消费绝不仅仅是为了简单地吃饱穿暖，它其实是消费者的一种"自我实现"，或是为了体现"自我价值"的消费，也包括"炫耀"因素在内。如此，消费不仅仅是对物质或商品的消耗或使用，而且是为了标新立异、与众不同。按照这一新的消费模式，必然导致一种新的消费文化的形成。而在这一新的消费文化中，符号自身是有价值的，也就是所谓的符号价值。符号价值就构成了这一新的消费文化的核心。[①] 钱毅文在描述这种情况时强调，青年渴望通过购买尤为个性的东西获得尊重感和自豪感。[②] 中国青少年研究中心提供的"青年时尚的足迹（1990—2003）"的材料分析证明，自90年代以来青年文化中带有符号消费意义的产品开始普遍流传。如果分析当时青年时尚通过服装的消费选择可以发现青年从传统的束缚中解放出来。例如，男人穿花衣服会有很多意义，包括回归自然、个性化、极简主义等。

但是如果我们从另外一个角度看这个问题，我们可以同时发现中国人虽然在西方文化的影响下有很多个人主义消费的特征，但是很多消费行为还是带有很强的群体一体化特征，因为在中国社会中，集体观念有着重大作用。我们可以看到很多人通过消费奢侈品或其他具体的东西来追求归属感。在中国人交往的时候我们经常可以发现中国人交换信息很快，分享他们在哪里买了什么好的东西，然后刚知道消费信息的人也要进入"购买这些东西的群体"。由于中国"自我"仍然是带有传统依赖性的色彩，产品的购买并不

---

① ［法］鲍德里亚:《物体系》，林志明译，上海世纪出版集团2001年版，第224页。
② 参见钱毅文:《论当代中国青年消费观的主要特点及其成因》，《西安社会科学》2011年第1期。

是个人的成功，而代表一个家庭、亲戚或家族的地位，很多中国人讨论的话题是谁购买什么商品，这些符号性的信息传达了经济水平和家庭背景。

有趣的是，在消费具体的项目时，这两种因素都起了重大的作用，有研究者指出："《2011中国奢侈品报告》聚集'80后'消费者，发现对于年轻的消费者来说，购买奢侈品最主要的原因是出于'自我'的诱因，而类似身份象征等因素退居第二位。"① 因此可见两种意识在中国文化中并立在一起，而且每一种在当代消费主义中都有特殊的"文化观念支撑"。

5."小皇帝"的社会现象

由于社会结构变迁、家庭模式变化、主导文化鼓励理性消费等因素，特别是计划生育导致家庭模式的变化，当代家庭尤其是大中城市中的家庭在消费观方面的教育发生了明显的变化。当代中国家庭多是4—2—1（祖父母和外祖父母，父母，孩子）或者2—2—1（祖父母或者外祖父母，父母，孩子）。张军、邓理峰等学者在分析当代消费观变迁时强调，传统的"父为子纲"已经发生了明显变化。② 该现象是由几种原因导致的，如青年一代与经历过"文革"的父母的知识水平差别、女性变强、青年一代对两对父母的责任都导致了父母失去了管理家庭财务开支的主导角色。同时，随着独生子女的现象普遍化，出现了"子代偏重"的走势，如此孩子及其需求成为主要消费项目之一，而且孩子在消费方面获得了发言权和决定权。1997年王亚平在《省钱，家庭理财的主旋律》中指出，那时孩子的零花钱已是家庭消费中的重要部分了："在独生子女家庭，'小皇帝'的零用钱是一笔不小的花费，是家庭消费中最有潜力可挖的。许多年轻的父母，都把唯一的小宝宝当作掌上明珠，百般呵护和怜爱。"③ 另一项研究表明，孩子在家庭消费中有很大话

---

① 朱迪：《品位与物质欲望——当代中产阶层的消费模式》，社会科学文献出版社2013年版，第89页。

② 张军、邓理峰、沈旻：《中国家庭的营销模型——90年代以来中国家庭价值观念变迁及其对家庭消费的影响》，《财经界》2005年第6期。

③ 王亚平：《省钱，家庭理财的主旋律》，《经贸导刊》1997年第10期。

语权，"零点调查一项关于消费新趋向的研究结果表明，不同年龄段的孩子对家庭的消费决策均具备一定的影响力，其中 13—18 岁的孩子对家庭消费决策的影响力高达 44%。零点调查 1999 年在北京、上海、广州、武汉 4 个城市针对中学生的消费研究表明，孩子不仅对个人学习、生活用品拥有强大的决策权，而且对买房、装修等家庭大宗消费也具有一定的建议影响力"。①同时也得强调，新消费模式和消费价值观变迁导致了"儿童行业"迅速发展，新出现的儿童食品、儿童玩具、儿童早教、儿童娱乐中心、儿童品牌智能玩具和游戏等来满足"小皇帝"的消费需求也成为新消费模式的催化剂。

在当代已经很明显地可以看出上述现象的后果。全家对孩子的溺爱、照顾和孩子在童年的时候成为家庭的主要消费项目之一等因素，导致了已经长大的"80 后"和"90 后"缺乏经济独立性，很难进入社会、控制自己的消费。比如，中国教育专家在做青年道德价值观研究时，进行了访谈。在采访过程中，发现了他的一个受访者基本上把自己的工资（3000 元）全部给父母，可是在进一步访谈过程中发现，受访者住在父母的房子里，和父母同吃同住，且从父母那里拿零花钱，计算消费金额大约为 5000 元，远超过收入。②当代都市青年基本上是独生子女一代，他们成长的环境促进了他们消费观的变迁与新消费观的形成。

二、从消费文化的视角剖析都市青年消费观的变迁③

在前文我们已经讨论了中国消费观的发展历程与改革开放带来的变迁。

---

① 张军、邓理峰、沈旻：《中国家庭的营销模型——90 年代以来中国家庭价值观念变迁及其对家庭消费的影响》，《财经界》2005 年第 6 期。

② Yan Yunxiang, "The Changing Moral Landscape" in Deep China. *The Moral Life of the Person*, University of California Press, Berkeley, 2011, p.36.

③ 本部分的内容在 2016 年圣彼得堡 EACS 会议的时候介绍的，发言的题目为 "Youth Cultures and Consumer Values in Modern China"。

由于文化本身已经含有了消费主义的所谓"催化剂"，而且超前消费、奢侈消费、攀比消费对中国文化来说并不是陌生的现象，因此新的消费主义思潮在中国社会中获得了迅速发展。我们通过青年文化来分析青年群体对新消费观变迁的反应与当代消费观发展的走势。自改革开放以来中国社会出现了很多所谓的"族"，各种"族"对改革开放以来消费观的变迁作出了不同的反应并形成了有不同消费观的青年群体，[①] 这些群体是随着社会分层化而出现的。笔者认为，不同物质水平、道德教育、家庭背景青年群体对消费观变迁有较大影响。青年"阶层化"与"小众化"是青年群体与青年价值观进一步多元化的过程，在该现象中也可以看得出新一代青年的价值观。在当代中国多元社会中从消费观角度来看青年可以分为以下几种：第一，因为没有达到一定消费水平，或者因为受到老一辈的影响而继续保持传统消费观的青年；第二，代表改革开放以来的中式消费主义是西方消费观与消费方式在中国环境下发展的观念的青年；第三，代表新一代中国生态文明与西方后现代思想的混合产物的中西消费模式融合过程中的青年，其中后两者主要属于中国中高层的青年，代表当代中国的消费力量，也是当代青年消费文化的主干。本研究主要基于中国青少年研究中心提供的 2001—2005 年中国青少年流行文化现象报告、当代中国青年研究、媒体报道的信息以及笔者在北京进行的田野调查与访谈展开。

（一）都市青年消费文化中的极端群体

从笔者的角度来看，消费文化是一个具体社会在消费领域表现的习惯、价值观、模式等。消费文化与消费主义并非同一个意思。在各个社会形态中，由于不同的因素如社会结构、宗教与文化背景、地理、历史、经济、政治状况等等形成了不同的消费文化。消费主义是社会发展到一定阶段带来的

---

① 有些带"族"的社会部落不一定指青年这个群体，也不一定指的有不一样价值观的青年群体，在本书集中在青年群体的、区别于主导文化价值观的族群。

一种消费价值观与思潮。

当代青年的消费行为经常出现消费需求超过经济能力的情况，攀比消费、超前消费、信用卡消费及其他非理性消费证明了这一点。社会学界根据消费行为与消费观分出了不同的青年群体（以白领为主，但不限于白领）。一些群体反映了消费主义价值观，他们是对当代主导文化消费观的极端反映，他们代表中国与西方消费文化的冲突，也可以被看作主流消费主义思潮的"夸张产物"。如此，2000 年《中国商报》刊登了《OFFICE 小姐中的"新贫族"》[1] 的一篇文章，介绍中国青年白领的新消费观。当时该文章的作者把"新贫族"形容为："心无杂念享受当下。为了要储蓄，就会使自己的生活从'气态'转化成'固态'，犹如小鸟进了笼子、鱼儿离开水一样失去自由。"[2]2003 年基于调查的分析，在《中国青年研究》的一篇文章中把"新贫族"形容为"他们拥有最强劲的消费热情、最前卫的消费理念、最现代化的消费品、最 COOL 的消费方式，常常和朋友光顾高消费的休闲场所，但他们手头能拿出来的钱还不如那些靠紧巴巴的收入精打细算过日子的人多。"[3]从消费观的角度来看，"新贫族"很明显象征着都市青年在适应西方消费模式的过程。在此过程中，我们可以发现对于以前消费观的绝对拒绝情绪，如此过度节俭与积蓄变成了超前消费和信用卡消费，现期消费的克制变成了享乐主义与日常的过度消费。与前一辈相比工作对他们来说是一种生活来源。据《中国青年研究》2003 年的调查，"新贫族"属于不同职位群为：电脑、网络、SOHO 群、金融、律师、营销、公关、服装设计、导游、美容、摄影、饭店、作家、演员。[4] 笔者在进行第一批访谈的过程中采访了一位"新贫族"。被访人，女，28 岁，出生地为辽宁大连，自由服装设计师，工资不稳定，平均每月 1 万块钱以上，父母定期给她钱，跟两个室友在丽都广场附

---

① 　杨晓丽：《OFFICE 小姐中的"新贫族"》，《中国商报》2000 年 6 月 25 日。

② 　杨晓丽：《OFFICE 小姐中的"新贫族"》，《中国商报》2000 年 6 月 25 日。

③ 　李小芳：《"新贫族"：一种消费新主张》，《中国青年研究》2003 年 3 月。

④ 　李小芳：《"新贫族"：一种消费新主张》，《中国青年研究》2003 年 3 月。

近租房。问及有关买房的想法，她认为："在北京这种大城市想法很少。一般来说在三四线城市必须有房子，必须有车"，她目前不计划结婚买房，有男朋友，不在一起住，不计划结婚。有关每个月的花费无法提供准确的答案，表示"5000 块钱以上"。自己表示会为了买房子存款，她提道："这些钱必须有的，所以得留下来，否则会花掉。"在上面指出的调查有很多自由职业的青年，我们自己在访谈过程中发现的"新贫族"代表也是。笔者认为自由职业使得独生子女的一代在工资不稳定的情况下，不但不遵循以前节俭的传统，而且还不太会分配自己的收入。

另外一种当代消费主义的"不健康的产品"是"辣奢族"。"辣奢族"的名言是："奢侈品是人生必经的甜酸苦辣——对名牌的热爱是辣，加班的时候是酸，吃方便面蓄钱是苦，买到限量版包包是甜。他们是绝对的名牌狂热追求者，对有关名牌的事了如指掌，有明确的品牌偏爱。"[1]"辣奢族"的名字来自于英文的"luxury"，豪华，奢侈。"辣奢族"主要包括过度追求名牌的白领阶层青年群体。有关"辣奢族"的信息最早能追溯到 2008 年，其都市青年文化现象在一定程度与北京第一家高端品牌商场的出现有关系。在 2007 年 4 月 19 日北京 SKP（原名为新光天地）盛大开幕。《安徽商报》采访了一位青年"辣奢族"后报道："被访者徐铮是一家广告公司的执行总监，每月收入万元左右。虽然收入挺高，可徐铮的日常开销却很少，尽量不打车、不下馆子，但工作了四五年，积蓄仍少得可怜。'我不喜欢攒钱，钱应该用在提高生活品质上，我每月会花 80%的钱来买奢侈品，有时候会为了买一样东西苦攒几个月的钱。'"[2]该群体跟"新贫族"一样象征着对以前节俭的消费模式的抵抗。在白领之间的攀比消费与符号性消费在一定的程度上能看得出等级消费和面子有关的符号性消费，人们通过购买名牌的产品来获得一定的身份，拥有自己的面子，通过某种品牌来建造自己的身份，因此

---

① 李明霞：《辣奢族的试析》，《泰安教育学院学报岱宗学刊》2010 年第 3 期。

② 《白领辣奢族：我为名牌狂　信条"不败家不啃老"》，中国新闻网，2010 年 5 月 18 日。

这种青年用物质产品来进行自我表达并标榜自己的物质水平。没有达到一定物质水平的青年也试图用消费奢侈品来表现其更高的社会阶层，为的是不在白领朋友之间丢脸。中国青年在品牌上的消费很明显区别于西方奢侈品消费模式。在西欧四五十岁的人是消费主力，也是品牌的消费者；在中国 25—40 岁的青年是主要消费力量以及品牌的消费者。其现象很明显地与代际价值观差别有关，当代青年与上一辈相比更注重个性、产品的质量，更讲究品牌。

在当代都市青年消费文化中月光族的生活方式已经成为了正常的现象。"月光族"，这个网络流行词的出现，最早可以追溯于 90 年代中后期，代表 20—35 岁把月工资全部花光的白领青年，换句话来说"挣多少，花多少"，时尚追求成为了他们的主要理念之一。青少年研究中心的专家认为这样的青年是时代的产物："他们生活在一个物质日趋丰富的时代，中国不断成长的消费文化正好和他们的成长同步，所有产品的营销诉求几乎都是针对他们的趣味。消费对他们来说已不仅是生存需求，同时也是一种生活方式和精神需求。在这样环境中长大的一代人，更多地关心自我，习惯于从家庭与社会中获得些什么，追求时尚、享受生活对他们来说是十分自然的，出现'月光族'、'大学生负翁'、'物质女孩'也就毫不奇怪。"[1] 笔者在进行消费观变迁访谈的过程中认识了一位"月光族"，是一位男性，29 岁，月工资 2 万元，是一位公司专员。他比较讲究品牌的消费，在购买产品的时候牌子是影响购买的重要因素。他喜欢的牌子属于中高端层次。不过，在访谈的过程中笔者发现他正在筹备结婚，但是没有存款，目前他的工资还需要负担为买的房子装修、还贷款，因此他也表达了想要修正自己花费习惯的愿望。另外还有"年清族"，该族群存不下钱的原因不只是因为受到西方消费主义的影响，还因为每年春节前的高消费。与"月光族"不同，"年清族"会存钱，但是储

---

[1] 中国青少年研究中心：《"80 年代生人"崭露头角——对"80 后"的一种解读》，《上海青年管理干部学院学报》2005 年第 2 期。

蓄不是他们的重点目标，他们会将一年存的钱都进行质量更好的消费。笔者在进行访谈的过程中采访了两位"年清族"。被访者是两位女性，分别是25岁和27岁，毕业于重点大学，都在银行工作，工资为每月1—2万元。她们认为"省一点钱也得花"、"因为年底会有年终奖应该会去买东西"。据李庆真得到的访谈分析，"月光族"与"年清族"一般在大多数情况下，有良好的家庭背景与稳定的收入。① 笔者的多数访谈、跟青年的交流、田野调查也基本上证明这一点。笔者发现当代"月光族"青年的消费行为并不一定与物质消费有关，其中也包括当代青年娱乐精神消费或者青年娱乐精神需求导致的物质消费。

　　"啃老族"是另外一种青年消费文化现象。"啃老族"、"吃老族"或者"傍老族"的出现可以追溯到2000年初，如在2003年《百姓》中刊登了《中国的本土"啃老族"》文章，指出父母对孩子的溺爱在消费方面会带来什么后果。"啃老族"现象伴随第一代独生子女进入就业年龄而出现，家长对孩子们的溺爱、孩子们责任感与独立性的缺乏再加上社会压力与工作竞争都造成了"啃老族"群体的增长。啃老存在不同的程度，比如说宋健、戚晶晶在他们的研究中把啃老界定为三种：日常啃老（按两代现金的来往判断）、住房啃老（按住房的买主来判断）以及综合啃老，日常啃老与住房啃老并存被界定为强啃老，而单独的日常啃老或者住房啃老为弱啃老。② 目前来说，由于房价一直在上升，而买房作为传统消费项目的习惯还是很强，所以住房啃老最多。在当代中国由于房子的价格越来越高，买房成为了很大的问题。很多青年在家长帮助下才能买到房子，没有家长帮助的青年就必须非常节俭的生活。不过消费文化变迁导致了很多都市青年不想为了买房而牺牲日常消费和娱乐。社科院最近进行的社会调查显示，90后毕业生只有1/3接受"为了买房，我愿意降低生活质

---

① 李庆真：《从月光族到年清族都是白领阶层消费理念分析》，《青年研究》2005年第11期。
② 参见宋健、戚晶晶：《"啃老"：事实还是偏见——基于中国4城市青年调查数据的实证分析》，《人口与发展》2011年第5期。

量"；另有超 55% 的 90 后毕业生选择"如果要背上沉重的房贷，我宁愿不买房"①。日常啃老的一部分原因也在于都市青年对生活质量的需求与现实经济能力的不对称。

赵颖奇在 2012 年进行的调查显示：在 1000 名市民中，50.3% 的青年人接受过父母的资助，其中，11.1% 的青年人完全靠"啃老"过活，另外49.7% 的青年人表示没有接受过父母的资助。从年龄上看，20—25 岁年龄组接受父母资助的比例为 51.7%，26—29 岁年龄组这一比例为 51.3%，30—34 岁年龄组接受父母资助的比例最高，为 55.7%，35—39 岁年龄组接受父母资助的比例最低，为 40.7%。② 如果说"月光族"和"年清族"基本上反映了现代中国青年适应西方消费模式的过程，那么"恐归族"、"急婚族"和"不婚族"则反映了当代中国消费世界中另一个极端现实。

2007 年教育部公布的新词中，"急婚族"是其中一个。"急婚族"的青年群体（以女大学生为主）因为追寻物质利益或迫于家庭压力急于结婚。如此《新华日报》采访的女大学生指出："我马上就要毕业了，要在北京找份如意的工作太难了，要供房供车就更难了，能找到一位有经济基础的男士结婚，不仅仅在生活上有所依靠，而且能最大限度地减轻生活、工作压力。何乐而不为？"③"急婚族"的青年群体表现着青年对主流消费观的反映。主流价值观包含着中国传统价值观：结婚买房买车、工作了要给父母钱、"靠着经济水平"的面子与符号性消费以及有西方消费观，包含着日常高度消费、生活享乐以及其他。出现急婚族的青年文化现象的来源是女性在工作中的竞争压力、经济压力与大学毕业留在大城市的愿望。这使经济水平没有满足消费需求的青年人进入危机，在价值观层面物质消费高于精神需求。

---

① 李培林、陈光金、张翼主编：《社会蓝皮书：2015 年中国社会形势分析与预测》，社会科学文献出版社 2014 年版，第 192 页。

② 赵颖奇：《啃老族现状调查报告》，《统计科学与实践》2012 年第 2 期。

③ 《就业压力催生女性"急婚族"》，《新华日报》2007 年 2 月 8 日。

2014 年年底，有媒体曾发起"2015 年过年你回不回家"的网络投票。结果显示，有近三成的受访者选择不回家。[1]"恐归族"青年群体的出现是几种因素共同的"产物"，从物质消费角度来看，有一部分在外地工作的青年因为春节是传统高消费的时期所以不愿意回家。中国人很讲究礼物，春节的时候发红包，在这个方面必须保住面子。比如，在媒体上报道的："'现在红包的起步价越来越高了，因为我们在北京工作，亲戚们认为我们挣得多就该包得多，100 元的压岁钱现在已经很难拿出手了，发 200 元面子才勉强过得去。'杨慧说，2015 年春节，她就发出了 5000 多元的红包，而这相当于她一个月的收入。"[2] 另外一种，是老一辈的父母、亲属保持原来"自我"的理解，仍然不给"自我"私人空间。如此，很多青年回家乡会听到亲戚把他们的经济水平与别人比较，亲戚也会讨论他们新购买的物品，在这方面很多青年会感到一定的压力。在老一辈人的想法中物质水平是确定"自我"的办法，在群体中、家庭中创造"自我"，而青年一代已经不这么认为，现在很多都市青年愿意做他们想做的事情，很多人不会因为更多的物质财富来做自己不想干的事情。这些行为有时候体现了当代青年的后物质主义想法。如果说"因压岁钱恐归"现象还明显有物质主义追求，那么从那些拒绝攀比消费而恐归的青年身上我们已经可以看到现代消费模式的影子，西方消费模式的影响以及改革开放的"新自我"。

（二）从物质主义到后物质主义：都市青年消费文化在变迁中

美国学者罗纳德·英格尔哈特强调："中国正处于大转型时期，它经历了大跃进、饥荒，在最近几十年用最短的时间实现了经济的最高速发展，像

---

① 吕春荣：《聚焦春节"恐归族"：近乡情怯，恐惧何来?》，《理财》2016 年第 2 期。
② 吕春荣：《聚焦春节"恐归族"：近乡情怯，恐惧何来?》，《理财》2016 年第 2 期。

战后的日本和德国一样，从温饱危机、社会不稳、贫穷落后转型到比较富裕的阶段，但中国尚未进入后物质主义阶段。"①根据他的理论，物质主义者更关注对物质的追求，而后物质主义者则关注自我实现、优质生活、自由、个人主义以及环境保护。

当代青年消费文化是非常多元化的，在青年社会中存在的小众有不同的消费与生活方式。虽然根据英格尔哈特的数据中国社会还没有达到"所谓后物质主义价值观"的水平，笔者认为通过青年的不同群体可以发现一些后物质主义价值观的特征。这些群体体现了其对西方消费价值观的吸收以及西方价值观与中国传统消费观的进一步协调。在下面我们继续通过不同的青年群体来分析消费观的变迁。

随着改革开放带来的经济发展，外国的"BOBO 族"文化也在中国获得了迅速发展。BOBO 这一词出现于美国记者 David Brooks 的 *BoBos in Paradise* 一书中，用这个词来形容嬉皮士与雅皮士融合成的新中产阶级——嬉雅皮。在中国"BOBO 族"在 2002 年成为了流行语前 30 名。②"BOBO 族"象征着中高层青年的新生活方式，时尚、生活享乐、自我实现。"BOBO 族"的生活方式与消费观证明中国的部分群体正在经历从物质主义价值到后物质主义价值的变迁。该群体的青年身上同时具有物质主义和后物质主义两种消费观。在中国这一群体通常是受过良好教育的成功的青年群体，他们有良好的物质基础来追求自由。这种青年群体追求优质、优雅的生活，如优质的饮食，宽敞的住房，并且他们很喜欢品牌的东西。同时，他们有自己的精神追求，还对环保的问题感兴趣。

从笔者的角度来看，"BOBO 族"很明显是中国社会消费主义的产物，是后现代社会的标志。在后现代社会，消费不再是工具性的活动，而是符号性的活动，消费逐渐失去了固定"所指的"、"自由的"和"被解放了的""能

---

① [美] 罗纳德·英格尔哈特：《中国尚未进入后物质主义价值观阶段》，人民网，2013 年 9 月 22 日。

② 吕纳：《站在物质与精神天平上的 BOBO 族》，《当代青年研究》2003 年第 6 期。

指"，成为"对符号进行操纵的系统性的行动"①。"BOBO族"作为社会精英、成功人士，他们一方面渴望富裕的物质享受，另一方面又渴望不羁的精神流浪。笔者在进行访谈的过程中认识了两位"BOBO族"成员。第一位，比较典型，男性，25岁，家庭背景好，在纽约研究生毕业，做电影导演，月工资2万以上。他自己认为："追求物质生活确实我会，不光在衣服方面，还有生活用品，包括洗发水，我会选全有机的、纯天然的，包括吃的、家具等这些我都选择比较好的，涂料我会选择没有污染的。"第二位，优雅漂亮的女性，30岁，广州，大专，月工资3万以上，模特，喜欢奢侈品，同时在空余的时间也喜欢看美剧，学英语或者在自己的公众号写一些东西。她强调她没有那么喜欢奢侈品，自己是模特，工作上有接触。她认为奢侈品是外在的东西，接近自然或者内心的东西比较重要。

自改革开放以来很多80后成了房奴、孩奴、车奴，还有的对购买品牌上瘾，在这样的情况下人对金钱有了很大的依赖性，而自己的生活完全被工作侵占。在90后群体之间对此出现了一种新的群体：彩虹族青年群体，其口号为"不要做金钱的奴隶，要快乐地享受生活"。

"NONO族"是更明显的后物质主义价值观的代表。这个群体来自于Naomi Klein 的 *NO LOGO* 书，这种亚文化称为"NONO族"或新节俭主义的亚文化。"NONO们'拒绝名牌'并不是一味的、盲目的否定名牌，而是拒绝以品牌消费作为自己身份或地位象征的炫耀性消费"②。"NONO族"抛弃了非自然的行为，并坚持正常生活的方式，他们节约不是因为他们的薪水很低，无法承受自己的消费，而是因为他们更愿意选择有效地分配成本，享受生活。"NONO族"避免消费极端的行为，他们选择产品是由简单主义和自然主义来指导，他们喜欢自然的妆容，他们选择合适的衣服，合适的品牌，而不是追求品牌。除了这个以外，在消费的过程中，"NONO族"关注

---

① Baudrillard, Jean, *Selected Writing*, ed. By Marc Poster, Cambridge: Polity Press, 1988, p.22. 转引自吕纳：《站在物质与精神天平上的"BOBO族"》，《当代青年研究》2003年第6期。

② 王霞、解仁美：《NONO族：让简约成为时尚》，《青年与青年工作研究》2006年第3期。

个人内心，追求全面发展，不把自己的物质需求放在首位，而是注重精神与物质的协调。另外，他们宣传环保。笔者觉得，"NONO 族"的一种很重要的消费观是从房奴意识的解放。他们认为长期节省饮食、娱乐以及还贷让人失去每天的幸福。因此，可以说这种群体是反主流消费观的代表。我们可以发现这种"进口"的群体不但带有西方反消费主义的情绪，还有效地证明当代主流消费观对青年群体造成了极大的压力，使得先锋青年对此很反感。确实，在访谈过程中笔者发现很多"90 后"的青年不在乎品牌，而更关注设计与质量，在乎品牌更多的是"80 后"的特征。这可证明社会消费观的进一步发展。

类似的消费观，也可以被看作新节俭主义的另外一个代表是"乐活族"。英文的 LOHAS 是 Lifestyles of Health and Sustainability 的缩写，追求"健康、快乐、环保、可持续"的生活方式。他们追求质朴健康的生活方式，丰富精神发展，他们喜欢旅游，尽量躲避当代中国生活的压力。其中大多数不愿意成为房奴。有趣的是，该群体特别关注环保的问题比如节电、垃圾分类、有机蔬菜消费等等，说明该群体成员是有意识地进行高品质的消费。

在这里也要强调 21 世纪初刚开始发展的乐活文化已经获得主导文化的支持，在其支持下明显地形成符合中国环境的价值观。在生态文明的旗帜下，主导文化通过共青团举行的针对青年的活动传播绿色消费的价值。比如，2016 年 6 月 25 日北京市丰台区环境保护局、共青团丰台区委员会主办了"生态文明绿色消费党员先锋青年先行"主题活动。这种针对青少年的宣传工作的目标是加快推动消费向绿色转型，有效遏制奢侈浪费行为，大幅提高绿色产品市场占有率，基本形成勤俭节约、绿色低碳、文明健康的生活方式和消费模式。① 在当代这种消费观是一种个人化生活选择与小众群体的青年亚文化，但是，主导文化通过"为青年创造文化"来强调青年的个人发展、个人生活选择与消费文化与国家发展离不开的。这种"大我"精神鼓舞青年

---

① 《北京丰台举办"生态文明 绿色消费"主题活动》，中新网，2016 年 6 月 25 日。

大众在生态文明旗下进一步发展绿色消费观。

除了政府的支持，绿色消费观在商业文化方面也得到了体现。环保产品、有机食品、健康的生活方式都是人们开始追求的。如此，自 2014 年始中国出现了《LOHAS 乐活》杂志。该杂志以身、心、灵的全方位的健康作为生命目标，为乐活族群传递绿色、有机、环保、永续的生活方式"。杂志上介绍健康与环保生活方式、健康食品、传播乐活价值观。在很多学者眼中"乐活"生活方式给市场提供了新的机会，如此"国内的'乐活'市场还处于初级阶段，'乐活'产品主要表现为有机农产品、环保服饰、绿色家具、运动健身产品和保健品，皆是总价较低的门槛产品。然而，中国'乐活'市场是公认的、最具潜力的市场之一。"[①]通过这个例子可以发现，通过西方都市青年文化引进的后物质主义价值获得了"中国味儿"。在当代中国社会中后物质主义价值观与新消费观与主导文化的生态文明理念是有关系的，针对推翻"西方""有消极影响"的消费主义价值观。多数有关消费主义的中文文章认为消费主义的极端性来自于西方负面的影响，之所以有这样的观点是因为只考虑全球因素，很少考虑消费主义本地化的过程以及其与国外的消费主义的区别。因此，生态观念的出现在一定的程度上可以被看作对所谓西方消费主义批评的答复。根据一些中国学者的研究，生态文明的概念以超越物质主义的形式出现。环保与都市青年的"新节俭主义"文化很明显地与主导文化的需求相辅相成，因此接下来 10 年的消费观是向中国特色后物质主义方向发展的。

（三）都市青年消费文化的实证研究（以访谈为基础）

2017 年 8 月份笔者在北京的芳草地（Green Park View）和北京 SKP（新光天地）进行了两批访谈。在芳草地（Green Park View）笔者进行了 17 个访谈，在 SKP（新光天地）进行 7 个访谈，总共进行了 24 个访谈。在访谈

---

① 梁勇、林艳：《"乐活族"消费问题探讨》，《消费经济》2010 年第 6 期。

的过程中笔者发现 SKP 的消费者跟芳草地的不一样，SKP 百货商场有很多外地他人和素质相当低的人，这种群体的人不太愿意配合研究，因此在 SKP 的受访者数量较少。在第一批访谈中笔者采访了 12 位男性和 5 位女性，在第二批采访中有 1 位男性和 6 位女性，总共采访了 13 位男性青年和 11 位女性青年。受访者的年龄在 18 到 35 岁之间。此访谈代表质量性的研究。访谈结果的主要概括在本书第三部分，但是在分析青年不同的族群时，笔者也利用了受访者的例子。

访谈的目标在于发现都市青年的新消费观以及青年消费观与主流消费观的区别。由于在前一节我们已经发现当代中国消费观包括传统与现代的模式，也包括中国与西方消费习惯，因此笔者试图通过访谈来评价传统中国消费观、消费文化和现代西方消费模式对当代青年群体的影响，并评价其影响的程度。在访谈过程中笔者涉及的内容有买房与结婚的问题、购买奢侈品的符号性意义、超前消费、消费观与消费行为、青年的新"自我"与消费观、青年对父母从金融角度来看实行孝道观、青年精神消费、当代都市青年消费观与青年生态观（参见附录 4）。访谈由两个部分组成的，包括笔者设计的主观题和选择题，受访者要按他们的看法来选择他们属于哪种消费族并解释为什么。

青年受访者可以分为两种群体：在职的都市青年与在校的都市青年。笔者在采访第一种群体的时候的问题包括：结婚买房的问题，父母给不给钱，自己给不给父母钱，消费行为与买奢侈品（品牌的东西）、存钱的习惯。在采访第二种青年群体时笔者更关注其家庭背景、消费行为、每月开支、生活习惯与世界观。笔者采访了 16 个在工作的青年，8 位女性与 8 位男性，另外 8 位受访者是在上学或者在上学但是有兼职的都市青年。

在职的受访者主要是中等或者中高收入的青年，如 8 个人的收入是 1 万块钱以上，1 个人是 2 万块钱以上，2 个人 3 万块钱左右，1 个人 3 万块钱以上，只有 3 个人有几千块钱的工资，其中 2 位是大学刚毕业的青年，工资为 4000 块钱，一位是自由职业的青年，工作不稳定，平均工资 5000—6000

块钱。在校青年的生活来源主要是父母，基本上很明显该青年群体的家庭背景好或者非常好。8 位在上学的受访者中有 3 位无法具体回答"父母一个月给你多少钱的问题"，有一位访谈者说了"信用卡"，第二位"根据自己的需求"，第三位指出了"几万"。不过，其中一位强调除了父母给他钱，他跟朋友"炒股"，一个月赚 3000 块钱。还有一位由于在国外上学每个月会从父母那里拿到 1 万块钱以上的生活费。如果父母和孩子同在一个城市，那就比较难计算受访者每月的收入是多少，因为有几位受访者强调，除了零花钱之外父母还给他们买衣服与其他东西。如此，一位女性指出了每个月父母给她5000 块钱零花钱，除了这个以外还给她买衣服、奢侈品、化妆品等等。另外几位有的是每个月从父母那里拿到 2000 块钱，此外父母还会给他们买衣服或者其他东西，他们自己有的也会兼职。

8 位在校的受访者中有 3 个指出了他们除了父母给他们钱之外还有其他的收入，一位提到自己"跟朋友炒股"，其他两位兼职。大部分在工作的或者在上学的受访者的家庭背景较好或者非常好。所有受访者的教育背景都比较好，或者大学在读或者本科毕业、硕士毕业，有 3 位访谈者目前在国外上学。

在前面提到的，是否"买房"或者是否"一定要在结婚前买房"是判断一个人是否具有传统价值观的重要标准，基于此的访谈结果显示，对很多受访者来说，买房是一个必需的消费项目，可见这种传统的消费观念是根深蒂固的。10 位受访者指出了结婚要买房。但是在这 10 位受访者中，有几位提出父母在北京已经有房，父母已经帮忙付了首付或者父母已经做好准备了，只有一位年龄最大的（35 岁）指出他在北京自己赚钱买了房子，也在任何其他方面不啃老。另外 11 位表示"结婚不一定要买房"或者"不要买房"，有 3 位没有考虑过这个问题。有趣的是，表示"结婚不要买房"或者"结婚不一定要买房"的都市青年主要是外地收入比较高的青年。在这 11 位受访者中，有一位工资为 3 万以上的离婚女性，指出结婚的时候没有买房，现在仍然租房。另外，可以发现有一部分都市青年不会为了节省而合租房子，有几位在职受访者把工资的 50% 花作租房费，也不会为了节省钱与别人合租。

在笔者追问其中的原因时，受访者回答说："现在租房的租金占工资的一半是比较普遍的现象，很正常"，受访者强调了生活习惯不一样，合租不方便的原因，另外还指出了"喜欢一个人住"的原因。其现象说明当代青年非常重视自己的私人空间，一旦工资或者家庭条件允许青年一个人租房，就会有一部分青年选择一个人住。在当代结婚要买房的思想中可以发现父母对孩子的影响，首先一部分都市青年已经不怎么考虑这个问题，也不怎么考虑结婚的问题，也有一部分的访谈者不把结婚与买房连在一起。另外，由于大部分是独生子女，有父母替他们考虑这个问题。如此受访者指出了父母"替他们已经考虑这个问题了"，"父母已经有房子了"，因此在基本经济安全下，一部分中国都市青年不怎么考虑自己存款买房的问题。

有关当代青年花费方式的问题，两批访谈基本上显示都市青年高水平的消费，在有一些情况下，入不敷出，出现信用卡超前消费或者从父母那里拿钱的情况。在职的受访者中有几位是非正常的消费模式：1位新贫族、4位月光族（有的是因为收入低，每个月没有办法有存款，有的是挣的多花的也多，所以存不下钱），2位年清族，剩余的在职青年会有余下的钱，可是他们说他们不专门存钱。总体来说采访的在职青年群体可以形容为高收入、高消费的群体。在校青年群体中只有3个人专门存钱，总体来看该群体的消费行为基本上是"有多少花多少"或者在家庭条件特别好的情况下"需要什么就买"。

有关青年孝道观与消费观，这两批访谈再次证明：计划生育与独生子女的一代颠倒了整个父母与孩子的关系。在职的受访者表示在大部分的情况下"父母用他们的钱，我用我自己的钱"，不过该规则涉及不到买房的事情。在职的青年受访者中只有4位给父母钱，金额不确定，也不在规定的时间，有些给几万块钱，有些给几千块钱，而且父母不再给他们钱。还有2位用其他的消费行为来尽孝心，比如带父母去旅游或者给父母买他们需要的东西，而且父母不再给他们钱。有3位指出他们给父母钱，同时父母也给他们钱的，其交际基本上是在春节的时候发生，金额为几百块钱。在进行访谈的过程中笔者发现有的受访者在工作之后仍然还用父母的钱，如果说刚刚毕业开始工作，工资为 4000 块钱，这样的情况下偶尔从父母那里拿几百块钱是正常的，因为北京生活压力较大，消费水平较高。但是有 2 位受访者与父母之间的财务往来关系在笔者看来是非正常的。第一位，女，28 岁，从事自由服装设计工作，平均工资为 1 万块钱以上，她说她不给父母钱，而父母会在她需要的时候给她钱。第二位，女，25 岁，银行业务员，工资 1—2 万元，"有一段时间业绩不是特别的好，收入又降一点，父母会补贴一下"。据她说，如果要交房租的话，父母补贴会达到 8000 到 1 万块钱。其说明一部分的当代青年不会存钱也不会合理地分配他们的收入，因为父母会给他们一定的经济安全感。

中国传统消费模式从以家本位迁移到以长大的孩子为本位。当代中国青年已经用西方消费模式，把个人消费、个人需求、个性表达的满足放在第一位。老一辈的消费模式跟他们不同，为了存钱老一辈人会去掉日常娱乐消费，甚至减少饭菜的钱等等。而笔者访谈的青年则相反，他们愿意享受每天的娱乐、饭菜，不会太多考虑未来。除了物质消费外，在大部分的受访者生活中还存在文化消费，如看电影、话剧、演唱会、球赛等等。当代青年的生活方式更个人化，他们的爱好、消费、生活的方式、健康是其生活的中心。

笔者针对春节回家买礼物的传统习惯和春节时期有传统的大消费项目这一点进行了访谈，访谈的结果显示这种传统根深蒂固。可是在受访者中还是有几位恐归，不过，他们的恐归感与消费是无关的，而是与父母亲戚之间的复杂关系有关，如此一位受访者解释他春节不愿意回家乡的原因是"处理关系麻烦"。一位受访者指出了他是同性恋，有男朋友，可是父母不知道，给他找女朋友，因此他也是恐归。另外同性恋受访者也指出了"恐归族是家里逼婚比较多吧，家里会给他介绍对象，他对回家就会有抵触"（男，18 岁，家庭背景非常好，同性恋，在介绍周围朋友之间的情况时提到）。据 2015 年相关数据中国平均结婚年龄为 26 岁，[①] 笔者发现尽管很多受访者处于接近结

① 《中国妇联：2015 年中国幸福婚姻家庭抽样调研报告》，中国婚姻家庭研究会网站，2015 年 11 月 19 日。

婚的年龄，其中很多不但没有结婚，而且还没有男女朋友。在受访者中有一位 29 岁的男性已订婚，一位 35 岁的男性已婚，一位 30 岁的女性处于离异的状态；一对 28 岁的情侣，在一起两年，不计划结婚和同居；另一位 28 岁的女性，有男朋友但是不计划结婚；还有 4 位同性恋，年龄为 28 岁、28 岁、21 岁、18 岁，其中两位强调他们是不婚族；一位 30 岁的女性，有男朋友同居不结婚；一位 28 岁的女性，没有男朋友；两位 25 和 27 岁的女性没有男朋友。有一位 25 岁的单身男性，职业为电影导演，指出他的朋友之间有很多是不婚族。他说："因为行业原因，我们娱乐这个行业不愿意结婚，这个年纪的人，工作量很大，想更自由一点吧。出差，到处都转转玩玩，比较方便一点。"另外，很多受访者提出了朋友之间有很多丁克族。比如，受访者中有一位 35 岁的已婚男性指出，他们是丁克族，原因是喜欢旅游，喜欢自由。

在上面提出的青年婚姻状态对消费观有直接影响，在结婚之前都市青年更趋向于非理性消费。未婚都市青年在大部分的情况下有不同的非理性消费，如：超前消费、奢侈消费、攀比消费、月光、啃老等等。同时已婚的青年或者有长期恋爱关系的青年在消费方面则体现出很强的个人观以及个人主义，很明显地表示以个人发展与个人需求为焦点。我们可以发现结婚推迟也跟消费行为变迁有关系，因为在中国都市青年眼中结婚和生孩子与经济负担、责任以及自由空间是相关联的。另外，不合理的消费观有时候会随着结婚生孩子等有所变化，比如一位 29 岁的男性受访者，月光族，在准备结婚时指出："之前没有什么大的计划，到我意识到这个问题之后，我现在在做改变，包括我的日常花销，我会有一个大概的计划，有自我约束。"

中国传统文化中物质消费有着重大的意义，传统理念中孩子给父母应该带来荣耀和财富，中国人可以通过物质财富来确定"自我"，通过给亲属买礼物或者直接给钱在家里有面子，针对这一点笔者设计了"你的家里人会不会把你的经济水平与别人比较"这一问题，对该问题的回答基本上解释在中国复杂的亲戚关系中，人们会不会通过购买产品赢得面子并且在关系中获得自我认同。观察在职的青年这对这个问题的回答后，笔者发现有 7 位受访者提到他们家人会把他们的收入水平与别人比较，说明现象还是存在的，只不过根据家庭背景、父母受教育程度等因素的不同而产生了不同程度的淡化。另外，中国传统符号性消费的表现是中国的攀比消费，几位白领受访者指出他们所在单位的攀比消费现象很普遍，另外，娱乐行业的一位男性也指出在他们的行业攀比消费"蛮严重的"。

在上一节中笔者已经指出了奢侈品消费的重要性，因此笔者就买奢侈品这一行为询问了很多受访者。"至今国际上对奢侈品的大众普遍认识是'一种超出人们生存与发展需要范围的，具有独特、稀缺、珍奇等特点的消费品'，又称为非生活必需品。"[①] 但是是否对中国都市青年奢侈品的定义是如此？在访谈过程中笔者发现定义上的奢侈品与受访者理解的奢侈品有明显的区别。比如，受访者认为 Michael Kors 和 Coach 不算奢侈品。一位 29 岁的男性受访者认为"2000 块钱不算奢侈品"，该受访者月薪 2 万，有自己的房子。一位 25 岁的女性也支持这种态度，她的月薪为 1 万—2 万，她来自黑龙江省，没有自己的房子，自己是一位年清族。为了更深刻地了解中国都市青年对奢侈品的理解，笔者追问周围中国青年以及在网上的博客分析了这个问题。在当代青年的眼中真正奢侈品价格为上万，而像 Coach、MK 都属于轻奢，即所谓普通小资能买到的产品。要强调的是中、高端品牌销售量高的原因是它们的质量有保证，中国消费者为了好的质量和使用寿命长等原因愿意买这些东西。笔者认为在当代中国市场缺乏中等和中高端品牌，再加上中国品牌的不可靠性形成了这种观念。一位 21 岁的女大学生指出："像我妈妈的消费观是我可以买得不多，一两件，能够穿，但是这个衣服的质量一定要好。也会显得这个人特别得体。"其总体来说，大部分的受访者主要注重产品的设计或者质量，购买产品时首先考虑的因素是性价比，然后才是品牌或者价钱，只有少数几位提出了购买时考虑牌子比较多。

另外，笔者试图通过询问逛街的习惯、空余时间的分配来探究消费在

---

① 朱明侠、周云：《奢侈品的广义定义及其研究框架》，《经济师》2008 年第 7 期。

青年生活中所起的作用。两批访谈显示，第一，逛街与消费在青年的生活中起着重大的作用；第二，对很多都市青年来说逛街是一个很重要的爱好；第三，很多青年逛街的时候不一定会买东西，他们只是把逛街的过程看作是一种娱乐。消费作为享乐的项目也并不是新的现象，陈新刚在《古代消费思想史》中指出："中国人的节俭是并存的，积聚的目的是为了集中消费，为了享受。"①都市青年文化消费与娱乐项目的长期缺失，对消费成为娱乐项目产生了明显的影响。

不过，访谈显示除了逛街之外当代都市青年也有其他爱好与其他的文化精神消费，比如旅游、球赛、话剧、看书、运动、看电影、跟朋友出去吃饭。另外可以发现大部分的受访者关注他们的食品消费，进口产品消费以及有机产品消费，大部分的青年关注环保的问题，可是有一部分访谈者指出在中国还没有这种条件。比如，一位男性指出："节能灯泡有，纸袋没有专门卖的。垃圾分类有的时候有，在公共场合有垃圾分类的垃圾箱。"

第二部分的访谈以选择答案并解释的形式进行，这部分更明显地显示出家庭背景较好，教育程度较高的青年群体目前正经历从物质主义到后物质主义价值观的转向。如，一位"被逼的""月光族"（女性，22岁，大学刚毕业，开始工作收入较低）指出："我希望能做到'彩虹族'那种，就是生活与工作能平衡点。"另外她提道："我希望以后成为'NONO族'。我性格比较随性，希望能过得简单一点，但简单因为随性没有约束力，也不好，所以在这里看到'经过深思熟虑后，力图表现真实的自我，生活目标和意义分外明确的生活'。"当代青年消费观与消费行为的分析显示青年在于理想和现实之间。很多在校的青年提出自己是彩虹族或者乐活族，但是现实生活中无法完全体现。在职的青年更客观地对自己的消费观进行评价。笔者发现的"月光族"、"新贫族"、"年清族"等消费主义的负面影响在职的青年都承认，可是自己提出希望当个"彩虹族"、"乐活族"或者"NONO族"。比

---

① 陈新刚：《古代中国消费思想史》，兵器工业出版社2005年版，第23页。

如，一位"新贫族"的女性提出自己希望成为"彩虹族"，说明"乐活族"或者"彩虹族"的生活方式能成为青年的理想行为以及他们在未来试图实现的消费行为。至于纯正的"NONO族"和"乐活族"，这些代表后物质主义消费价值观特征的群体，笔者发现有不少青年提出自己在两种群体之间，比如"BOBO族"和"乐活族"之间，或者"BOBO族"和"NONO族"之间。比如说，作为后物质主义价值观的特点以及"乐活族"与"NONO族"的特点，对环保问题的关注，很多青年提出他们关注环保问题，比如很多青年提出拒绝用塑料袋或者会在公共场合做垃圾分类，但是在大部分的情况下没有把环保问题和自然主义作为生活方式和消费行为的焦点。有几位青年提出目前中国还没形成关注环保问题的适当的条件。

纵观历史，中国形成了节俭的消费观，这种消费观不但是传统中国社会中官方推广的价值观，而且还是传统伦理不可分割的部分。在这种系统里消费也是属于"大我"的事情。只有在宋朝社会主流发生了一些变化，不过主导文化的节俭思想无变。在19世纪末20世纪初，随着西学东渐、洋货引进，消费主流价值观开始发生变化。在1949年以后主导文化又对消费观进行了"调整"，回到了传统节俭的模式。中国历史上，政治因素在很多方面决定了人们的价值观，其中也包括消费观。勤俭因为经济和政治的原因很长时间作为美德，也是控制消费的工具，可是这个历史事实证明人们是希望提高消费水平，只是一直没有这样的机会或者这种机会是被控制的。在改革开放之前中国消费的模式是日常节俭生活，消费只有在传统项目上进行，如婚礼、葬礼、春节等。

在改革开放后消费观发生了翻天覆地的变化，而且主导文化本身成为了新消费观的倡导者。随着经济的迅速发展，时尚与奢侈品的快速传播，人们很快就适应了新消费观。不过，笔者认为适应过程的速度以及新出现的消费主义不只是西方消费观的影响。笔者认为在中国的文化语境中消费主义呈现出了中国特色。改革开放政策为消费观的变迁提供了前提。被当代学者承认的历史事实是消费主义来源于美国，从这个国家传播到世界各地，不可否认的是，这种消费主义在不同的文化语境有不同的表现、特点和发展的趋势。在中国特色的文化中，消费主义找到了特殊的文化支撑。首先是道德指南的缺乏给消费主义价值观打下了"良好的"基础，在一定程度上物质价值观代替了精神价值观。"面子"作为复杂的符号资源在很多领域促进了超前消费和攀比消费。我们同时发现了偶像作为效仿的对象促进了消费主义的传播和发展。在分析中国个人主义和消费主义的联系时，笔者发现在中国个人主义和集体主义两方面都起着促进消费的作用。另外，中国社会的独生子女文化以及在新家庭模式出现的"小皇帝"都成了中国消费主义的催化剂。因此，基本上这些文化特色可以用来解释中国消费主义与西方的不一样。

消费主义是产生于西方国家的思潮。中国主导文化在改变消费观时与世界接轨，在此过程中避免不了受全球化以及消费主义的影响。其给中国带来了新的消费模式、消费习惯，并且促进了消费主义的本土化。在中国出现的带有中国特色的都市青年消费文化现象反映了中国消费主义与西方的不同，体现了中国特色的消费主义文化，并且显示消费主义本土化的过程。

青年是社会中最活跃的群体，这个群体最快地适应社会变迁并且最快地对其进行反映。当代中国社会是多元的，由于教育水平、经济水平、社会地位以及其他的因素的不同存在很多"小众"，在中国社会把他们叫作了"族"。虽然我们在分析中把这些"族"假定为两批，但还有很大的不同：第一批很明显产生于西方消费模式适应中国环境的过程中，目前还没找出消费欲望与经济机会的平衡点，通过他们的消费模式能看得出"经济来源不足"的现象或者物质在生活里所占比重太大；第二批在西方消费模式适应中国社会的过程中作出了进步，其主要表现在质量性消费、新的消费形式、对环保问题的关注，在该群体身上可以看到西方后物质主义价值观的影响。

在我们的都市青年文化与消费观的发展分析中传统消费项目以及消费模式已成为了评价当代消费观的标准。当代中国的消费综合中国传统与西方现代的消费模式，传统的项目包括结婚买房、节日消费、代表全家的经济背景的个人符号性消费、储蓄、孝顺消费以及其他，现代西方消费为通过时尚产品或者奢侈品的个性表达、非传统项目消费、旅游、服务、娱乐以及其他。族群消费行为的分析证明这些青年群体已经获得了基本的经济安全，可是一些具备相当高的经济水平与教育背景的独生子女青年不会管理自己的经济来源与购买愿望，也不会存钱，在"月光族"、"年清族"、"新贫族"、"辣奢族"、"急婚族"等族群的行为上得以展现。虽然买房是当代中国消费文化中的主流，但是一部分的中高收入的受访者表示了对买房持无所谓的态度，说明随着中国都市青年经济水平提高以及社会中买房的经济压力增大，买房无所谓的看法在青年中得以出现。通过访谈说明，在青年群体中啃老现象特别凸显，尤其是在买房这方面。这和中国传统观念、当代社会的物质压力有关，当代中国青年试图推迟这个生活阶段，尽力享受现期消费、不存钱、享乐、晚婚以及丁克想法经常导致代际之间的价值观冲突。

同时，新兴的西方消费模式导致质量性的消费——健康食品消费、运动消费、娱乐、文化与精神消费。虽然逛街作为青年的爱好没有淡化，但是空余时间很明显丰富化了。另外，还出现了反对非理性品牌消费的群体，有环保与健康意识的群体，说明当代消费主义的状态开始往后物质主义方向发展。生态文明国家意识形态作为中国特色后物质主义的表现，与"乐活族"的生活方式是相符的。

结　语

当代青年文化与当代青年价值观变迁与它的历史发展是不可分割的。传统青年观与其变迁、中国青年文化的发轫与特色、当时的青年文化中的内容、青年文化与主导文化的关系等等在当代留下痕迹并且决定了青年文化的进一步发展。

中国青年在传统社会中的角色带有中国传统整体主义的色彩。在家庭和国家范围内无法听到青年的声音，青年更多的是充当"大机器"中不可分割的"零部件"。青年对家庭的责任在青年的生活中占据了领先位置。对家庭伦理、儒家主导文化的服从决定了青年发展的途径以及青年是否能在国家级层次起更大的作用。好的青年观都建立在儒家核心的价值基础上，因此青年生活的主要目标是受教育、通过考试、升官发财、光宗耀祖和为国家服务。这些目标都是针对青年作为社会"零部件"而确立的，青年的精力要针对"大我"，而不是"小我"，因而青年娱乐作为青年"小我"的成分和青年个人发展的因素自然就被主导文化排除在外。青年史的文献分析显示，即使不考虑儒家文化的影响，青年作为社会力量的观点在历史中也早就存在，在这种情况下主导文化与科举制度可以看作控制这个力量的工具。

在近代，青年获得了"发言权"和"行动权"，其观念变迁在很大程度上是由教育制度改革引起的。新的教育制度产生了新的学习阶段，在社会中出现了另外一种判断生活阶段的标志，随之出现了对"青年时期"的新判断标准。随着新型学校的出现青年获得了自己的空间以及一定的独立性，形成了结社观念。其对青年在公共空间结群、形成自己的文化有直接影响。从此，青年不再只起着旧知识传达与维持的作用，而且承载着社会改革、创新的重任，体现着主导文化价值观变迁的力量。主导文化与青年群体的关系仍然遵循"旧轨道"运行，在教育改革和青年观变迁的背后仍然能看得出以前的整体主义思想以及社会结构的影子。虽然青年群体作用大了，但它负责的主要还是调节整个"机器"的工作。可是，由于主导文化追不上青年群体提出的变迁需求，无法及时给青年提出的挑战进行"答复"，因此青年变成一种主导文化的"破坏性元素"，在追求主导文化价值观变迁的过程中，青年进一步积累力量、加强结群的能力，最终在五四时期变成所谓的"反文化"。五四时期青年群体不再单纯从"大我"的利益出发，青年群体的思潮已经具有"小我"的色彩。当时青年价值观的呼吁以"小我"解放为核心，呼吁从家庭"大我"的束缚中解放出来。"小我"解放的青年思潮在新婚姻观、爱情观、男女平等观等价值观得到了体现。尽管出现了"小我"思潮，五四青年的"大我"思想，即青年与青年的文化作为国家的有效"零部件"的想法并没有消失，这个青年价值观变迁的走势在二三十年代的青年文化中更凸显。二三十年代的报刊文化分析显示了，青年观众对文化与"政治"消费的需求同时存在。一方面，二三十年代开始出现的针对都市青年的娱乐性期刊证明了青年群体进一步获得"自我"表达的平台以及满足"小我"的空间；另一方面，政治性的青年类期刊揭露了当时青年"参政"的愿望以及"大我"的精神。

1949年随着社会变迁整个文化的政治化、青年身份与角色革命化都使都市青年文化有了新的发展走势。从最初都市青年文化在新文化载体中传播主旋律，到青年文化与主导文化高度一致，"青年的文化"慢慢转成了"为青年创造的文化"。大体来看，在1949年以后青年和青年文化被看作是大"机器"的"螺丝钉"。尽管如此，青年的文化以及价值观变迁的呼吁还是存在。在主导文化范围外的青年文化成为号召解决五四时期以来未解决的问题的先驱。

随着改革开放的推进，新文化载体被引进中国，青年用新的文化载体来表达对主导文化价值观变迁的呼吁或者在新文化载体中寻找精神满足。如此，20世纪80年代出现的流行音乐、电视剧、摇滚都成为了青年对"小我"

解放的"声音"的新包装。

80年代的主导文化的价值观系统有所变化。因此在当时主导文化亟待解决的问题是如何既支持"大我"的思潮，又进行"小我"的解放。新时期的另一个关键的问题是在新文化多元化的时期怎么进行价值观传播以及怎么与青年进行精神道德的交流。

青年文化本身的价值观与内容更个人化了，并逐渐失去了原来"大我"的精神。在中国经济迅速发展的过程中青年的兴趣从纯正精神文化转移到了消费文化。在主导文化放松了文化控制的背景下青年获得了"小我"的空间：私人生活，个性表达的机会，自由恋爱、婚姻、消费的机会以及更多休闲娱乐文化的选择权等。

在分析主导文化与青年文化价值观层面的互动关系时我们可以发现，在寻找"小我"和"大我"之间平衡点的过程中，青年文化一直是推动主导文化价值观变迁的元素，是在中国环境下适应西方个人主义的社会力量。主导文化在此过程中为都市青年文化的内容设定范围，并且对青年价值观的呼吁进行答复，其过程仍然在进一步发展。如，一开始充满着"大我"精神的摇滚亚文化，显示对个性表达、精神上解放与精神上的自由的需求，表现出本土化个人主义的特点，而滑板文化显示青年对"小我"从家庭的"大我"的进一步解放的呼吁。

在消费观层面，主导文化是其变迁的倡导者，都市青年亚文化最初只是反映了这些变革，寻求传统消费模式与现代消费模式之间的平衡，展示了西方消费主义在中国环境中的适应过程。一方面，传统消费文化与消费项目在中国的影响力比较大，如买房、礼数消费、面子消费，同时现期消费进入繁荣时期，在当今的青年已经不愿意限制自己的生活享乐与需求。研究显示，一部分的青年族群的消费观可以被看作对当代主流与主导文化的极端反映，如，"辣奢族"、"新贫族"、"月光族"、"啃老族"、"年清族"等。它们体现着传统消费文化变化的结果，是西方消费模式在中国适应的初级阶段。其他青年族群已经呼吁消费文化的进一步发展，随着经济水平的提高，青年开始需求质量性的消费——环保消费、健康消费、精神文化消费。"乐活族"和"NONO族"都体现着中国消费文化的一种发展趋势。

当代中国社会中个人发展与获取财富的能力成为了关键的价值观之一。当代主流青年观仍然受传统青年观的影响并且影响当代都市青年文化的发展。"好"青年仍然要学习、通过考试、发财、光宗耀祖和给国家服务。这种社会与家庭的压力形成了当代中国青年文化的特点。由于高考时的分数是中国青年"成功"生活的敲门砖,所以在上大学之前,青年几乎没有时间玩,大部分的青年文化参与者都是在大学生阶段以上。青年活动空间被限制在家与学校里两点一线中,导致了网络成为青年文化的主要发展空间。由于"成功"青年的压力很大,限制了其娱乐活动,很多青年的娱乐方式比较单调,集中在上网或逛街。

娱乐性的都市青年文化对中国来说是一种相当新的现象,其在中国的发展伴随着青年"小我"解放的过程。如,20世纪二三十年代随着青年获得了一定的独立性、有了自己的空间以及消费能力,中国出现了青年娱乐性文化。在改革开放后随着新文化载体与新文化项目的出现,中国文化空间出现了多元化。精神消费在社会生活中的重要性与日俱增,然而对于社会大多数特别是作为长辈的阶层来说,物质的追求始终是先于精神的;相比之下,一部分青年人在能够实现基本的物质保障后,将精神满足视为首要的需要,之后才是物质满足,他们希望把工作与爱好结合在一起,并且热衷于追求自我实现与个性表达。在这一点上,青年与长辈的"代沟"很明显。其证明社会娱乐观在变迁的过程中,青年接下来会进一步寻找学习、工作与娱乐之间的平衡点,在这一部分青年的精神文化需求中能看得出中国后物质主义社会的前景。

21世纪迅速发展的文化产业力图将青年创造的新文化产品做成大众产品,把它流行化。从此,青年文化存在于三个世界之间,都市青年自造的文化、商业文化和主导文化为青年群体创造的文化。在这种条件下中国文化空间进一步多元化,青年为了满足自己的精神需求一直在发现新的文化载体。这些载体是青年文化的基础,它们对主导文化传播的价值观作出自己的反应，并且对新价值观提出自己的要求——追求个人发展、希望满足个性表达的愿望、实现精神上的解放和精神上的自由。一方面，主导文化对青年文化的引导为其塑造了较广阔的商业空间；另一方面，青年希望能够通过个人爱好实现养家糊口：这成为当代青年文化商业化的催化剂。

当代文化层次之间互动的关系复杂化、内在交流的工具丰富化，但是中国文化本身的基本原则没变，它仍然遵循着包容性的"轨道"。如此，我们可以看到主导文化利用商业化的工具进行青年文化的收编，这直接影响青年文化的价值观内容。论文中讨论摇滚、滑板文化以及其他青年亚文化的例子都证明主导文化与都市青年亚文化的互利互动关系。最近几年，青年文化商业化的过程与主导文化在此过程的参与在一定的程度上成为了主导文化与青年文化交流的渠道，并且主导文化试图通过这种渠道减少青年文化在价值观层面的越轨现象。在 21 世纪初主导文化从文化载体开发的角度进一步改善传播的工具，主导文化试图创造青年文化产品并利用这些文化载体来承载主导文化的内容。由于主导文化和文化产业有密切关系，青年文化流行化成为了主导文化"接轨"青年价值观的手段以及收编青年文化的工具。主导文化与文化产业开始通过生产针对青年的文化产品来回应青年关心的问题，这迎合了他们一部分精神上的需求。但是，主导文化在与青年对话的过程中仍然遵循寓教于乐的规则，因此针对青年的文化产品"教育"的味道往往太浓了，抑或过于理想化而脱离现实，导致其难以对上青年的"胃口"。青年为了更好满足自身需求，进一步引进并融合外国文化载体、创造自己的文化、装上自己的"馅儿"。

中国青年文化自形成到现在的迅速发展保留了中国文化的特色。传统上存在的青年观把青年看作"整个机器"的有效"螺丝钉"，对青年文化观也有了直接影响。如果把中国文化看作一个整体，把青年文化看作这个整体的一部分，并且其与主导文化一直在进行交流，可以发现，青年文化跟青年一样，服从于中国文化的整体主义特色。青年文化本来会成为文化"破坏性"的元素，但是在中国环境下随着中国文化内层结构的变迁潜移默化地在变成社会有效的元素，从不同的渠道给主导文化提供了营养的成分。

附录 1　滑板青年访谈 ①

I 基本信息

1. 请介绍你的年龄。

2. 性别。

3. 信仰。

4. 你现在居住在城市还是农村？你是哪里的？

5. 你是独生子女吗？

6. 请介绍你的学历。是否工作？做什么工作？上学的话，什么专业？职业或者专业是你自己选的吗？

7. 结婚状况如何？有女朋友吗？配偶或者女朋友是怎么认识的？

8. 去过国外吗？

9. 你一个人住还是跟父母在一起？现在要不要买房？

---

① 中国滑板亚文化研究是一种初步研究，在访谈中笔者试图发现中国滑板亚文化在中国语境下的特点。访谈发生于不同的场合，包括：2014 年 4 月北京温泉苗圃村举行的长板比赛现场、2014 年 6 月于北京举办的"世界滑板日"现场等。在田野调查中笔者采访了 16 位玩滑板的青年，其中有 14 位男性，2 位女性。从中我们选取了一部分有代表性的回答作为附录，借此部分地展示当代年轻滑板爱好者的整体状况。

II 滑板亚文化的特点

10. 你为什么喜欢滑板和长板？为什么不是篮球或者足球等其他运动？你认为滑板和长板是一种普通的运动还是有其他意义？你有没有特殊的语言？

11. 能不能说，你认为滑板是你自我认同的方法吗？

12. 你怎么获得了关于滑板和长板文化的信息？怎么开始喜欢？

13. 你一般一个人玩还是跟朋友在一起？几个人？

III 价值观

14. 怎么认识了滑板或者长板朋友？你觉得你们都有什么共同的价值观？

15. 其他的爱好——喜欢什么音乐（摇滚、嘻哈、朋克、Djing、Street-dancing、Breakdancing、饶舌、说唱等等），英文的还是中文的？还是什么样的？外文歌词的意思你听得懂吗？你喜欢其他极限运动或者涂鸦等其他另类文化吗？

16. 你认为你是否另类？或者说你是否叛逆？如果叛逆，那反对什么？你周围的人对你玩滑板的评价是什么？

17. 你对嘻哈哲学和价值观知道什么？你倾向于选择什么生活原则？

18. 你有没有偶像？是谁？

19. 你玩滑板和长板，你的父母有意见吗？他们知道吗？反对吗？如果他们反对你会继续玩吗？

20. 你把"价值冲突"和"利益冲突"这两个词组与什么事能联想起来？可以的话，介绍一下生活的经验。

21. 你一般把公共利益放第一位还是把私人利益放第一位？换句话说，要重义轻利还是重利轻义？

22. 你对中国传统的价值观的复兴有什么看法？仁、义、礼、智、信在当代社会有前景吗？你上学的时候学过《三字经》、《弟子规》等等吗？

23. 你认为你是传统的中国人吗？传统的中国人有什么特征？

24. 你对丁克族有什么看法？对试婚、同居有什么看法？

25. 你一个星期用在滑板这一爱好上多长时间？一个月内在滑板上花多少钱？

26. 你的收入是多少？你一个月花多少？你存钱吗？你经常贷款吗？

27. 你经常买有品牌的东西吗？当代中国越来越物质化，你对这个有什么看法？

28. 请介绍你目前的生活目标。

访 | 谈 | 整 | 理

I 基本信息

访谈 No4：男，25 岁，"信仰我自己多一点"（没有信仰），城市，河北人，不是独生子女，大专（学过酒店管理），工作（卖滑板），未婚，有女朋友（玩滑板认识的），没去过国外，跟女朋友在一起住，大概在五年以内计划买房。玩滑板三年半了。

访谈 No5：女，22 岁，没有信仰，城市，四川人，独生子女，职高没读完，学过计算机专业（自选的），退学，在滑板店上班。为什么没有毕业？学习不太好，后来不想念书了，就找工作了。你的父母对此有什么看法？刚开始很反对，跟他们做思想工作，然后说通了。未婚，没有男朋友。没有去过国外，现在一个人住，租房，不计划买房。玩滑板五年了。

访谈 No8：男，30 岁，没有信仰，城市，河南人，独生子女，博士马上毕业，与互联网相关的专业，专业自己选的，未婚，没有女朋友，没有去过国外，不跟父母在一起住（住在宿舍），还没计划买房。

访谈 No16：男，28 岁，信基督教，算是农村（北京郊区），不是独生子女，高中，没有工作，做乐队（摇滚乐）快十年了，已婚，去过马尔代夫与泰国，自己住，有房（家里人有）。

II 中国滑板文化的特点

10. 你为什么喜欢滑板和长板？为什么不是篮球或者足球等其他运动？你认为滑板和长板是一种普通的运动还是有其他的意义？你们有没有特殊的语言？

访谈 No4：当时看到别人玩，我也想玩。一开始我不从事滑板事业。一开始从事别的事业，以后感兴趣了。滑板是极限运动，能让自己玩得开心，能认识很多朋友。

访谈 No5：这项运动可以突破自己，不管受伤也好还是你能练成一种动作的时候，获得一种成就感，跟朋友们玩滑板也会很快乐。

访谈 No8：因为它带给我自由、快乐，而且很有挑战性。你说的"自由"是什么意思？这是一种感觉。是一种交通工具随行随意地在大路上玩。不玩滑板你没有自由的感觉吗？这个时候感觉比较强烈。我也喜欢别的运动，但是滑板不只是运动，它有其他的意义，跟其他的运动感觉不一样，有一种瘾，特别想要那种东西的感觉。关键给我的成就感特别强，因为这个很难得到，你如果有一点进步，你的成就感会非常大，所以精神上满足比较大，比一般运动强。另外，有挑战的感觉。我们那个圈子里感情都很好，玩滑板的人如果看到有新的人玩滑板，会打招呼，跟其他运动不一样。

访谈 No16：比较自由，比较街头，让你锻炼你的意志。自由是说你随意哪儿都可以滑。滑板不是一个普通的运动，很多小孩的家长不能接受这种运动，他首先会觉得滑滑板的不是一个好人，是一个坏小孩，还有这是一种极限运动，怕疼，怕摔。我们有特殊的手势。

11.能不能说，你认为滑板是你自我认同的方法吗？

访谈 No4：对。

访谈 No5：那个一种动作会让我肯定我自己。通过我自己的努力我会练成这种动作。

访谈 No8：可以这么说。

12.你是怎么获得关于滑板和长板文化信息的？怎么开始喜欢的？

访谈 No4：旁边看到朋友玩，然后我自己玩。我看一些国内网站，看一些视频。

访谈 No5：网络。在微博上看到了朋友发的长板的视频，感到这种运动很吸引我，开始上网了解。

访谈 No8：在网上看视频。自己觉得很好玩，就想要尝试。跟我性格有关系，我喜欢挑战自我，喜欢冒险。

13.你一般一个人玩还是跟朋友在一起？几个人？

访谈 No4：我基本上跟朋友一块玩，基本上都在五个人以上。

访谈 No8：刚开始水平很低，认识的人不多，自己玩。现在朋友很多，一般三四个人玩。

III 价值观

14.怎么认识了滑板或者长板朋友？你觉得你们都有什么共同的价值观？

访谈 No4：玩世不恭。因为我们很年轻，我们想玩，不想考虑太烦琐的事情（比如，现实社会之类的），只有玩的时候可以把这个抛开，可以真的很开心。

访谈 No8：过无拘无束的生活。你说的束缚是什么？应该是传统文化。传统文化历史很久，形成了一些比较束缚人的一些地方。中国人的生活压力比较大，各个方面的压力，包括工作、家庭管教，所以年轻人想打破这种束缚。滑板这种形式，正好可以满足这种心理需求。

15. 其他的爱好——喜欢什么音乐（摇滚、嘻哈、朋克、Djing、Street-dancing、Breakdancing、饶舌、说唱等等），英文还是中文的？还是什么样的？外文歌词的意思你听得懂吗？你喜欢其他极限运动或者涂鸦等另类文化吗？

访谈 No4：很多。比如说，喜欢养另类的宠物，喜欢音乐（流行什么都喜欢），外文的多一些，大部分听不懂，但是如果有喜欢的歌曲，会去了解它。极限运动：攀岩、蹦极。

访谈 No5：喜欢民谣，也比较喜欢嘻哈、电子音乐、说唱。嘻哈美国多一些，外文的词看不懂，靠在线翻译。喜欢涂鸦，但是我不会。

16. 你认为你是否另类？或者说你是否叛逆？如果叛逆，那反对什么？你周围的人对你玩滑板的评价是什么？

访谈 No4：我感觉我是另类的。我们这个年龄去玩，被认为你没长大，但他们不懂我们玩这个的含义。我是特别叛逆的，反对家里的管教吧。父母越说我越叛逆，越会反着他的意思去做。跟父母关系一般，我玩这个父母很反对，因为我玩这个容易受伤，上周日刚撞了一下，身上全是伤疤。

访谈 No5：我觉得算是，可以说叛逆，不喜欢学校那种束缚感，更喜欢自由一点的东西。如果不了解滑板的人，会觉得滑板对女孩子很危险，老受伤。但是对我们周围的朋友来说滑板是大家在一起共同的爱好。

访谈 No8：另类。反对教育理念，觉得现在教育不太好，无论学校的还是家庭的观念不对，培养出来的人缺乏创造力。中国应试教育比较多，太注重成绩了。高考之前什么都不做，就拼命地学习，任何娱乐都没有。书对整个人的培养没有大的帮助。这些东西只有一种技巧，拿了很高的分，进入社会当中，需要的技能并不仅要求这些考试的技能。我的同学们时常整日待在图书馆，不进行任何娱乐活动，如果他们出去玩会有负罪感。[别人的评价]比较另类，这么大年纪了，还玩滑板，贪玩，不成熟。

17. 你关于嘻哈哲学和价值观知道什么？你自己选了什么生活原则？

访谈No4：没有专门去了解嘻哈哲学，目前为止没有考虑太多现实的问题，当一天和尚撞一天钟。

访谈No5：不太了解。

18. 你有没有偶像？是谁？

访谈No4：美国滑手（Morgan，Kelly等其他）。生活上的偶像，李连杰。

访谈No8：没有特别崇拜的，但是欣赏的挺多。许家印，中国足球广州恒大老板。他是房地产老总。赚钱后投资中国足球，这几年发展得非常好。我欣赏的是，这个人赚了很多钱，但不是自己享受，而是通过这些财富来回馈社会或者帮助某个社会公益。而且他很有能力，还把这些东西做起来了。

19. 你玩滑板和长板你的父母有意见吗？他们知道吗？反对吗？如果他们反对你会继续玩吗？

访谈No8：有。反对。我不理他们。我的父母只有关心我是否吃饱穿暖了，是否取得了好成绩，而完全忽略了我的精神状况。

访谈No16：肯定有意见。刚玩的时候，老受伤，那个时候还没有收入，要他们带我去看病，他们肯定会骂。现在不反对了，现在我结婚了，自己住，他们也不知道我平时去干什么。

20. 你把"价值冲突"和"利益冲突"这两个词组与什么事能联想起来？可以的话，介绍一下生活的经验。

访谈No4：在我看来，价值观比例更高一些。但是现实社会中又迫不得已做那些事情，没有钱你活不下去。我现在是卖滑板的，我现在有很多朋友，他找我买东西的话，如果我进价卖给他，我会赔。如果按原价卖或者更高一点的价卖我心里会过意不去，我又想有我的特别好的生活，我又想给朋友最大的优惠，所以这两个方面我很矛盾，这个方面是有冲突的。

21. 你一般给公共利益第一位还是私人利益第一位？换句话说，要重义轻利还是重利轻义？

访谈 No4：公共。因为我不自私。我特别重友情。

22. 你对中国传统的价值观的复兴有什么看法？仁、义、礼、智、信在当代社会有前景吗？你上学的时候学过《三字经》、《弟子规》等等的吗？

访谈 No4：我觉得中国太传统，太死板。所以我们年轻人想玩，去创造自己想玩的东西，喜欢叛逆。中国传统的事情，我们都不认可。比如什么？婚姻。在中国基本上 23—24 岁那时候该结婚，家里会催你很紧。但是我认为我还没有玩够，还没有达到那个时候，但是家里给你的压力或者亲人给你的压力让你特别烦躁那件事情。仁、义、礼、智、信有很多，但是根本影响不到我。我在家里算是叛逆的，我爸妈管不住我。

访谈 No5：我认为，现在很多年轻人不太看重传统文化的东西了，已经忘了。时代在进步，但是我们自己的国内传统文化好像丢失了很多。

访谈 No8：传统价值观存在了这么多年，有一定的道理。中国现在需要传统价值观来复兴。前一段时间西化太严重了，看外国戏剧，看外国电影，被西方思想影响得太多了，而自己价值观的东西少了一些，所以这方面有必要强调一下。

23. 你认为你是传统的中国人吗？你认为传统的中国人有什么特征？

访谈 No4：不是。我的很多朋友都认为我生错国家了。传统的中国人会考虑别人的想法，或者做一些事情的时候先会考虑别人对他的看法。比较古板、死板。

访谈 No5：是。婚姻、家庭等思想上面是。交男朋友希望跟他结婚，而不是交很多男朋友。

24. 那你对丁克族有什么看法？对试婚、同居有什么看法？

访谈 No4：丁克族很喜欢，我不喜欢孩子。现在谈恋爱，结婚前都先同居。

访谈 No5：我觉得挺好的。同居也好，也可以结婚之前有互相了解，把结婚后的不必要的冲突减少。或者不适合的话在结婚前分手，也很好。

访谈 No8：中国人有一句话："不孝有三，无后为大。"中国是很讲孝顺的一个国家，不孝顺的表现有三种，其中最不孝顺的是没有后代。那其他两个不孝顺的表现是什么？我也不知道。中国很看重这些，如果你没有孩子，还有生活娱乐其他的，你个人压力很大的。

25. 你一个星期用在滑板这一爱好上多长时间？一个月花多少钱？

访谈 No4：除了上下班之外，上下班在路上会滑一点时间。花多少，这个说不清楚，工资三分之一花在这上面。

访谈 No5：每周休息一天，我会在那天练练。一年 2000—3000 元左右。

访谈 No8：以前几乎每个晚上。现在少了，因为毕业答辩论文事情很多。花费不能按一个月算的。滑板 500—700 元，半年到一年换一个吧，里面的配件坏了也要换一下。还有鞋，换的比较多。

26. 你的收入是多少？你一个月花多少？你存钱吗？你经常贷款吗？

访谈 No4：7000—10000 元左右。全部都花了，还欠信用卡，我是月光族，不贷款。

访谈 No8：奖学金 + 实验室出的钱 2000—3000 元。不存，不贷款。

27. 当代中国越来越物质化，你对这个有什么态度？

访谈 No7：（物质化对于滑板来说）就完蛋了。比如说长板。对国内学生来说这是一种很贵的东西。一般学生没有收入或者收入很低。你没有钱，阻碍你的兴趣，直接抹杀了，这样挺不好的。

28. 请介绍目前的生活目标。

访谈 No4：能跟我的女朋友很好地生活。到时候结婚后，也许会跟父母一块住，这就很好了。而且我们俩能出去玩，因为我们很爱玩，很爱旅游。

访谈 No5：可以练更多新的滑板动作，可以花更多时间练滑板。也希望工资也会再多一点。继续在那个地方上班。因为这是我的爱好，跟工作结合没有太多压力。

访谈 No7：上班做自己喜欢的事情。

附录2 滑板亚文化的发展（口述材料）

1.滑板文化是什么时候进入中国？什么时候进入北京？你记得那时代吗？（我听说过，90年代初期有一部电影，叫《危险之至》，它对滑板文化的兴起有影响吗？）

2.那时候多少个人玩？现在呢？

3.那时候人们如何看待这种爱好？为什么？

4.你自己是如何开始玩滑板的？

5.你觉得中国滑板亚文化的教父是谁？

6.你觉得滑板亚文化的出现与哪些时代变化有关？

7.你觉得从什么时候起，滑板从一种运动变成了一种文化？

8.从产生到现在，滑板亚文化怎么发展的？在这段时间里，滑板亚文化经历了哪些变化？

9.你觉得滑板亚文化为什么会吸引中国青年？为什么最近越来越流行？

10.网络在滑板亚文化的发展中起到什么作用？（有什么组织、论坛……）

11.你觉得滑板亚文化满足了当代青年的哪些精神需求？

12.很多当代青年把滑板与自由联想起来，你觉得这个自由是什么？（从什么样的束缚中得到解放）为什么偏偏是滑板（而不是别的运动）给他们带来自由？

13.你觉得滑板亚文化的价值观与中国主导价值观有什么矛盾？

14.你觉得中国滑板亚文化与美国滑板亚文化有什么明显的区别？

15. 我发现，在美国，滑板亚文化和嘻哈音乐有关，在中国则更多地跟摇滚相联系，比如我甚至接触到滑板朋克乐队，你觉得这是为什么？

（可不可以说，中国的滑板亚文化既包含着集体主义的价值，又包含有个性解放等个人主义价值？）

（1）某某，第二代滑手

问：滑板文化是什么时候进入中国？什么时候进入北京？你记得那个时代吗？

答：我差不多记得那个时代，我印象中，滑板进入中国是在1985年左右。那会儿，大多数的滑板人是因为一部电影认识滑板的，电影的名字就是《危险之至》。基本上老一批的滑板人都会跟你提到这个电影，大多数人都会被这个电影影响。我印象中电影好像是美国的一个滑板公司Power出品的，有很多当时特别厉害的滑板人参与了这个电影的制作，带给大家一些新的东西。

问：那时候在北京有多少人玩？

答：我也不太清楚有多少，但是，我有在北京玩滑板的朋友，他们是第一拨人，他们给我讲的故事中提到大概是什么样子，像有一个人叫"包子哥哥"，他说当时玩滑板的也就十几个人。大部分大家都会在公主坟那个地方，到周末会有人玩滑板，那会儿的滑板还不像现在的滑板，基本都是单翘的，板子只有一边翘起来，那是在1991年左右。

问：那现在呢？大概北京有多少玩滑板的人？全中国有多少个？

答：说不好，我不太清楚有多少人玩滑板。我能告诉你的就是很多。很多人开始尝试滑板，当然，这里面也有很多人选择了以滑板为职业。比如说，有的人，滑板就是他的工作，是他的生命，就是他的全部；有的人呢，是在工作之余玩。包括职业滑手和业余滑手，总共差不多得有400人左右。

问：那滑板亚文化进入中国的时候，那时候人们如何看待这种爱好？如何看待这些玩滑板的人？为什么这么看待？

答：我印象中，滑板刚进来的时候，其他人是这样看待滑板的：觉得是小朋友玩的东西，差不多大家对滑板的印象还是叛逆，对滑板的印象不是太好，因为玩滑板的小朋友大都学习不是太好，特别自由，不听话，淘气。

问：你自己是如何开始玩滑板的？

答：我玩滑板是因为在家里看电视。体育频道的片花儿里看到一个人在玩滑板，很神奇，我一下子就被吸引住了，特别喜欢，想去尝试这个。小学时刚刚看到有这个东西，我觉得特别奇怪，我正式开始玩滑板，差不多是在1991年左右。

问：你觉得中国滑板亚文化的教父是谁？

答：在中国好像还真没有所谓的教父，我们没有一个那样标杆的人。我认为在中国对滑板的推动、影响最大的人应该是"包哥"——"包子哥哥"。因为他是一个特别纯粹的滑板人，他是全中国第一个作出"大乱"这个动作的人，"大乱"就是 Treflip，360 flip。他当时用的板子是单翘，单翘这个板子是特别沉的，而且不是很好翻的板子，他们这些人去做这样的动作真的很难，没有参考。他当时是看到了一个日本留学生玩滑板的时候做了这个动作，然后他们就开始去练这个动作，直到拿下这个动作，挺不容易的。

问：那你觉得滑板亚文化的出现与哪些时代变化有关？

答：首先，我们这拨人，像我，我是1978年出生的，是改革开放的同龄人，谈到这些，我肯定得谈到中国的改革开放。中国的改革开放是一个向上的积极的政治举措，整个中国都打开了，那会儿在改革开放之前，大家穿的衣服只有蓝色、绿色、黑，可能还有灰色，没有那么多色彩，没有很大的贫富差距，大家的生活都差不多。随着改革开放，有很多新的东西进来了，这里面就包括服装，业余生活有唱歌、音乐、跳舞……这里面也有滑板。

问：你觉得，从什么时候起，滑板从一种运动变成一种文化？

答：我觉得是随着玩滑板的人开始用心地去玩滑板。因为，大家对运动的概念是锻炼身体，而滑板最后锻炼的是自己的内心，一次次面对失败和伤痛，但是还要得到你想要的那个动作，因为那个动作是发自内心的、你真正想要的，这会儿他会有一种精神的东西在这里面，这会儿我觉得就是一种文化了。真真正正玩滑板的人，他们都有这种东西，比如说滑板精神。当你有滑板精神，运动就变成了文化。

问：从产生到现在，滑板亚文化怎么发展的？在这段时间里滑板亚文化经历了哪些变化？

答：整个滑板圈，每年都会有人离开，因为工作、上学等原因，每年也会有新的人进入这个圈子，总体来说人数是增长的。

问：但是整个文化的特点有没有一些变化，从出现到现在？

答：有变化，一开始大家可能觉得滑板酷，但是他们也形容不出来这个"酷"究竟是什么东西，就是觉得玩滑板的人很"酷"，通过玩滑板的人一直坚持，一直向前走，他们用滑板来告诉别人什么是"酷"，这就不一样了。有一群人在坚持，在努力，在做他们想要的东西，这才是滑板。他们给所谓的"酷"下了一个定义：坚持，不放弃，不断地挑战自己，创新，然后达到自己的目标。我觉得这就是整个滑板的变化，可能一开始有的人很单纯、很简单地就是喜欢滑板，然后试了一下，就摔倒了，摔倒之后就骨折了，或者说摔得屁股很疼，然后就放弃了，等于说这个人没进到滑板的里面来，所以他根本就体会不到后面那些艰辛和得到想要得到东西的那种喜悦，因为连门都没进来。如果沉淀下来的话，滑板等于说是从自我到自我价值的实现的过程。

问：你觉得滑板亚文化为什么会吸引中国青年？为什么最近越来越流行？

答：因为青年尤其是青春期的小朋友，他们都会愿意去推翻、打破一些他们认为是传统的东西，去突破自己，"我要和别人不一样"他们心里会这样想。每个人，我觉得在经历青春期的时候都会有这样的想法，就是"我要与众不同"，想让自己跟别人不一样。这时候，有的人就会选择去玩音乐，穿不一样的衣服，说不一样的话，做小群体特别"酷"的一些事情，这会儿可能就是音乐、滑板或者是其他的这些东西。滑板是特别能够把自己打开的一个东西，有很多很多新的东西能进来。如果你尝试滑板，你会慢慢地去接触滑板的文化，因为这毕竟是西方的文化，西方的文化毕竟和东方的文化还是有区别的，它可能更创新，更让你自己去冒险，在这个里面去实现你自己，让你自己更加的自信。如果你接触一个玩滑板的人，你肯定能感觉到这个玩滑板的人跟普通的人不一样。我认为，玩滑板的人更直接、更纯粹，他们更真实地去表达自己。

问：为什么最近越来越流行？

答：滑板，我觉得不是说最近越来越流行，而是说有更多的人开始关注滑板了。滑板越来越流行的原因是，从滑板进入中国到现在，也差不多得有20多得有20多年了，中国的变化也特别大，第一拨玩滑板的人，他们传递给下一拨很多东西，比如说，坚持，相信自己，要付出，每天去不断地练习，然后就能得到你想要的东西，把这些坚持下来以后，这些东西就成为了一种文化，这种文化就像波澜一样去往外扩散，扩散之后会有很多的人去关注这个、喜欢这个、通过这个来实现自我、找到自我，这样的话，不是越来越流行，而是越来越多的人进入滑板，他们会来尝试，他们会来体验，也可能体验完了以后他们走了，也可能体验完了以后他们留下了，但是这个基数会一直变大，越来越多的人会来尝试。比如说以前认为滑板是小朋友、坏孩子的那些人，他们也可能来尝试滑板，因为他们看到了另外一个滑板，通过这20多年，因为是这些真真正正要做滑板的这些人，沉淀下来做自己要做的这些事，他们也看到了这些，然后，会有更多的人来进入滑板。

问：网络在滑板亚文化的发展中，起到了什么样的作用？

答：如果你要谈到网络，我要说的就是这个东西简直太可怕了！网络相当于开了一扇门，我们可以很容易地从自己的屋子去到别人的屋子里面，以前第一代滑板人了解滑板文化，了解滑板的这些动作，了解国外的滑板人的生活方式，只能靠录像带，靠电影，靠电视，但是现在如果他们需要一个新的东西，打开电脑马上就能查到，所有的资讯都能在网上查到，比如他喜欢的那个滑手，他喜欢什么样的衣服，喜欢什么样的风格，这个滑手平时什么样的生活方式，他都能通过网络第一时间获取他的资讯。所以，网络对滑板帮助简直太大了，使滑板这项运动在全世界的推广很快。

问：那网络上有没有运行专门的一些论坛，或者说组织等等？

答：滑板文化的发源地在美国南加州。南加州相当于麦加，是我们要去朝圣的一个地方，为什么是这样？是因为那边的气候，南加州是一年四季都可以玩滑板，还有很多的滑板公司坐落在南加利福尼亚，所以那是全世界滑板最核心的地方，滑板文化的发源地。那边有很多的 skater 每天写自己的历史。因为在南加州有很多滑板公司，这些公司肯定有自己的滑手，这些滑手就会组织在一起，大家做一个公司，或者说大家做一个网站来推广这项运动，也宣传自己，这样组织就出来了，通过网络再宣传出去。因为现在全世界的人都可以通过网络互相联系，可以把自己的想法还有一些新的东西传递出去，在网上肯定会有这样的东西的。

问：那你现在的工作，我知道是跟滑板亚文化的普及化有关的。介绍一下你在进行什么工作？你们举行什么活动？

答：是这样，我一直在做与滑板和滑雪板有关系的工作，因为我们毕竟玩的是美国文化，美国文化里面必须提到的是冲浪、滑板和滑雪，这三个是一个体系里面的，叫 Border lifestyle。这三个运动都是两只脚在一个板子上面的运动，这三个运动基本上是相通的，玩滑雪的人、玩滑板的人和冲浪的人基本上都会在夏天去冲浪、玩滑板，冬天的时候去滑雪。我现在工作的这家公司正好是专门做这些品牌的代理公司，把这个品牌的产品从国外带到国内，在推广销售我们产品的过程中，也在推广滑板的这种生活方式，把滑板的这种冒险、坚持、自信、找到自我的这种精神也传递下去、推广开来，这个是我最主要的工作。我们还会和政府体委那边进行一些合作，告诉他们什么是真正的滑板，什么是真正的单板，什么是冲浪等等。因为这些东西在中国是新的，不是那么多人都知道滑板到底是什么，也需要我们这些人为他们去解释一下，滑板的积极的、阳光的那些东西，这也是我的工作的一个内容。我会把中国的小朋友带到美国，让他们去体验、去感受滑板生活，滑板人是怎么生活的，是怎么跟他的朋友相处的，是怎么跟他的父母相处的，然后会把国外的小朋友或玩滑板的带到中国，进行文化交流，我也会做这种工作。

问：你们开了一个滑板学校？

答：我们开了一个滑板学校，在上海。在北京马上就会启动这个项目。在上海，我们的滑板学校是跟体委合作的，体委给了我们一个600平方米的一个小屋子，做一个室内的滑板场，现在教学和这个推广做得挺不错的。然后，我们其实跟小朋友在一起，最主要分享的是大家的微笑，是通过滑板让大家更容易地互相交流，打开自己，因为大家会在一起玩滑板，大家在一起聊滑板，滑板是个媒介，我们分享的是每一个小朋友脸上灿烂的微笑。当他成功以后的那种喜悦，只有你去试，你才能感受到。在上海现在已经不错了，马上下一步就是在北京。

问：你觉得滑板亚文化满足了现在青年的哪些精神需求？

答：第一是对自我的一个锻炼，那种坚持，不放弃，去追求你自己想要的那些东西，然后，在不断的练习中完善自我，还可以和自己的好朋友一起分享，就像"诗向会人吟"，意思就是我是一个可以写诗的人，你也是一个可以写诗的人，只有我和你，我们两个人沟通才能明白诗的意境，是想表达出来的东西，诗是一个媒介，让我们彼此更加了解。而我们这些人彼此就是通过滑板更加了解，所以我说"诗向会人吟"，也就是说玩滑板的人对玩滑板的人的认可，是要通过滑板的。

问：很多当代青年，把滑板与自由联系起来，你觉得这个"自由"是什么？

答：这样给你解释吧：玩滑板的人每天拿着自己的滑板出去练习，是没有人强迫他的，是他自己愿意的，他想做这件事，没有人告诉他是什么时间在什么地方练滑板，他都会在这个时间拿着滑板自己出去练习，因为他喜欢，他爱，这个就是自由。但是过分的自由呢，有的时候玩滑板的人会出现一个什么情况，完全沉浸在自己的小世界里面，就是一天到晚除了滑板就没有别的东西，有的时候可能会忽略自己的爸爸妈妈，还有自己的亲人，因为滑板是一个需要你付出，花很多时间才能得到的一个东西，还有的时候就是当你付出了，有的东西你还是得不到，所以他会投入大量的时间和精力在他的小世界里面，这个就是他自己所谓的自由，玩滑板的人的自由。

问："自由"是你从一些束缚中解放出来，你觉得当代玩滑板的青年，从什么束缚中解放出来了？

答：教条啊，每天的时间安排，给安排好的生活，比如说早上起来的四节课和下午的四节课是一定要去的，但是滑板恰恰没有这些，是发自内心的愿意去的，这个就是他从那个束缚中解脱出来的，他认为他得到的自由，就是他想要干什么，他可以去做。

问：为什么偏偏是滑板，而不是别的什么运动给他们带来自由？

答：我们聊的是滑板，其实你也可以看看你身边的好朋友有没有玩音乐的，他们那些人也挺自由的，他们也会，比如说放弃上学了，去玩音乐了，去投入进去，有的人也可能是把学习和工作以外的时间留给了音乐，这些其实差不太多的，但是我最近才关注到这一点，有的人他们在学英语这方面也很要求自己，他除了生活和学习以外，他还是学习，这样的人也挺厉害的，其实他跟玩音乐的人，包括玩滑板的人，当他到一定境界的时候是一样的。

问：你觉得滑板亚文化的价值观与中国主导价值观有什么矛盾？

答：我觉得滑板与中国主导的道德价值观一点矛盾都没有，滑板是能更好地诠释中国的价值观的东西。因为很早以前就有人说过"吾日三省吾身"，"三省吾身"的意思就是每天都要看看自己有什么做错的地方，这不就是滑板嘛。其实滑板能更好地诠释中国的古典哲学和价值观。因为我们受到的教育是：你一定要付出才能有回报，这是我们骨子里的东西，恰恰滑板就是这样，如果你真的把滑板坚持下来，就能得到你想要的东西，这就是中国的传统的价值观。我认为这是没有矛盾的，因为他不是站在对立面的，而滑板也是在往前走的，中国的价值观这么多年下来以后一直在影响着我们每一个人，是在骨子里面的东西。比如说中国人比较谦逊，待物接人比较友善，这个就是滑板。玩滑板的人，有一块自己的滑板，走遍全世界都能找到自己的好朋友，为什么？因为大家的价值观差不太多，所以，我觉得中国那些传统的东西，肯定是好东西，能流传下来肯定有原因。我们中国人一直就有着自己的价值体系，这一个体系里面包括很多很多东西，比如说对长辈的尊敬，滑板里面你能感觉到，就是滑板圈儿里我们对前辈的尊敬，因为滑板圈儿的前辈告诉了我们很多东西，我们现在也一直在做这个东西，包括我的小弟弟也会很尊敬我，因为我们在每天聊滑板动作的过程中，也潜移默化地在影响他的想法，他也会看到我是怎么做人的，比如说不抽烟不喝酒，都会有影响的，随着滑板也会慢慢地渗入进去，当然，这里面如果你遇到一个特别叛逆的人，可能也会影响一些人，但是那些负面的东西肯定不会有正面的东西能量大，负面的那些东西不会特别多，也会被时间淘汰的，肯定到最后留下的还是积极的这些东西。滑板的价值观和中国传统的价值观没有任何冲突，没有矛盾。

问：你觉得滑板亚文化的价值观会不会逐步与完善中国的价值体系？

答：有可能啊，滑板可以更好地诠释中国的价值观。是一个特别好的载体，通过滑板，来诠释中国传统的价值观，因为你知道，中国这个国家的文化，是传承，也就是说，你生活的知识是来源于你的爸爸，你爸爸的生活生产的知识是来自于你的爸爸，因为中国是一个农耕文明的国家，所有的生产技术都是一辈一辈传下来的，滑板恰恰也就是这样，因为如果没有人告诉你，你光看视频电影，你找不到那个发力的点，那股劲儿是怎么使的，这个时候就需要沟通，在沟通的过程中，就会出现"人以群分，物以类聚"，你要跟一个什么样的人学习，你是向一个积极阳光正面的人学习你的滑板技术，还是向一个特别反叛的人去学习滑板技术？当然选择的是那种正能量的东西，所以这里面传承下来的都是特别谦逊的一个东西。

问：你觉得中国滑板亚文化与美国滑板亚文化有什么明显的区别？请你介绍一下中国滑板亚文化的本土化过程。

答：美国文化可能更注重于创新，不断地推翻、打破自己，但是中国文化可能就是一种持之以恒的精神。这两个东西不是说互相影响，但是你用好了会对中国特别好，因为中国缺少的是创新，因为我们刚才谈到了传承的东西，传承其实就是一个圈子给你套住了，是一个枷锁给你锁住了，你不可能出这个圈儿，但是滑板就要有创新的东西，因为你要做别人做不到的东西，或者你想比别人做得好，你肯定就要推陈出新。而美国呢，其实滑板玩到最后，美国滑板文化跟中国的滑板文化就没什么太大区别了，都是互补的，滑板玩到一定境界都需要创新和持之以恒。

问：滑板亚文化的核心就是自由，那自由的含义在美国和在中国是一样的吗？

答：自由的含义，我觉得没必要一样吧，美国有美国对自由的定义，中国有中国对自由的定义，但肯定都是自由，大家体会和感受到的东西应该都是一样的。因为中国是一个特别大的国家，什么样的人都有，他们要面对的事儿、要面对东西很多。然后，像我们这些人玩滑板都坚持了这么多年，就是连骨子里面都是玩滑板的这些事儿，在法律约束范围内的自由是一样的话，那我们的自由是一样的。

问：我发现，在美国，滑板亚文化和嘻哈音乐是相关的，但是在中国，则更多地跟摇滚相联系的，比如说，我接触到滑板朋克乐队，你觉得这是为什么？

答：首先，为什么是音乐？为什么玩滑板的人离不开音乐？因为音乐反映心灵，如果你听音乐，音乐会影响到你的心，滑板也是这样，会直接触及你的心灵，因为是你的心带着你去选择了滑板，不是别人让你去选择滑板，所以音乐就顺其自然地与滑板紧密地结合在了一起。然后，可能朋克表达起来更直接一点，包括 Hip pop，或者说是 reggie，reggie 可能说是现在更接近于心灵吧，牙买加风格的那些东西，因为那些是平民，是 get off the music，更平民，更能和一个普通人打成一片，所以现在越来越多玩滑板的人去接触 reggie music，当然也有人去选择那种特别宏大的音乐，但是因人而异。但是音乐，按我的理解，接触你的心，所以滑板是肯定离不开音乐的，包括朋克和摇滚，我对摇滚乐的感觉就是，突破。我想问一下你，你这个 rock in roll 是什么意思？他的意思是不是就是在路上？走出去？ rock in roll 就是打开你，走出去，往前走。滑板也是这样，所以这些玩摇滚乐的人和玩滑板的人都是一样的，他们需要每天给自己一些新的东西，所以玩音乐、玩摇滚的人也可能玩滑板，玩滑板的人也喜欢摇滚乐，因为他们是一类人，他们跟那种每天在图书馆里的人是不一样的人，每天在图书馆里的人需要的是安静，是沉淀，是每天去思考，但是玩滑板和摇滚乐的人需要的是去动，去得到，是不一样的。

问：你觉得为什么在美国滑板亚文化是与嘻哈音乐有关，而在中国是与摇滚有关的？

答：因为摇滚乐比嘻哈音乐更早进入中国，所以中国人理解摇滚乐比了解嘻哈音乐更容易，所以现在有的人还是在听，包括有的时候我也在听摇滚乐，让自己完全燃烧起来，但是嘻哈的节奏更慢，他要说明一些东西，比如像 hip pop 这样的，然后再慢一点的，你可以感觉到这个节奏，rhythm，最快的是摇滚乐，然后是嘻哈音乐，现在大家有时间去体会了，以前大家都没有时间去体会，先随着生活的节奏，没有那么大的压力，整个生活质量都上来了，所以大家可以慢一点去感觉，体会里面细腻的东西。

问：可不可以说中国的滑板亚文化既包含有集体主义的价值，又包含有个性解放、个人主义价值？

答：首先要说自我价值的实现。选择滑板的人，第一，他想和别人不一样，这是肯定的，不可能你说煤球是白的，我就跟你一起说煤球是白的，我首先要证明煤球是白的，然后我再和你说煤球是白的，但是我证明完了以后煤球是黑的，那我会告诉你煤球是黑的。这是玩滑板的人，是个人的东西，然后呢，个人也会融入到集体，是什么集体？是玩滑板的这一群人的认可，但是他不需要被社会上那些不懂滑板的人认可，玩滑板的人认可不认可是跟他自己本身没有关系的，因为他把自己和那些人分成是两类人，我不需要你们懂我，我需要的是玩滑板的人、懂滑板的人来懂我，我也懂他们就可以了。因为滑板的那些动作真的特别特别的难，滑板是一个特别特别难的事，是特别特别难达到彼岸的，所以当我拿到这个东西，我才能拿这个和在彼岸的一些人交流，跟他们说我也拿到了这个东西，这时我们需要一个群体，我们自己的群体，大家来沟通、来交流、来探讨这些东西。是一个小圈子，是所谓的亚文化，为什么是亚文化，因为是一个小集体。

（2）某某，第一代滑手

问：滑板文化是什么时候进入中国？什么时候进入北京的？

答：如果要是这么说的话，很早以前滑板就进入了中国。但是要是具体说的话，有那个文化的氛围，比较多的人玩的情况，大概要 1990 年开始。在中国最早可能也就是在北京。北京最早是在公主坟，渐渐地，一些喜欢滑板的人聚集到那边，一块儿玩。

问：那时候有多少人玩？

答：常见面的大概有三四十人，玩得好一点的也就有十个人左右。因为有滑板的人很少，然后能集中到那里玩。

问：哪些人怎么知道了这个文化存在？

答：大部分人是通过电影，有一些人是以前就在国外见到过这些东西，有一些是去美国上过学回来的，回国之后就把滑板带进来了。但是大部分的人是看了电影《危险之至》，当时上映的一部电影，里头有滑板，我记得是 Power Mostim 拍的，里头有一些世界知名的滑手。

问：那现在呢？大概有多少个人玩滑板？

答：北京，真正能称得上 skater 的大概得有几千人吧，全国得上几万人。

问：你自己是如何开始玩滑板的？为什么？

答：因为当时的社会环境是不同的，大家没有什么娱乐项目，听听卡带（磁带），听听音乐，看看电视，看看小说，因为没有互联网，什么都没有，大家可能会觉得很无聊，所以会找一些别的事情去做。我当时看滑板比较有意思，因为跟我以前见过的所有的运动都不同，所以想试一试，就选择了这个。

问：你刚刚提到有三种了解滑板的方式，那你属于哪一种？

答：我属于看电影的那种。

问：你那时候是怎么玩滑板的？然后又怎么获得了关于滑板的信息？

答：这个很复杂了，最早的时候是托朋友，后来美国有公司来中国，就可以能够买到滑板了。

问：当时是哪年？

答：大概1990年左右吧，有一个叫POWER的公司来到了中国的秦皇岛，他们专门派人开车来到北京做交流。那是我们接触的第一块，在中国来说是比较好的牌子了。因为当时不知道哪个滑板好。

问：你的第一个滑板是美国的还是中国的？

答：第一个是中国的。叫骑士滑板吧，当时在电视上还做过广告。

问：你觉得中国滑板亚文化的教父是谁？

答：我觉得没有教父。因为滑板运动跟别的运动不同，别的运动可能说有配合，或者说能选择出来更好的一个人，但是滑板的风格太多了，每个人玩的都不一样，大伙儿也没有在一块儿做比拼，其实真正的朋友之间，或者一个时代的朋友之间，没有人去做比较这种事情，只是每个人去琢磨自己的动作。因为我觉得滑板的趣味其实也在这儿，你不用去跟别人比，你是跟自己比，这个动作我不会做，到我会做，到我做得更好，到我学新的动作，你每次拼是跟自己在拼，并不是有一个对手在那儿。这是个别的运动。你要说教父的话，我觉得没有，我觉得滑板本身的魅力就是它自己。

问：那你觉得滑板亚文化的出现与哪些时代变化有关？

答：其实我觉得滑板的出现是必然的，就像你说的改革开放，改革开放之前可能大家什么都不知道，因为信息也传递不进来，得感谢改革开放，把滑板信息传递进来，包括一些像国内的公司去生产滑板。非常感谢改革开放引进了滑板，当然了，如果现在这个信息化时代，滑板要是进来的话还会难呢，因为真心话说现在玩的东西太多了，手机、各种各样的运动，当年那会儿对于我们来说可能就更重视，因为没有别的运动可以玩，而且没有别的信息手段能得到东西，比如说，你也没有手机，也没有电脑，而且你学一个动作非常费劲，所以当时只有我们能感觉到滑板差不多占生命的一半。

问：网络对滑板亚文化的发展起什么样的作用？

答：起很大的作用，包括互联网，以前我们是看录像带，一个动作可能会倒过去看过来、倒过去看过来，也没有慢动，或者录像机的那种慢动是很难受的那种慢动，现在呢，有电脑了，有互联网信息了，你想了解任何一个人或者某一个动作，直接上网一搜索就可以了，我觉得这个对滑板运动的帮助很大哦，尤其是新一代的这些滑手们，他们可能会了解更多你不知道的这些消息，可能他们的技术不是特别好就已经能背出上千个名字或者他们都擅长的动作、他们的岁数，这都是我们当年做不到的。

问：你觉得，从什么时候起，滑板从一种运动变成一种文化？

答：其实每一个运动都是一种文化。你说的文化就是他们感受到的东西，然后他们再把他们感受到的东西告诉给外面的人，然后外面的人可能就感受到这个运动有什么样什么样的文化。其实我觉得，文化本身还是出自于这个运动，你要说还是说到那一条的时候，我还觉得是滑板本身给你的感受，因为滑板本身是死的，每个人去玩就不同，那最后感受到的东西，每个人都不一样，所以是这样的。

问：从产生到现在，滑板亚文化怎么发展的？在这段时间里滑板亚文化经历了哪些变化？

答：这个还真不好说，你要说产生的那段时期我还比较了解，但是发展到现在了已经是多元化的一个东西，因为信息量非常大，每个人不可能把滑板所有的动作都做完，从开始我们是单纯的玩动作，到现在可能已经不是单纯地去玩动作了，而是去了解里头的一些人啊，知识啊，或者一些风格啊，了解很多元化的一些东西了，但是你要说有什么变化，我能说本质还没有变，只是大家知道的信息更多了。

问：从开始到现在经历了哪些变化？

答：可能刚开始大家伙儿只是很简单多去了解了一下滑板，穿着的服装啊，玩滑板的姿势感觉啊，可能跟国外有很大的差距，慢慢地了解到滑板是有一定文化的，需要练习一些动作，慢慢知道一些品牌、穿着，包括玩的动作的感觉、姿势（就是 style 这种东西），就是慢慢转变成正统、正规的滑板的精神，所以这个是一点一点过来的。就包括现在刚去玩滑板的人他穿的衣服有可能是普通人的衣服，就不是做运动、不是一些滑板品牌、不是我们习惯穿的这些衣服，他接触了之后他慢慢也会转变，道理是一样的。

问：你觉得滑板亚文化为什么会吸引中国青年？为什么最近越来越流行？

答：没有吧，一直在流行。我玩滑板二十五六年了，人群一直这样，没有说最近才流行的。当年也是很流行的，我没有感觉说滑板最近突然流行起来，因为我觉得是，一直是这样的。只是像你说的，有很多人一开始选择了滑板，但是后来放弃了，他觉得玩不了那么好，其实滑板里头有很多你可以不用去玩那么难的动作，你只是滑就能感受。可能每年有很多人刚刚知道滑板，刚刚玩上滑板，可能有很多人玩了一段时间就退出了，剩下一部分人，第二年呢，又有一些人加入，所以说这个东西我觉得是一直这样走的。我觉得近几年可能是人比以前多了，这跟文化水平、收入都有关系的，当年我们要买一个滑板的话，可能需要三个月的工资，按现在的正常人的工资，一个月买三个到四个滑板应该没有问题。所以这个转变是很大的，而且，现在人也能接受滑板了，不像当年很多人觉得玩滑板可能不太好，因为当年喜欢滑板的这些人现在可能都成了爸爸或者妈妈，所以说他们了解："啊，这滑板很正常嘛。"所以他可以让他的孩子去玩。还有就是，中国不会像国外那种爆发式的玩滑板也是因为教育。中国的教育，可能要减低孩子们的作业等负担，但是中国的老百姓有一种心理就是：我希望我的孩子更好，考第一考第二，那全班的孩子，比如说有 40 个孩子，全班的孩子大家都想考第一的时候，那就大家都去补课，结果孩子没有时间去玩，造成了这种问题。在国外可能孩子有很多的爱好可以用业余时间去进行，但是在中国真的是没有的。或者你们家很有钱也可以，以后打算去国外留学，不打算在中国上学，那种的就可以玩滑板，我觉得没有问题。现在阻碍中国滑板的，最关键的，我觉得就是教育。因为滑板肯定是从孩子开始的，你不能让三五十岁的人才开始玩滑板，他可能会到这个时候喜欢，但是你不能去吸引这些人去玩滑板，你吸引的人肯定是越年轻越好。小孩儿或者是青少年，从三四岁到十多岁的孩子是最适合玩滑板的，但这些孩子在中国全是在学习。我没有办法去劝说他们，而且家长都很明白，有的家长都跟我聊，他觉得这样学习太不好了，但是你敢不这样学习吗？他不敢，为什么呢？因为这样的话可能孩子就考不上大学，他就会被刷下去。所以他知道原因，但是没有办法去拒绝。

问：但是从这些小孩的角度，为什么他们会选择滑板？比如说为什么不选择动漫，做 cosplay，为什么会选择这个？

答：其实简单的一点，可能一些孩子去接触滑板可能是他人生中第一次去选择一个东西，以前都是他的妈妈爸爸帮他去选择好：你应该穿什么样的鞋、你应该穿什么样的衣服、你该穿什么样的裤子，好不容易他可以找到一个"啊呀，这个我非常非常喜欢"，可能他会去求他爸爸妈妈给他买一个滑板，然后只要他一直玩下去，他会感受到这个动作我从不会到会，去经历一个很痛苦的过程，去练习，天天练习最后终于会了，他得到的可能不是别人的称赞，但是他心里会明白："哇，我学会这个动作了，我非常开心非常高兴。"这个东西是很难用言语表达的，就是你从一个不会到会是真正自己感受到的。不是以前，你这个字不会写你去写，这个英文不会背你去背，以前都是这样，是别人让你去写、让你去背。这个可能是从他心里面："呀，这个人跳起来了，很帅"，做一个 K-Fly 以后非常好看，他去学，最后会了，这时候他的感觉跟那些逼着去学会的感觉那可是两个感觉。我觉得滑板吸引我也是在这块，而且滑板的这些人群之中也是个小的社会，这些人有好有坏，我不敢说所有的 skater 都是好人，也不敢说都是坏人，但是在跟别人接触的时候，其实就是一个小的社会，每个人什么样子，每个人有自己的风格，他会了解很多很多的事情，对于他以后真正进入到真正的社会，是有很大帮助的。而且滑板最关键的是执着，只要你执着，你最后肯定会做出那个动作，我相信你要想学一个动作，肯定能学会，不管多难的，这样对于他以后的工作和他以后的生活，都是非常好的，他做一个工作会非常认真，越难的工作他越喜欢去做，这就是滑板给人带来的感觉。我觉得，尤其是一些新的滑手，他慢慢也会感受到这个的，不是说这些老人有这种感觉，很多新人也会给我表达出来这种感受，比如会一个动作了他给我打电话："我终于会做那个动作了！"其实是一个很简单的动作，但是对于他来说可不是很简单，因为他在超越的是他自己。对于我来说可能我早就会了，但是我也会告诉他非常好、非常不错，为什么？因为他是超越了他自己的能力，这点可能是很多运动做不到的，我不敢说世界上所有运动都做不到，但是很多的，比如说竞技类的运动，比如说咱俩打乒乓球，你非常好，我非常次，那永远都是我输。但是滑板不是这样，比的全是自己。

问：我问过网络在滑板亚文化的发展中起到了什么样的作用，那网络上有没有专门的一些论坛或者说组织？

答：就是信息，你能得到更多的信息。比如说你想去哪儿玩，有一些朋友在论坛里聊天，可以说去某某个地方大家可以组队，其实要是这样，像以前是做不到的。现在网络也分很多种，比如说都有手机了，可能在电脑上面操作就更少一点了，都是在转变。而且中国人对这种高科技的转变是非常能适应的，因为我觉得中国人比较聪明一点，他可能会去接触新的东西更多一点，虽然我是比较保守的，但是我也会去学习一些新的东西，比如说手机啊、微信啊、微博啊，还有各种各样的包括国外的我都会去接触，但是我觉得互联网对于玩滑板的人来说，就是打开了一扇门，但是实际根本还没有变。你该去练习你还是得去练习，你要是不练习你还是做不出动作来，对吧？所以你还得去付出、练习。但是，只是互联网能让你感受到不是你一个人在玩滑板，全世界的人你都能感受到，以前只能是感受身边的这些朋友，十个、二十个，现在你放眼一看全世界有这么多人玩滑板，光北京市论坛里有多少人，这边 qq 群里有多少人，你能感觉到不是你一个人在玩滑板。但是不能沉迷于网络，因为真心话说，滑板圈儿里有一类人就是动作他做不出来太多，他爱在网上聊天，那些人我们觉得非常不好。我认识的真正玩滑板的高手，很少有天天在网上待着的，有时间他就去玩滑板了，他可能也会去看网页，或者拿手机去聊聊天，但是，他不是像那些人天天在网上趴着，他的业余时间都是在玩滑板，他没有时间在网上，像他们说的冲浪啊，查资料啊，很少的。往往在网上待的时间越长的人，他的动作可能不是太好。

问：你刚刚说你是保守的，你为什么这么认为？

答：因为我不像别人，他们可能接触到新东西之后就走到极致，走到极端了，我就是说，我会把我自己认为好的东西留下来，不好的东西推出去。因为我觉得有很多人去追一些外表或者是一些最新潮的东西，我从来不追这些东西，因为这是个流行的趋势。就是，怎么说呢，滑板的尺寸，在十几年中有很大的变化，以前我们玩的滑板非常宽，在六七年前，突然间就变窄了，就是国际上流行就变窄了，我还没有变，我还是那个尺寸，很多人，我的好朋友，或者是一些玩板儿比较好的人，跟我说你为什么不换一个窄的呢？我说我试过了，我换过一两个，我不适合窄的，我还是喜欢宽的，我还是去玩宽的吧，当时就是所有的人都很窄很窄，过了这么多年我还在玩我的宽板，慢慢慢慢滑板又变宽了。就是流行，就跟穿服装的今年流行这个明年流行那个是一样的，美国今年流行宽了，大家伙儿又在宽，越宽越好。我在玩我那个尺寸，很多人有跟我说你为什么不换宽一点的呢？我说好像多少年前你跟我说为什么不换窄一点的，你现在又让我换宽一点的，我不变，是你在变，你明白我的意思了吗？我没有变，我还是我，但是你在变来变去，你老觉得我不对，是我没有动，是你在动。所以滑板在这里头就有变来变去的东西，我喜欢一种我会很慎重地选择，但是选择好了之后我可能会一直坚持下去，当然我也不是所有新鲜事物不接受，我可以去试，但是不适合我，我就不会再去选择了，所以我觉得我是比较保守的，有的人做事情喜欢往前冲，"我一定要怎样"，但是他越那样，有可能他会一下就成功了，但是很难的，也可能他会一下子就下去了。

问：你觉得滑板亚文化满足了现在青年的哪些精神需求？

答：如果他要真了解滑板的话，这些精神需求他都会得到的，就刚才我和你说过的，其中就有，比如说你练动作，很辛苦，从不会到会，这时候的这种感受有点像中国说的武术这种感觉，因为现在的年轻人很少人接触那些东西，只在小说里接触过武术，能不能打架、能不能健身，还分很多种大门派，各种各样的门派，属于国术，但是还有一个江湖，江湖就相当于现在滑板这个圈儿，可能有些人在里头走来走去，当然我们没有接触过这些事情，这是很遥远以前的事情，我们相信也是真的。可是我们碰上滑板了，感觉滑板就跟武术没什么区别的，你有你的技术，我有我的技术，虽然互相之间不打架，但是展示出来自己的技术。然后也分一些门派，就比如说你在这个地方玩我在那个地方玩，大家开玩笑就说你是这个派的我是那个派的，也是互相在行走，有些大侠玩得好，有些不希望跟大家一块儿玩的人，也有这些人，就是自己偷偷摸摸练，但是能玩得特别好；还有一些人就爱表现，人越多越高兴，越得做点动作让大家鼓掌欢呼，所以这个东西我觉得就相当于以前咱们说的武术和江湖，可能每一个东西每一个运动最后做都是这样的，我觉得在美国也是这样的，全世界都是这样的，因为我们的感受只是我们的感受，不一定就是这样的，但是挺有意思的，对于我们来说就是比较有意思，因为没接触过这个，所以希望自己能拿出与众不同的东西。比如说，轮滑，我们当年接触轮滑没有极限轮滑，就是普通轮滑，就是滑来滑去，去绕个小桩子，没有意思，难度很低，那样的东西我觉得我自己玩没有意义，可能一个月之后我就不玩了，但是滑板很难，你一辈子学不完，就是没有一个人能把所有动作都学完。包括现在国际上也没有人能把所有动作都做一遍，因为很多种类，有 freestyle，还有玩街道、公园，有很多种方式，都叫滑板，但是没有一个人能都做完，他只能在某一个方面做得很好，但是其他方面又做得很次，我们觉得难度是吸引去玩的一个最重要的一个东西。

问：很多当代青年，把滑板与自由联想起来，你觉得这个"自由"是什么？

答：我觉得这个"自由"是建立在他的想象之下。

问："自由"是你从一些束缚中解放出来，你觉得当代玩滑板的青年，从什么束缚中解放出来了？

答：我觉得每个人对自由的定义是不同的，如果要是真正的自由的话，你可能不应该活在地球上，你可能活在天上才是最自由的。人既然活着，就不是为了自己活着，因为你得有朋友，如果你有所有的资源、所有的钱，但只有你一个人，你没有任何朋友，你也不能跟别人交流，那我觉得活着跟死了没什么区别。所以一个人在这个世界上活着，肯定周围你有你的朋友，有你的亲人，这些人都在一起的时候，可能你会感觉有约束力，自己就会给自己定下来约束的一些东西，还有就是你小时候受到的一些教育，决定了你以后对自由的定义，就包括你是俄罗斯人，我是中国人，咱们从小受的教育是不同的，最后咱们对于人生观是不一样的，你有你的想法我有我的想法，可能咱们两个会交流一下，了解对方的想法，但是不能我就得听你的，你就得听我的。所以如果说这个人他觉得玩滑板能带来自由，可能他对自由的定义是不同的，我们只是觉得玩滑板能开心、高兴，我并没有感受到自由。所以这个自由，我只是玩滑板，我玩滑板的时候我非常开心、非常高兴，会忘却一些不好的事情，我只要一玩上滑板我就觉得，我要练习做动作，做好的动作，包括我今天做不上好的动作，我受伤了，我也觉得明天再努力地去做动作，我并没有感觉说去解放我自己，因为我作为一个中国人这么去说话，当然，如果要是一个美国人可能就有他的想法，每个人的定义是不同的。

问：为什么偏偏是滑板，而不是别的什么运动，给他们带来自由？

答：这就是我们说的，到底是你选择了滑板还是滑板选择了你的问题，这个问题就是不好说，就是有点哲学的概念在里面，可能刚开始你选滑板，你觉得好玩，到最后的时候往往可能是滑板不选择你了，因为你不符合它，你慢慢被淘汰了，这个东西我和很多人讨论过，就是你选择了滑板，最后还是滑板放弃了你。

问：为什么偏偏是滑板给那些青年带来自由？

答：这些青年的岁数是多大？

问：这个很难说的。

答：为什么我一直问岁数这个事儿，因为太年轻的人没有经历过那些苦闷和低潮的时候，他没有经历上个班一个月拿个几十块钱几百块钱的时候，所以对于他的自由，我不知道该怎么去和你说，如果他跟我同样岁数，我估计他只能说他得了开心或者快乐；如果再往上一个阶段，比如说他是"80后"，那是另一种想法了，因为他已经有一点点钱了，他没有经历过过去贫穷的时候；如果要是"90后"或者"00后"的话，那可能会有压抑，因为他想要什么就可以得到什么，但是他的精神不会得到，他只是想穿鞋，就能买到好看的鞋，要穿衣服就有好看的衣服，但是他的精神可能会压抑，这我倒是觉得有可能的。我们这些老的 skater 跟新的 skater 之间的区别可能就是精神上的，因为我们觉得玩滑板非常开心，没有精神上的负担，他们觉得可能就是平时太压抑，一玩滑板可能就是太舒服了，可以解放自己，这两个区别可能是有的。

问：你觉得滑板亚文化的价值观与中国主流价值观有什么不一样的？

答：主流价值观就是大家伙儿说对的，一百个人有九十个说的，这个就是主流价值观，因为所有的评论所有的人都说这是对的，那他就是对的。什么叫非主流呢？只有小小的一撮人觉得那是不对的，那可能主流的人会排斥他们。我觉得中国现在就是在很快的发展，但是基础不好，我说的基础包括一些老百姓，老百姓以前可能是有精神地活着，虽然没有钱，但是他有精神。当改革开放后，老百姓就会产生变化，不是纯精神的东西，有物质的东西在里头了，到底是相信你的精神，还是去感受那个物质，所以这个东西慢慢就有了转变。我觉得现在中国人不知道自己的主流是什么，就是挣钱挣钱挣钱，这是我的感觉。我觉得在中国，大家无非就是吃饭、喝酒、聊天、去酒吧，做运动的场馆很少，没有一些老百姓文化生活。我们小时候玩滑板都没有滑板场，我们需要的是公立滑板场，就是不要钱的，没有。所以你说滑板的亚文化和主流文化之间的区别，我觉得就是我们只是想玩好滑板。

问：你觉得滑板亚文化有没有可以补充当代主流文化的东西？

答：上进，就像我刚才跟你说的一个动作从不会到会的这种执着，是可以补充一些主流文化做不到的东西，对于青少年来说是非常好的。他离开了电脑，离开了手机，这样对他的身体是非常好的，也是很多家长都比较想让孩子玩滑板的出发点之一，因为你玩滑板的时候不可能拿着手机玩或者扛着笔记本玩，所以会离开电脑。现在我感觉中国人宅在家里的很多，因为他觉得自己接触了社会，因为他有互联网，他感觉他在社会上，但实际不是的，而且他的身体也越来越次，天天在家里打电脑、打游戏，他的智力身体都会下降，我们现在真正需要的就是一些户外的运动，包括滑板，这些都慢慢地需要开展起来，可能是你了解滑板这一块，但是你了解别的运动的时候也会感受到，他们的运动也是很难发展，没有一个运动能在中国很蓬勃地发展起来，不像当年的乒乓球，全民打乒乓球，没有这种时代了，现在就是大家伙儿去选择一个运动做两天就不做了，这种事情是最常发生的。无非滑板可能更难、更好看，可能会有些人坚持下来，滑板可能吸引人的地方更多一点。

问：你觉得滑板亚文化可以给传统价值观提供更好的诠释吗？

答：这个真不好说，你说的诠释是给主流的人诠释。因为本身滑板就是亚文化，不可能主导主流文化，因为主流文化的人多，亚文化的人少。

问：那你觉得这个亚文化未来有没有可能进入主导文化？

答：其实我的感觉，在中国，你可以说它是亚文化，或者说是非主流，但在国际上来说，滑板是主流文化。

问：你觉得中国滑板亚文化与美国滑板亚文化有什么明显的区别？

答：就是在文化的层次上，还有教育制度上的不同，主要就这两块。一个是大家伙儿玩滑板的水平可能是差不多的，但是文化的水平不一样，我说的是动作可能咱俩做的是差不多的，但是文化水平是不同的。还有就是对自由的感觉是不同的，我们可能会考虑，如果我今天腿折了，可能我明天就没有工作，或者是没有饭吃，因为在中国医疗保险啊，各种保险都是没有的，你需要自己去交钱。今天玩滑板的时候你骨折了，可能第二天你要花到三五万人民币才能治好，这个时候在国外可能就不太会产生这种情况，所以玩滑板的定位是不同的。就是你能放开去做一件事情，我老去想后果是什么，因为中国人的感受是可能会想明天我需不需要去挣一点钱，需要养活家，美国人玩滑板我觉得就是不用考虑这些事情。还有就是教育这块，中国的教育制度造成的，孩子们没法去选择滑板，没有时间，可能有人觉得我说得有点过分，现在减负，不让孩子们去写作业，我觉得你应该不让孩子们去考试。中国有九年义务教育制，可以上到初中，初中升高中的时候就需要你考试了，如果你考不上高中的话就是没有学上，你就可能找一个次一点的学校，然后再到大学也要考试，我觉得这些门槛国家完全可以取消，多建一些学校，多建一些高中，多建一些大学，他不用说是让这些孩子们这么去竞争，其实不是在竞争孩子，是在竞争家长，家长在使劲的给孩子压力，然后再去想办法。如果这个教育制度转变了，滑板在中国可能真像你说的，会一下就起来。

问：你自己有孩子吗？你怎么教育的？

答：有孩子。也是按照中国的教育制度去教育。

问：你也让他的成绩是班里第一吗？

答：不会的，我不会让他去争班里第一，但也不会是班里最后。如果你的成绩非常不好的话，不会有太多的事情，但是可能会让别的同学看你的眼光不一样，但你要是第一个，可能看你的眼光也是不对的，我觉得在中间是最好的。

问：那他也玩滑板吗？

答：他喜欢轮滑。我觉得他喜欢什么就应该让他选择什么，他知道我是做滑板的，他想得到滑板是非常容易的，不管他喜欢什么样的滑板我都可能会给他找到，但是他不喜欢滑板，我就不应该把滑板给他，这是很多滑手可能做不到的，一般我认识很多老的滑手都希望生一个小孩让他去滑滑板，我觉得这是不对的，因为我觉得每个人喜欢，去选择，他都有他选择的能力，他会喜欢一样东西，当他不喜欢你给他一样东西的时候，他是最痛苦的，所以他要是不喜欢滑板，那就选择轮滑，有可能他会有喜欢滑板的那一天，那我会再给他滑板。

问：我发现在美国，滑板亚文化和嘻哈音乐是相关的，但是在中国，则更多地跟摇滚相联系的，比如说，我接触到滑板朋克乐队，你觉得这是为什么？

答：这就是多元化，我不知道你见没见过，以前，在 90 年代的时候，那个裤子很肥的，可以把脚都放进去，是滑板的裤子，不是喇叭裤，你可以去查一些资料，当年的滑板裤子有这样的，这个是一种文化。包括滑板有朋克，有 hip pop，有你说的像 metal，还有死亡 dance metal 等，都是一种文化融合。滑板不应该有音乐理论上来说，但是大家伙儿都喜欢听音乐玩滑板，那就会带来你喜欢听什么音乐、我喜欢听什么音乐这种不同。当你听音乐的时候，可能就会产生两个派别，我喜欢听比如说朋克，我的穿着可能就慢慢奔朋克去发展，你的穿着呢，比如你喜欢 metal 金属或者摇滚，你可能就会奔那个方向去发展。咱们两个的衣服虽然都是滑板的，但是慢慢就会说我喜欢朋克我穿的就很瘦那种的衣服，你可能喜欢 hip pop，你可能就会穿得很宽松，我觉得只是两种文化的一种融合，并不在乎一个什么样的融合，比如我就非常喜欢听 metal 的东西，但是我觉得玩滑板不能穿特别 metal 的衣服，大钉子什么的，那些我不可能在滑板时候穿，但是我听音乐我可以穿这个。我觉得你刚才说的这个问题这是两种文化的结合，我不明白有什么区别。

问：通过我的调查，我发现在美国，滑板亚文化和嘻哈音乐是并列提到的，但是在中国，则更多地跟摇滚相联系的，我接触到的青年会更喜欢听摇滚朋克，为什么会这样变化？

答：你是不是在北京了解的？可能你在上海了解的又不一样了。上海可能就奔 hip pop 多一点，可能因为地区不一样。北方人可能更喜欢有力量的东西，更喜欢粗犷一点的，有这种可能，但是我喜欢重金属之类的，不代表别人也会（喜欢）。我认识很多喜欢 hip pop 的，在滑板圈里，可能是北方喜欢摇滚的人更多一点，或者喜欢朋克的人多一点，所以你接触到了，但是喜欢 hip pop 的那些人可能你没有接触到，也是肯定存在的。我接触的比较多，hip pop 比较好，还有一种就是，你见过听着一些非常舒畅的歌去玩滑板的吗？因为以前有很多朋友听的那些歌我都接受不了，比如说听着什么《吻别》等中文的歌曲，去玩滑板的，然后还听着一些别的歌，就是各种各样的歌，恨不得快上二人转了那种感觉去玩滑板。我觉得这个东西就跟文化有关，就自己的文化，我喜欢听什么音乐，我喜欢要什么样的，我听着这个音乐我能玩出很舒服的感觉来，那我干嘛不听呢？所以刚才你问我的这个问题是非常难解答的，我只能告诉你每个人他喜欢的音乐，他都能跟滑板去融合，最后他的穿着和他的音乐都会产生变化，他的风格，包括他做动作，其实动作有很多风格，就比如说你穿的衣服不同，你做出来的动作其实也是不同的，那个姿势感觉也是不一样的。

问：可不可以说中国的滑板亚文化既包含有集体主义的价值，又包含有个性解放、个人主义价值？

答：说真心话，滑板是一个很自私的个人运动，不掺和任何集体，他掺和的集体只是大家伙儿在一块儿玩，只有在吃饭聊天的时候，或者是做一些交流的时候才有集体。滑板的核心就是个人，而且滑板很自私的地方就是它展现的是你个人的表现欲。就是这么说吧，滑板百分之七八十都是你自己在心里打仗，你在自己跟你心里斗争，我站这儿做，我是跳这个台阶还是不跳这个台阶，你都在问你自己，大部分的时间你都是在做这个，你不玩滑板的时候，才会有一个社交群体。大家伙儿聊天，我高兴你说的话，你喜欢我说的话题，咱俩可能是做朋友，一个酒桌上喝酒吃饭，也有可能中间发生一些小摩擦，发生一些小事情或者互相的一些帮助。

问：你的滑板店开多久了？

答：大概有十多年了吧，最早的时候在家里，得有个十几年了。

问：你关于滑板亚文化的商业化可以做什么？

答：可能我们这个店一直没有变化，从开到现在基本上都遵循的一个风格。我觉得就是，很多人都想做滑板，做了滑板之后，有的人是为了钱去做，有的人是为了喜欢去做，滑板在中国还并没有一个很好的市场，就是玩的人还不是很多，在这里做的话很多人会赔钱，这是肯定的。我为什么一直坚持到现在呢？主要是因为，第一条，我喜欢滑板，不是说想挣多少钱，去做房地产或者去做别的一些事情肯定会比现在挣钱多。但是没有意义。我觉得，做一件有意义的事情是非常好的，不管钱多少。因为我能靠滑板来生活，我觉得就已经很好了，有很多人在卖滑板的时候可能都赔钱，那些人更没得到什么，做滑板的时候，因为有很多朋友、很多人都帮助我们，我觉得我很幸运能有现在的这个成绩，我希望能做得更好，但是我刚才也跟你说了，在中国，教育制度还有人的一些看法，影响了滑板，不是能做得非常好。以后我觉得如果要有可能的话，能改变教育制度，滑板的人群可能会更多，因为我们也希望得到一些新鲜的力量，我不知道你了解不了解，出一个玩滑板比较好的选手，不是说一个月两个月就能出来的，最快也得三五年的样子。我们店里的人基本上都是玩十年以上的人才能进店工作的。所以说非常费劲，这个滑板，比如说你要得到一个比较好的选手，像我们店赞助的选手，你的任务就是玩好滑板，我也不用你帮我拉客人；有的店赞助的选手就是为了让你拉人去，多拉点朋友来买滑板我好能挣钱。我的店赞助的选手都是工作就是玩好滑板，我为什么赞助你，我是希望你能玩更长时间的滑板，因为你玩的好，别人就会看得见，你的工作就是永远的玩好滑板，更长的时间去玩好滑板。我觉得应该多去琢磨一些动作，多开放自己的想法和眼光，多去外面看一看别人做的动作，慢慢地才能做好。我是比较保守的一个人，不是特别开放的那种人，很多人觉得我应该很开放，"这太前卫了，大长头发，造型什么的，不循规蹈矩"，但是我觉得我是代表比较传统的一类中国人。因为你看我，也有很多人纹身什么的，我就不纹身。也有很多人问我为什么不纹身，我说我不太喜欢我就不纹身了，我要是喜欢的话，你不让我纹都不行，就是这个道理。所以我觉得像我这一代人，可能越来越少了，就是比较保守的，现在的年轻人都非常开放，非常能接受新鲜的事物，我觉得他们应该稍微的执着一点，稍微的保守一点，才能玩好滑板。否则他可能会突然间又接触到一个新鲜东西，他可能就不玩滑板了，又去那边了，这种人很多的，在社会上有很多人就又偏重于这边，又偏重于那边，又玩玩这个，又玩玩那个，最后他岁数大了，看他什么都玩过但是什么都没玩成，你可能在某一个点上你多努努力，就可能会学会一些东西，这个时候对你的回报是很大的。比如说你努努力学好了 ollie，等你岁数大了你就会说我以前会做这个动作，这不挺好的吗？而且谁都是活一辈子，你有各种选择生活的方法，你怎么没选择在于你自己，我不可能去教导大家去做一件事情，我只能告诉大家我的感受，你去学习到多少我的感受，那是你的事情，我希望你也能感受得到。

附录 3　摇滚乐队

某某：音乐制作人

问：我发现你们的音乐还是更倾向于民谣，就是最突出的，我在百度放额尔古纳乐队，它就放出来草原啊、马头恋曲啊。

答：我们其实一点儿也不摇滚，你今天找错人了，不过呢，我是理解摇滚的，因为我们乐队是一个 pop rock，不是你所谓的 rock'nroll，不是这种的，因为那些东西呢，我们乐队已经 15 年了，还是唱出了人们需要的音乐。……我认为汪峰的音乐不是摇滚，跟这个是一样的，它里边我认为没有摇滚精神，它还是迎合市场的东西更多一点，摇滚不一定是呐喊的，摇滚也可以高兴的。其实越摇滚的东西是很简单的，很直白的，不一定是呐喊的。

问：那为什么这样的东西在中国还不存在？

答：原因有两个，一个是政治，一个是人们的欣赏度。

问：就是你觉得政治对摇滚的看法，他们对现在摇滚的看法，摇滚的面貌跟八九十年代的面貌一样，是吧？

答：对，还好一点儿呢，不过因为音乐，你能上主流晚会和主流电视台，你才能传播到人们的心中，你把这个一卡掉了，就无法传播了。

问：我发现很多摇滚乐队，就在那些，你不知道，那些流行的酒吧，如 Modernista,Temple Bar，那边有不少有名的，小的摇滚乐队那边也会玩，也有一些外国人在这儿组织摇滚乐队。

答：中国的市面上，玩摇滚乐队的真的特别多，尤其是酒吧 live house 玩摇滚的真的特别多，不过这些人我们叫他地下摇滚乐队，我们乐队叫市场化的摇滚乐队。

问：我发现你们的歌儿，我自己经常听那些流行歌曲大部分的歌曲就跟爱情的关系主要是有这个内容，但是很少有其他的内容，就只是流行音乐啊，我说流行音乐主要是分别啊告别啊接吻啊这类的，比较多，为什么？

答：这就是一个流行音乐嘛，这就是韩国的很多那种连续剧一进来，人们就觉得时尚的东西，其实中国人一直在跟风啊，我觉得音乐也是，为什么摇滚音乐今天发展不了，因为流行音乐，流行的这种环境就是跟风。我们听过很多很优秀的摇滚乐队，如蒙古族，你别小看，蒙古族摇滚乐队是真正的中国的摇滚乐队，他们都在 live house 里面演出。

问：他们现在在北京？有演出吗？

答：有啊，就 live house 里面有。现在的中国的好几个 live house 都黄了，为什么呢？租金贵了，租不起这个地了，这也是，本身就喜欢玩摇滚乐队的人越来越没出路了，完了音乐界是好一点，酒保乐队，对摇滚乐队理解可能比我更直接一点，我跟你讲的是一个市场，整体大方面的一个东西，如果是你跟他们讲的话，是直接的摇滚的本身的东西。

某某，乐队的主唱、主要歌词创作人

问：你怎么理解摇滚精神的概念？觉得你的音乐有摇滚精神吗？

答：没有。我觉得更多的是自我的一些东西，没有特别广义地去影响别人的一种精神。摇滚精神是一个特别大的说法。比如说，反叛、斗争那些。但我觉得现在的摇滚都去表达自己。我想什么，我想干什么，而不是影响别人干什么。现在的音乐市场，很多人做这个为噱头。我有什么样的一种精神，别人会喜欢我，看我的演出。现在目的性更强了。

问：你们的音乐主题什么？

答：现在的生活。每天你经历过一些事情，你看见什么，你心里有什么想法。我用古代人表达的方式来表达现在的事情。

问：你觉得摇滚的精神时代过去了吗？

答：因为很多事情变得不纯粹。现在自作音乐先服务自己，再服务别人，做出来别人才去认可。我要去别人听好听就可以了，我无所谓，我可能这个不愿意唱。中国商业化特别快。

问：你觉得摇滚与个人主义有联系吗？

答：首先要问你了解个人主义吗？是唯心主义吗？不太了解。我觉得我们有英雄主义和浪漫主义。

问：你觉得摇滚最普遍的题目是什么？

答：还是批判。

问：批判什么？

答：批判社会现象。如，环境、人和人之间的隔阂、交流方面的问题。我们乐队的批判是我们不应该是在这个时代，我们应该在古代或者在 80 年代或者 90 年代。Dream Spirit 是汉族人的音乐，很多乐迷不接受这种民族的音乐，这特别奇怪。大家都喜欢小众民族的，比如说蒙古族、彝族、藏族。汉族的音乐不接受，他们觉得很低级。我们在对抗这件事情。如果我们在 80 年代，没问题，大家都会觉得这个很好。所以一种讽刺、反抗。除了这个以外还对抗虚伪。

问：为什么你放弃学校了？

答：浪费时间、浪费精力。对这个决定我觉得特别对。做自己就是摇滚精神的一部分。

某某某，后摇滚

问：你们觉得中国的后摇滚与以前的摇滚主要区别在哪里？

答：我觉得这很有意思，其实很多国外的风格，传到中国来的时候，实际上已经有了变化，它不再是那个原来的东西。这个可能就像每个地方会有自己的土壤，结出的种子不同。其实中国理解摇滚和西方人理解摇滚也不同的。中国理解摇滚更重视精神这个层面。当然西方的摇滚也有这个含义在里面，但是有更多更广泛的、社会性的其他环节。但中国对它其中思想性更感兴趣。反而对它的根源——布鲁士，中国人不怎么去在意、去继承。中国人放了很多中国的元素在摇滚乐里，它已经有很大的变形，后摇滚也是同理。当然后摇滚跟摇滚不一样，后摇滚已经更加西化了。刚开始玩摇滚的，比方说，崔健、窦唯、唐朝乐队有的自觉不自觉地，会把中国传统一些元素放进他们的创作里面。相反，在后摇滚的这一代，就是直接拿来主义的。很多后摇滚的乐队会更多地跟西方的一样的做法去玩。但是依然会有相当一部分的乐队用中国的东西去改造后摇滚。所以后摇滚来到中国语境也会有很大的不同。比方，我们可能是比较极端的例子，我们直接用上古琴。中国一些美学元素，跟后摇滚嫁接，其实是一种新的品种。其他的乐队也好像自觉地或者不自觉地去用一些中国元素，比方寂寞夏日，北京的乐队，他们尽管不用中国乐器，还是用西方的乐器，但是也有很多中国元素在里面。

问：是您想出来引用古琴吗？

答：是的。我本身热爱中国的传统文化。美学跟科学不一样，美学更个人化。有时候不同的东西由不同的人产生，与不同的人共鸣。但是最大的问题，中国传统的美学有一个断层，跟西方的不一样。（中国的）现代化是直接搬过来的，我们的传统文化没有更新换代的过程。所以它变成一种孤立的（与现代格格不入的）传统而已，没有现代化的过程。……比如我的衣服，它其实有传统的风格。现在很多人阐释把它（传统）引用到现代。如果自己穿古代衣服是不可能的。就像英国不可能穿维多利亚时代的服装，他们有很自然的传承的过程，演化过程。大部分的现代发达的国家有这样的过程。但是我们被西方文明冲击之后，需要去学习西方。这个学习使得我们的传统文化有一种断层。现在很多人意识到去恢复它，比如学习民乐。但是只有复刻传统上的东西，它们没有跟我们的生活产生联系。这是我们最遗憾的一点。所以我们自己做音乐呢，一直强调古琴也可以不古，它也可以反映我们的生活、反映我们的情感。我不希望人家听到古琴就回想古代的情景，反而（希望）能联想现代语境，那种情感。简单来说，把传统美学现代化，这是我们努力去做的。

问：那 80 年代、90 年代摇滚与现在在内容方面有什么区别？

答：它会更政治化，因为可能压抑太久，而且那时候刚好有一种反弹。就是说整个社会当时比较宽松，80 年代比较宽松，压抑很久，很多东西不能讨论的。在 80 年代我很小，真正影响我们的是 90 年代的摇滚乐，80 年代的音乐与 90 年代没有太大的区别，可能延续到 90 年代的批判性还是比较强的，比方唐朝乐队、黑豹乐队。很多人把黑豹乐队定为流行摇滚乐，但实际上它也有政治性内容在里面。对我们来说，影响更大一些。这些乐队开始活跃在各个城市。他们的内容依然是政治化的，依然是批判性的。这个直接影响了下一批玩摇滚的人，如《痛苦的信仰》。你看一开始，他有这种名字，后来改为《痛仰》，因为以后的音乐也开始不太一样了。其实那种时代会中国化一点。它的歌词也会比较大。说的东西很大。就说一些历史，说一些政治，说一些社会，但是反而开始 2000 年后之后开始有比较个人化表达。而且那个时候开始多元化了。我听过很多人说摇滚乐已经不行了，对，有了这种说法。一方面，大陆的流行音乐越来越火了；另一方面，其他风格的种类也开始发展，比如说唱、电子。那些东西更受年轻人的欢迎。摇滚本身也多元化了。歌词更个人化。他提到个人的感受、生活化的东西。这个会特别多。而且你会感受纯粹娱乐性的摇滚乐队也开始多了。他们的歌词可能没有任何的含义，它们变成娱乐化的东西。不会像以前，考虑到批判性。但还是有批判性的东西。有的会比较轻松，有些乐队会用幽默的方式去玩这种，很明显不会那种苦大仇深，摇滚乐本身开始滑坡。那种八九十年代的那种摇滚巨星已经很少了。你会有自己的乐迷群。……现在这几年开始它又开始回潮，他可能达不到之前的流行程度，因为当时人没怎么听过，都很新鲜的东西。但是因为现在的人越来越喜欢看演出，这几年音乐节也越来越火了，音乐节越来越多，以前很少的。

问：谁是音乐节的主办方？

答：有两个层面。一个层面是政府层面的。另外是一些专业、职业的策划人。

问：他们是伙伴关系还是单独做？

答：基本上有两大类，但是中间也会有交接。比方说，有专业的策划人。他们会找到一种途径就是说服政府投资给他们，让他们去搞。现在的迷笛音乐节、草莓音乐节，其实都有政府关系在里面。

问：那如果他们支持一方面，他们应该也会控制？你觉得哪方面会控制？

答：主要意识形态方面吧，这是必然的，这是他们最关注的点，相反在其他方面它反而比较开放。

问：你们的内容主要反映什么？你们摇滚的歌词有没有传统摇滚的呐喊或者抵抗性（批判性）？你们想表达的什么？

答：我对情感会更关注一点，就是人的感受，而不是具体的事件或者一些思想，我觉得音乐最大的魅力就是对情感或者对情绪的表达很强。因为音乐跟其他艺术不一样，其实不需要依赖其他语义的，它直接跟我们情感情绪沟通。

问：你们觉得当代中国摇滚是一种亚文化吗？

答：要看摇滚怎么定义，实际上已经有一些声音进入主流文化了。汪峰（笑），汪峰是摇滚吗？要看你怎么定义摇滚。我们跟他的差别就很大，但是有些人眼中认为他也是摇滚。但对我来说，我无所谓。你玩的音乐属于主流文化还是亚文化？绝对是亚文化。像汪峰毕竟是少数，确实有收编的过程。不仅仅是他，还有郑钧、许巍，也有相当的主流的听众。……甚至我们做的音乐属不属于摇滚，我也不清楚，当然在风格上差异是很大的。其实后摇滚和摇滚有相当大的差异。而我们跟后摇滚也有很大的差异。但我觉得这是我们最好的一点，独特的声音更值得珍惜。对于摇滚乐，如果你说本身他的反叛性的话，那我们的音乐当然属于摇滚乐，如果你说这是摇滚的最重要的成分。你刚才说的你们的音乐有很多感受，那你们的反叛性在哪里？批判性在哪里？对个人感受的自由的强调，表达自己感受的自由，这是一种最重要的自由。你在任何文化里都有自己的理解，不同的思想、美学、对人性的理解。这个很重要的。我做出一种跟别人完全不一样的音乐，这事本身是一种自由的表达，我觉得。这是一种反叛性的一个来源。因为有时候你表面上谈着"我要反抗"，但是你在音乐上反而跟市场亦步亦趋。你是一种惯性的美学思维，你无法摆脱。我觉得这个反而是很不摇滚的东西。就很多人穿着皮裤子，留个长发，他们觉得这个很摇滚，我觉得这是很可笑的行为。相反，如果你有勇气去做不一样的东西，这是非常重要的，这是一种很实在的体现。

问：你们怎么评价当代摇滚与官方文化的关系？

答：也没有关系。就是除了我刚才说的，官方会支持很多音乐节，对摇滚的内容，官方文化没有任何的影响。其实玩摇滚乐的人一般来说不会在意官方的想法，也不会按照官方的想法去创作，大部分是不会。我们已经涉及搞音乐节的事情，比如说，我知道有一个草莓音乐节，这也是一种摇滚乐的舞台。这是谁举行这个音乐节？摩登天空，它是中国最大的音乐公司，它也是很成功的，它是一种职业商业化的公司，它是主导，其实它跟官方文化关系不大。当然，再具体的操作也会找政府的支持。其实它是一种连锁店一样。把音乐节开到每个城市。你们参加过吗？当然也有纯官方主持的，但这个很奇怪，纯官方主持的做不大，它停留在小型的音乐节。主要是他们不够专业，往往做一两届，做不下去了，反而需要职业策划人去运作，才能做得起来。政府在投资，但是有时候很难做起来。

答：（在讨论他做的职业、跟父母的关系）：我的生活目标过得开心。如果我做的这个事情，确实能让我开心。其实很多中国人，不仅仅是我们长辈，现代人也是，太在意生活的安全度、幸福度。我觉得要做我们喜欢的东西。他们在意家庭安稳，太缺乏安全感，所以他们会拼命去买房子。我没买房子，有妻子，有孩子，我租房子，我觉得 OK。

附录 4　消费观调查

1. 年龄。

2. 出生地。

3. 教育程度（大专，本科，硕士研究生，博士，其他 _____）。

4. 职位。

5. 月薪。

6. 为了赚更多钱您会加班吗？

7. 您会不会给你们的父母钱？父母会不会给您钱？您跟父母在一起住吗？

8. 您结婚了吗？如果可以问，婚礼费谁出？买房子了吗？房子是谁买的？贷款、父母或者自己？

如果没有结婚，计划结婚吗？您的父母强迫你们结婚吗？您觉得结婚必须要买房买车吗？

9. （如果来自外地）春节您回家乡吗？买礼物吗？回家的时候您的家里人会不会把您的经济水平与别人比较？您朋友之间有恐归族、不婚族或者丁克族吗？

10. 您一个月花费多少钱？

11. 您有文化消费吗？如看电影、音乐会、参加活动等等？这种花费占您百分之多少？

有空余时间的时候您通常喜欢怎么度过？

12. 您存款吗？还是您是月光族？

13. 您经常买奢侈品吗？一个月大概花费多少钱买奢侈品？您喜欢什

么牌子？

14. 您经常逛街吗？一般一个月几次？为什么喜欢逛街？

15. 在购买产品的时候您先考虑牌子还是其他的因素？

16. 您购买绿色产品吗？（食品）为什么是或者不？

17. 在日常生活里您关注环保的问题吗？例如购买节能灯泡、购买纸袋、做垃圾分类等等。

18. 您觉得您属于哪种族群？（选择题）

A. **新贫族**：又被成为"高薪穷人"，他们会把刚拿到手里的工资，在没有捂热之前全部花出去，决不让钱在口袋里多停留一秒。他们会在今天把明天的钱全部花完，而不去管明天到底是晴是雨。月初交际泡吧打车，月末蹭饭借钱睡觉，智商超群财商为零，只租房不买房，只打车不买车，热衷于嘲笑中产阶级，对喜欢的东西不计较价格，跟谁都敢借钱，懒得存钱，特别喜欢"追新"。

B. **辣奢族**：对品牌、时尚奢侈品有着常人难以理解的痴狂。他们是绝对的名牌狂热追求者，对有关名牌的事了如指掌，有明确的品牌偏爱。服饰、美容上的开销永远排在支出的首位，是会省下伙食费去购买心爱衣物的人。名牌是购物的首要标准，不管经济状况如何，都不会熄灭对名牌的热情，为名牌省吃俭用。

C. **BOBO 族**：指的是那些拥有较高学历、收入丰厚、追求生活享受、崇尚自由解放、积极进取的具有较强独立意识的一类人。追求自由、寻求反叛、唯"物"主义、亲近自然、挑战极限。

D. **NONO 族**：追求的简单生活，并不是苦行僧般的贫苦简陋，而是在经过深思熟虑后，力图表现真实的自我，生活目标和意义分外明确，是一种丰富、健康、和谐、悠闲的生活方式。房子选择：坚信与其花上百万元按揭购房，做个"房奴"，不如来去自如、做个自由自在的都市侠客。所以，他们甘愿花上高价租一套小户型或单身公寓，将家务交给物业公司或钟点工，把自己解放出来。因为他们对地下文化（比如地下音乐）十分着迷，这也与他们的环保理念不谋而合。非常喜欢旅游，但绝不是去游人众多的旅游名胜，而是随心而走，让身心得到完全放松。

E. 彩虹族：是能在工作、生活中寻找最佳平衡点，每天生活都如彩虹般健康。还是那句话"不要做金钱的奴隶，要快乐地享受生活"。

"彩虹族"的含义是指人生要包含以下多种颜色：

红：提高工作效率，尽量避免加班，注意工作和生活平衡，动静适宜；会合理安排工作时间，避免加班，周末会好好放松一下身心。

橙：排除困扰，保证睡眠；睡眠之道在于保证睡眠时间和睡眠质量。最好在零点前睡觉并保证 8 小时以上睡眠时间。同时，睡前听些轻音乐或喝杯牛奶也有助于提高睡眠质量。

黄：绿色进食，主动抵制快餐等不健康食品；周末也不会让自己成为"沙发土豆"，看电视时水果代替薯片，绿茶代替碳酸饮料。

绿：懂得自我引导和排解，减轻心理压力；积极应对各种压力，努力尝试解压方法。

蓝：更多的氧气，更亲近自然，坚持合理锻炼；以帮助人体维护免疫力和抗病能力，调节内分泌系统。

靛：注重营养均衡，多素少荤，摄取有机食品；会根据 4+1 营养金字塔来搭配日常膳食。每日摄取 400—500 克谷物，300—400 克的蔬菜水果，200—300 克奶类，100—200 克动物性食品，同时摄入适量油脂。但因饮食习惯、生活方式等，仅通过日常饮食很难获取充足营养素，所以会坚持每天服用多种维生素矿物质补充剂，在补充营养素的同时更能有效抵抗慢性疾病。

紫：传达健康理念，关爱身边人的健康，会帮助身边人树立科学的健康理念，从而远离慢性疾病，享受健康生活。

F. 乐活族：意为以健康及自给自足的方式生活，强调"健康、可持续的生活方式"。"健康、快乐、环保、可持续"是乐活的核心理念。他们关心自己的健康，也担心着生病着的地球。他们吃健康的食物，穿环保的衣物，骑自行车或步行，喜欢练瑜伽健身，听心灵音乐，注重个人成长。乐活是一种爱健康、保护地球的可持续性的生活方式。他们通过理性消费，支持环保、做好事来使自我感觉良好。

G. 月光族：指每月赚的钱还没到下个月月初就被全部用光、花光的一群人。同时，也用来形容赚钱不多，每月收入仅可以维持每月基本开销的一类人。"月光族"是相对于努力攒点钱的储蓄族而言的。口号：挣多少用多少，吃光用光，身体健康。

H. 年清族：网友戏谑自己过年后一年的积蓄清光光的说法。自称一年的存款阶段性地神秘失踪。春节假期里大笔花钱在所难免，有网友戏谑道："节前欢喜过大年，包里准备三五千。亲朋好友团团坐，节后回到解放前。"

I. 恐归族：甚至还容易和不孝牵连在一起，但对"恐归族"来说，恐惧回家实在有太多的理由，其中回家要做的事情太多，假期永远太短；年底各种开销加大，回家过年无疑又是一次"大出血"以及现在过大的春运压力等等都造成了外地工作的人们不愿意回家的主要原因。

J. 急婚族：追寻物质利益或迫于家庭压力而急于婚嫁的人。

K. 不婚族：指那些经济条件好，学识高，有一定的社会地位，终身不婚的一类人。他们大多向往无拘无束的生活，提倡自由主义。

L. 啃老族：也叫"吃老族"或"傍老族"。他们并非找不到工作，而是主动放弃了就业的机会，赋闲在家，不仅衣食住行全靠父母，而且花销往往不菲。

若干访谈案例

	A	B	C
性别	男	女	女
年龄	18 岁	27 岁	28 岁
出生地	吉林	城市（外地）	辽宁大连

	A	B	C
婚姻情况	未婚，同性恋	未婚	未婚
教育程度	大一，金融专业	本科，中国政法大学，国际法学	本科、摄影专业
职业	在校	在银行上班	做服装设计（自由业）
月薪（收入）	没有收入，父母一个月给他几万块钱	10 000—20 000	工资不稳定，10 000 以上
为了赚更多会加班吗？	—	会加班（但是没有加班费）	会
父母给不给钱？	父母给钱	父母给（过节的时候），有一段时间业绩不是特别的好，父母会补贴。父母的补贴达到 8000—10 000	父母会给钱
给父母钱吗？	—	不给父母，父母做建筑的	不给父母钱
跟父母一起住吗？	不跟父母住，租房	—	—
婚姻与相当消费状况。结婚要不要买房买车？	不用买房买车	没有男朋友，计划买房	—
春节买礼物吗？	不买	买	买
家里经济水平比较？	—	会比较	会比较
丁克族，不婚族，恐归族？	有恐归族的朋友(不是物质化的问题，而是介绍对象的问题)，主要是同性恋朋友	自己是恐归族，（原因不是物质的，而是跟家里人的关系）	没有接触到这些"族"

	A	B	C
一个月花费	10000—30000元（其中房租4500）	8000（不包括房租）	5000以上（他不确定具体金额，不包括房租）
文化消费与主要文化消费项目	有，但是占比不多。看电影几十块钱	不到10%，旅游	50%（看电影、逛街）
存款	不存款。父母根据他的需求给他钱	不存	存（为了买料子，如果不存，会把它们花掉）
奢侈品与花费	不经常买。主要花费是饮食、旅游	不经常买	不经常买
经常逛街吗？一个月多少次	不算经常，一个月两次	一个月一次	一个星期3—4次（买东西）
考虑牌子还是其他的因素？	衣服不是，电子产品是	主要好不好看	看料子
购买绿色食品吗？	不在意	在意（一餐30—50块钱）	经常买
是否关注环保	不太考虑	在意	偶尔关注
属于什么族	不婚族	年清族	新贫族，希望当彩虹族

北京新光天地购物中心（SKP），访谈No7（BOBO族）案例

男，25岁，北京（城市），研究生毕业，学电影导演，在纽约上学的，工作职位是总监，月工资在2万到4万间，不得不加班，有加班费。父母不会给钱，也不会给父母钱。不跟父母一起住，房子是父母帮忙付首付，自己还房贷。没有结婚，没有男女朋友，父母不催婚。没有考虑过为结婚买房买车的问题。会把经济水平与别人比较。身边有丁克族、恐归族的朋友，不婚族比较多。我的朋友基本都不婚。可能因为行业的关系。因为我们娱乐这个行业不愿意结婚，这个年纪的工作量很大，想更自由一点。出差，到处都转转玩玩，比较方便一点。有文化消费，空余的时间的5%—8%在健身房，或者是看电影或旅行。买奢侈品，包括包包、鞋子、衣服。不是月光族，会存款。经常逛街。一个月五次左右，差不多每周一次。逛街也是因为工作需要，工作需要穿的衣服比较华丽和不同。肯定有攀比消费，在我们这个行业还蛮严重的。买东西时我先考虑钱，先看是否买得起，然后再考虑品牌。会买质量好的中高端的牌子，基本上奢侈品也会买，中高端的也会买。会买绿色产品，比如油、有机蔬菜。关注环保的问题，节能灯泡和纸袋我家里是用的。我一般用多次用的布袋，垃圾分类也会做。

相对来说比较适合BOBO族，首先我是研究生，学历算比较高的，尤其是我是纽约很有名的学校毕业的，所以学历在国际受到认可，收入在我的年龄中算是中等偏高的。追求物质生活，确实我会，不光在奢侈品衣服还是别的，包括洗发水，全有机的，全天然的，包括吃、家里的家具，这些都会选择比较好的，包括涂料会不会有污染，这个我都会关注。我很崇尚自由解放，首先人的平等，大家都有自由的空间，想做什么都有他们的自由思想。我觉得这个是纽约给我的一个想法，每个人都应该有追求任何东西的自由。我自己选择纽约。读工程设计，做建筑设计的，公立 architecture，富二代还算不上，算OK的。我们家长独立意识非常强。高中开始分开住，住在我爷爷家的房子，两个房子很近，我下学去爸妈那边吃饭，吃完饭回自己的家，这样比较自由。将来也不希望我跟他们住，我早一点出去，比较独立，稍微有一点像美国的方式。我在美国的学费是他们来承担的，但是生活费基本上都是自己赚的，我会接活拍片子，给一些品牌做广告。我跟我妈妈关系很好，我跟我爸爸还 OK，但是没有那么 close。追求反叛，与其说反叛不如说是创新。我觉得所有的事情不应该循规蹈矩，所有的事情应该有更新换代的那一刻。对于物质，我觉得物质是一切生活的基础。亲近自然，我是的，我还喜欢运动，我基本上隔一天会去健身房，我觉得虽然健身房与自然的亲近不是那种亲近，但我觉得发发汗，挥汗如雨的感觉，也是一种亲近自然的。挑战极限，我会喜欢很高标准的工作要求的那种，工作上的挑战。那种 physical 挑战极限我都不爱，我还蛮爱我的生命的，极限运动像蹦极这些我不太会，跳伞、潜水这些运动我会尝试但是只尝试一下，目的是为了尝试而不是为了挑战。

参考文献

一、资料

饶尚宽译注：《老子》，中华书局 2007 年版。

李山译注：《管子》，中华书局 2009 年版。

高华平、王齐洲、张三夕译注：《韩非子》，中华书局 2010 年版。

（汉）司马迁：《史记》，中华书局 2006 年版。

（汉）班固：《汉书》，中华书局 2007 年版。

（汉）范晔：《后汉书》，中华书局 2009 年版。

《全唐诗》，中华书局编辑部点校，北京中华书局 1999 年版。

（宋）程颢、程颐著，王孝鱼点校：《二程集》，中华书局 1981 年版。

（宋）朱熹：《四书章句集注》，中华书局 1983 年版。

（宋）朱熹：《朱子语类》，中华书局 1986 年版。

（元）张宪：《玉笥集》，商务印书馆 1935 年版。

（明）陆楫：《蒹葭堂杂著摘抄》，中华书局 1985 年版。

（清）张廷玉：《明史》，中华书局 2003 年版。

（清）苏舆：《春秋繁露义证》，中华书局 2007 年版。

（清）王先谦：《庄子集解》，中华书局 2010 年版。

（清）孙希旦撰，沈啸寰、王星贤点校：《礼记集解》，中华书局 1989 年版。

（清）刘宝楠：《论语正义》，中华书局 1990 年版。

（清）焦循：《孟子正义》，中华书局 1987 年版。

（清）王先谦：《荀子集解》，中华书局 1981 年版。

（清）谭嗣同：《仁学》，中华书局 1958 年版。

梁启超：《梁启超全集》第 1 册，北京出版社 1999 年版。

《蔡元培全集》（第 3 卷），浙江教育出版社 1997 年版。

欧阳哲生主编：《胡适：告诫人生》，九洲出版社 1998 年版。

中国社科院近代史所等编：《孙中山全集》第 9 卷 1924.1—1924.3，中华书局 2011 年版。

中国新民主主义青年团中央委员会办公厅编：《中国青年运动历史资料》1915—1932 年卷，1958 年版。

《五四时期期刊的介绍》，生活·读书·新知三联书店 1959 年版。

中国社会科学院近代史研究所编：《五四运动回忆录》（上、下），中国社会科学出版社 1979 年版。

《中国妇女问题讨论集》第 1 册，上海书店 1989 年版。

"中国青年"编辑部编：《潘晓讨论：一代中国青年的思想初恋》，南开大学出版社 2000 年版。

青少年研究中心：《中国青少年流行文化现象报告》（2001—2005）。

《新周刊》编：《我的故乡在八十年代》，中信出版社 2014 年版。

梁启超：《中国少年说》，《清议报论说》1901 年第一集卷一。

王国维：《论教育之宗旨》，《教育世界》1903 年 8 月。

《基督教青年会第六次大会总委办之报告》，《青年》1913 年 3 月。

我一：《学生解》，《学生杂志》1914 年第 1 期。

《新编〈学生杂志〉广告》，《学生杂志》1914 年第 1 期。

陆费逵：《警告中等学生》，《中华学生界》1915 年第 2、4 期。

《体育会纪事一束》，《北京大学日刊》1917 年 12 月 20 日。

康白情：《北京大学的学生》，《少年世界》1919 年第 1 期。

《本会通告》，《少年中国》1919 年第 1 期。

杨贤江：《新教训》，《学生杂志》1919 年第 7 期。

汉冑：《对于一个男女结合宣布式的谈话》，《觉悟》1921 年 6 月 7 日。

朱君子：《娱乐与生活》，《生活》1926 年第 29 期。

《王朔"另类"批评的文化价值》，《团结报》2000 年 6 月 20 日。

《新潮》1919 年。

《新青年》（《青年杂志》）1915—1922 年。

《少年中国》1919—1922 年。

《人民日报》1979—2015 年。

《中国青年报》1980—2015 年。

《中国文化报》1986—2015 年。

《人民音乐》1980—2015 年。

《音乐生活》1980—2015 年。

《音乐天地》1980—2015 年。

《音乐世界》1980—2015 年。

金兆钧：《光天日下的流行：亲历中国流行音乐》，人民音乐出版社 2002 年版。

Dwight W. Edwards, "The Chinese Young Men's Christian Association", *The Annals of the American Academy of Political and Social Science*, Vol. 39,1912.

South China Morning Post, 1979-2005. *Far Eastern Economic Review*, 1980-2004.

二、专著

［法］鲍德里亚，《物体系》，林志明译：上海世纪出版集团 2001 年版。

［法］波德里亚：《消费社会》，刘成富、全志钢译，南京大学出版社 2000 年版。

蔡骐：《大众传播时代的青少年亚文化》，岳麓书社 2011 年版。

陈来：《中华文明的核心价值：国学流变与传统价值观》，生活·读书·新知三联书店 2015 年版。

陈彤旭：《二十世纪青年报刊史》，新华出版社 2014 年版。

陈新刚：《古代中国消费思想史》，兵器工业出版社 2005 年版。

陈映芳：《"青年"与中国的社会变迁》，社会科学文献出版社 2007 年版。

董秀成：《动漫文化对我国青少年社会性发展的影响》，武汉大学出版社 2013 年版。

高力克：《五四的思想世界》，学林出版社 2000 年版。

高原：《1990—1999 把青春唱完——中国摇滚与一个文化群体的生活影像》，中信出版社 2015 年版。

葛凯：《中国消费的举起》，曹槟译，中信出版社 2011 年版。

耿云志：《近代中国文化转型研究导论》，社会科学文献出版社 2016 年版。

姬蕾：《"五四"新文化运动中的个人主义话语流变》，人民出版社 2015 年版。

金观涛、刘青峰：《观念史研究：中国现代重要政治术语的形成》，法律出版社 2010 年版。

姜彩芬：《面子与消费》，社会科学文献出版社 2009 年版。

李春玲、P.M.Kozyreva 等：《青年与社会变迁：中国和俄罗斯的比较研究》，社会科学文献出版社 2014 年版。

李浩泉：《躁动的青春——民国时期北京大学的学生社团活动（1912—1949)》，华中科技大学出版社 2014 年版。

李琴：《中国传统消费文化研究》，中央编译出版社 2014 年版。

李泽厚：《中国近代思想史论》，生活·读书·新知三联书店 2009 年版。

梁景和：《"五四时期社会文化嬗变研究》，北京人民出版社 2010 年版。

刘建美：《从传统消遣到现代娱乐》，四川人民出版社 2002 年版。

陆凌涛、李洋：《呐喊：为了中国曾经的摇滚》，广西师范大学出版社2003年版。

陆玉林：《当代中国青年文化研究》，人民出版社2009年版。

罗志田：《权势转移：近代中国的思想、社会与学术》，湖北人民出版社1999年版。

马忠红：《中国青年亚文化研究（年度报告）》，清华大学出版社2012年版。

马忠红、邱天娇：《新媒介与青年亚文化·COSPLAY：戏剧化的青春》，苏州大学出版社2012年版。

欧阳哲生：《新文化的传统——五四人物与思想研究》，广东人民出版社2004年版。

邱吉、王易、王伟伟编著：《轨迹：当代中国青年价值观变迁研究》，人民出版社2012年版。

邱华栋：《酷的一代》，中国戏剧出版社1999年版。

阮青：《中国个性解放之路——20世纪中国个性解放思潮研究》，华东师范大学出版社2004年版。

桑兵：《晚晴学堂学生与社会变迁》，广西师范大学出版社2007年版。

沙健孙、周承恩、萧超然著编：《北京大学校史》，北京大学出版社1988年版。

石海兵：《青年价值观研究》，安徽人民出版社2007年版。

［美］舒衡哲：《中国启蒙运动——知识分子与五四遗产》，刘京建译，新星出版社2007年版。

王寒松：《当代文化冲突与青年文化思潮》，中国青年出版社1997年版。

魏定熙：《权利源自地位——北京大学、知识分子与中国政治文化，1898—1929》，张蒙译，江苏人民出版社2015年版。

吴端：《寂静的青春：儒学民众化与青年现象的消失》，中国发展出版社2015年版。

吴新颖：《当代青年价值观的构建》，湖南人民出版社 2007 年版。

夏伟东、李颖、杨宗元：《个人主义思潮》，高等教育出版社 2006 年版。

许纪霖：《20 世纪中国知识分子史论》，新星出版社 2005 年版。

许纪霖：《近代中国知识分子的公共交往：1895~1949》，上海人民出版社 2007 年版。

晏国祥：《消费体验价值论》，经济科学出版社 2009 年版。

杨强：《摇滚照耀灵魂》，北京燕山出版社 2012 年版。

杨华丽：《"打倒孔家店"研究》，人民出版社 2014 年版。

杨慧清：《五四时期的抉择》，江西人民出版社 1996 年版。

杨雄：《巨变中的中国青年》，上海人民出版社 2015 年版。

余英时：《余英时文集·第四卷·中国知识人之史的考察》，广西师范大学出版社 2004 年版。

叶文心：《民国时期大学校园文化（1919—1937）》，中国人民大学出版社 2012 年版。

曾燕波：《青年八大热点的问题》，上海社会科学院出版社 2007 年版。

张宝明：《现代性的流变：〈新青年〉个人、社会与国家关系聚焦》，社会科学文献出版社 2005 年版。

张洪高：《从仁爱到正义：中国道德教育核心价值转变研究》，山东人民出版社 2007 年版。

张世英：《中西文化与自我》，人民大学出版社 2011 年版。

赵馥洁：《价值的历程：中国传统价值观的历史演变》，中国社会科学出版社 2006 年版。

周策纵：《五四运动：现代中国的思想革命》，周子平等译，江苏人民出版社 2005 年版。

朱迪：《品位与物质欲望——当代中产阶层的消费模式》，社会科学文献出版社 2013 年版。

Baranovitch N., *China's New Voices: Popular Music, Ethnicity, Gender, and*

Politics, 1978-1997, University of Los Angeles: California Press, 2003.

Barme G., *In the Red: On Contemporary Chinese Culture*, Columbia University Press, 2000.

Clark P., *Youth Culture in China: from Red Guards to Netizens*, NY: Cambridge University Press, 2012.

Barme G., Jaivin L., *New Ghosts, Old Dreams: Chinese Rebel Voices*, edited by, Times Books,1992.

Gillis J.R., Y*outh and History: Tradition and Change in European Age Relations*, 1770-Present, Academic Press: San Diego, 1981.

Glosser S. L., *Chinese Visions of Family and State,1915-1953*, Berkeley and Los Angeles：University of California Press, 2003.

Hall E. T., *Beyond Culture*, N. Y.: Anchor Books Editions, 1989.

Honig E.,Hershatter G., *Personal Voices: Chinese Women in 1980-s*, Stanford：Stanford University Press, 1988.

Huot C., *China's New Cultural Scene: A Handbook of Changes*, Durhamand London: Duke University Press, 2000.

Kleinman A., Yunxiang Yan, Jing Jun,Sing Lee, Zhang E., Pan Tianshu, Wu Fei, Guo Jinhua, *Deep China. The Moral Life of the Person*, Los Angeles: University of California Press, 2011.

Liu Kang, *Globalization and Cultural Trends in China*, Honolulu: University of Hawaii Press 2004.

Lukes S., *Individualism*, Oxford: Basil Blackwell, 1973.

Munro D. J., *Individualism and Holism: Studies in Confucian and Taoist Values*, Center for Chinese Studies, The University of Michigan, 1985.

Stearns P. N., *Consumerism in World History: The Global Transformation of Desire* , 2nd edition, London: Routledge, 2006.

Tsi C. Wang, *The Youth Movement in China*, New York: New Republic, 1927.

Vogel E. F., *Deng Xiaoping and The Transformation of China*, The Belknap Press of Harvard University Press, 2011.

Zhong Xueping, *Mainstream Culture Refocused——Television Drama, Society, and the Production of Meaning In Reform-Era China*, Honolulu: University of Hawaii Press, 2010.

Линь *Юйтан, Китайцы: моя страна и мой народ*, пер. с китайского и предисл. Н. А. Спешнева, М.: Вост. лит., 2010.

Сибрук Джон, *Nobrow. Культура маркетинга. Маркетинг культуры*, 译 В.И. Козлов, Москва, 2012.

Тойнби А. Дж., *Постижение истории* , пер. с англ. - М.: Прогресс, 1991.

Флиер А.Я., *Культурология для культурологов*, М.: Академический проект, 2000.

Чжан Бинлинь, *Избранные произведения: 1894-1913 гг.*, пер. с кит., сост., введ. Н.М. Калюжной; Ин-т востоковедения РАН, М.: Наука – Вост. лит., 2013.

三、论文

（一）期刊论文

曹兴：《对创立"青年文化学"的几点思考》，《中国青年政治学院学报》1992 年第 5 期。

戴锐：《消费主义生活方式与青年精神》，《青年研究》1997 年第 5 期。

邓金明：《现代中国文化的诞生：以"新青年"杂志为中心的考察》，《上海大学学报》2011 年第 3 期。

邓军：《从"良心"到"主义"：恽代英与五四时期知识分子的社团组织困境》，《中共党史研究》2016 年第 4 期。

方卫平：《媒介中的课艺：一个变革时代的文化现象及其历史解读——以早期〈学生杂志〉（1914—1918）为例》，《浙江社会科学》2008年第6期。

高丙中：《主文化、亚文化、反文化与中国文化的变迁》，《社会学研究》1995年第5期。

郭莲：《中国公众近年价值观的变化：由"物质主义价值"向"后物质主义价值"转变》，《学习论坛》2010年第10期。

黄凯锋：《21世纪初青年价值观预测》，《当代青年研究》1999年第6期。

焦润明：《论当代青年消费文化》，《辽宁大学学报》（哲学社会科学版）1985年第6期。

李庆真：《从月光族到年清族都是白领阶层消费理念分析》，《青年研究》2005年第11期。

鲁萍：《"德先生"和"赛先生"之外的关怀——从"穆姑娘"的提出看新文化运动时期道德革命的走向》，《历史研究》2006年第2期。

马建标，《学生与国家：五四学生的集体认同及政治转向》，《近代史研究》2010年第3期。

单玉华：《跨世纪一代青年价值观研究》，《河南社会科学》1999年第1期。

沈燎、张益斌、楼仁功：《大学生"宅"现象调查研究》，《当代青年研究》2010年第7期。

史镜：《亚文化对青年传统观念的冲击》，《青年研究》1985年第6期。

宋健、戚晶晶：《"啃老"：事实还是偏见基于中国4城市青年调查数据的实证分析》，《人口与发展》2011年第5期。

谭佳英：《动漫亚文化的文化体系》，《广西民族大学学报》（哲学社会科学版）2008年1月。

田杰：《青年与历史：关于青年的历史叙述与解读》，《中国青年政治学院学报》2009年第5期。

王继平：《论近代中西文化冲突与整合过程中的价值选择模式》，《湘潭大学社会科学学报》2001年第5期。

王勤：《走向前台的"80 后"：解读 80 年代生人》，《中国青年研究》2005 年第 4 期。

王宁：《"国家让渡论"：有关中国消费主义成因的新命题》，《中山大学学报》（社会科学版）2007 年第 4 期。

吴端：《青年与少年：从古代文献的分析到当代研究的展望》，《当代青年研究》2007 年第 10 期。

谢昌奎：《展望新人类——全球化与青年价值观的演变》，《青年研究》2001 年第 3 期。

谢昌奎：《中国历史中的青年》，《青年研究》2010 年第 8 期。

许纪霖：《个人主义的起源——五四时期的自我观研究》，《天津社会科学》2008 年第 6 期。

杨天宏：《学生亚文化与北洋时期学运》，《历史研究》2011 年第 4 期。

杨雄：《"偏离"与"整合"——论青年文化与主导文化的关系》，《当代青年研究》1998 年第 8 期。

杨雄：《第五代青年价值观特点和变化趋势》，《青年研究》1999 年第 12 期。

杨雄、陆新和：《关于摇滚乐与青年流行文化的对话》，《青年研究》1993 年第 8 期。

张爱青：《〈新青年〉在妇女解放中的作用》，《山西师大学报》（社会科学版）2002 年第 3 期。

张春举、高贺骏：《时尚文化与我国青年思想的变迁》，《前沿》2004 年第 3 期。

张平共：《青年亚文化的形成与表现》，《青年探索》2007 年第 4 期。

张新颖：《中国当代文化反抗的流变：从北岛到崔健到王朔》，《文艺争鸣》1995 年第 3 期。

赵颖奇：《啃老族现状调查报告》，《统计科学与实践（天津）》2012 年第 2 期。

Cabanas Edgar: "Rekindling Individualism, consuming emotions: Constructing 'Psytyzens' in the Age of Happiness", *Culture & Psychology*, 2016, No3, pp.467-480.

Wong Nancy Y., Ahuvia Aaron C: "Personal Taste and Family Face: Luxury Consumption in Confucian and Western Societies", *Psychology and Marketing*, 1998, No5, pp.423-441.

Zhao Xin, Russell A. W.Belk: "Politicizing Consumer Culture : Advertising as Appropriation of Political Ideology in China's Social Transition", *Journal of Consumer Research*, No2, pp.231-244.

Омельченко Е.Л., "Начало молодежной эры или смерть молодежной культуры? 'Молодость' в публичном пространстве современности", *Журнал исследований социальной политики*, том 4, номер 2, 2006, pp.151-181.

Шварц Ш., "Культурные и ценностные ориентации: природа и следствия национальных различий", *Психология. Журнал Высшей школы экономики*, 2008. Т.5, No2, C.37–67 http://www.hse.ru/data/2011/04/24/1210752636/37-67.pdf.

（二）学位论文

邓金明：《从〈新青年〉到"新青年"：五四青年对〈新青年〉杂志的阅读研究》，首都师范大学博士论文，2008 年。

谷溪：《"五四时期青年观"研究》，燕山大学硕士论文，2010 年。

李彦求：《五四道德革命研究》，吉林大学博士论文，2012 年。

林峥：《北京公园：现代性的空间投射（1860—1937）》，北京大学博士论文，2015 年。

刘宗灵：《媒介与学生：思想、文化与社会变迁中的〈学生杂志〉（1914—1931）》，复旦大学博士论文，2011 年。

强晓霁：《从"一无所有"——兴起于社会变迁中的中国早期摇滚乐研

究》，北京大学博士论文，2009 年。

Song Xingwu, *Modernization and the Individualization of Youth in Post-Mao China*, PhD in Social and Political Thought, York University, 2003.

Wong Yan Chau Christina, *Exploring the Spaces for a Voice – The Noises of Rock Music in China（1985-2004）*, PhD Thesis ,The Chinese University of Hong Kong, 2006.

责任编辑：段海宝　夏　青

图书在版编目（CIP）数据

改革开放以来都市青年文化变迁研究：以北京青年亚文化为例 /
（俄罗斯）安娜　著 . — 北京：人民出版社，2022.6

ISBN 978 - 7 - 01 - 024231 - 6

I. ①改⋯　II. ①安⋯　III. ①青年 - 亚文化 - 研究 - 北京　IV. ① D669.5

中国版本图书馆 CIP 数据核字（2021）第 240313 号

改革开放以来都市青年文化变迁研究

GAIGEKAIFANG YILAI DUSHI QINGNIAN WENHUA BIANQIAN YANJIU

——以北京青年亚文化为例

（俄）安　娜（Anna Chelnokova-Siejka）　著

人民出版社 出版发行

（100706　北京市东城区隆福寺街 99 号）

北京汇林印务有限公司印刷　新华书店经销

2022 年 6 月第 1 版　2022 年 6 月北京第 1 次印刷

开本：710 毫米 ×1000 毫米 1/16　印张：18.25

字数：300 千字

ISBN 978 - 7 - 01 - 024231 - 6　定价：88.00 元

邮购地址 100706　北京市东城区隆福寺街 99 号

人民东方图书销售中心　电话（010）65250042　65289539